© Tondini Domenico/hemis.fr

Florence

Cofondateurs : Philippe GLOAGUEN et Michel DUVAL

Directeur de collection et auteur
Philippe GLOAGUEN

Rédacteurs en chef adjoints
Amanda KERAVEL
et Benoît LUCCHINI

Directrice de la coordination
Florence CHARMETANT

Directrice administrative
Bénédicte GLOAGUEN

Directeur du développement
Gavin's CLEMENTE-RUIZ

Direction éditoriale
Catherine JULHE

Rédaction
Isabelle AL SUBAIHI
Mathilde de BOISGROLLIER
Thierry BROUARD
Marie BURIN des ROZIERS
Véronique de CHARDON
Fiona DEBRABANDER
Anne-Caroline DUMAS
Géraldine LEMAUF-BEAUVOIS
Olivier PAGE
Alain PALLIER
Anne POINSOT
André PONCELET

Conseiller à la rédaction
Pierre JOSSE

Administration
Carole BORDES
Éléonore FRIESS

2017

hachette

TABLE DES MATIÈRES

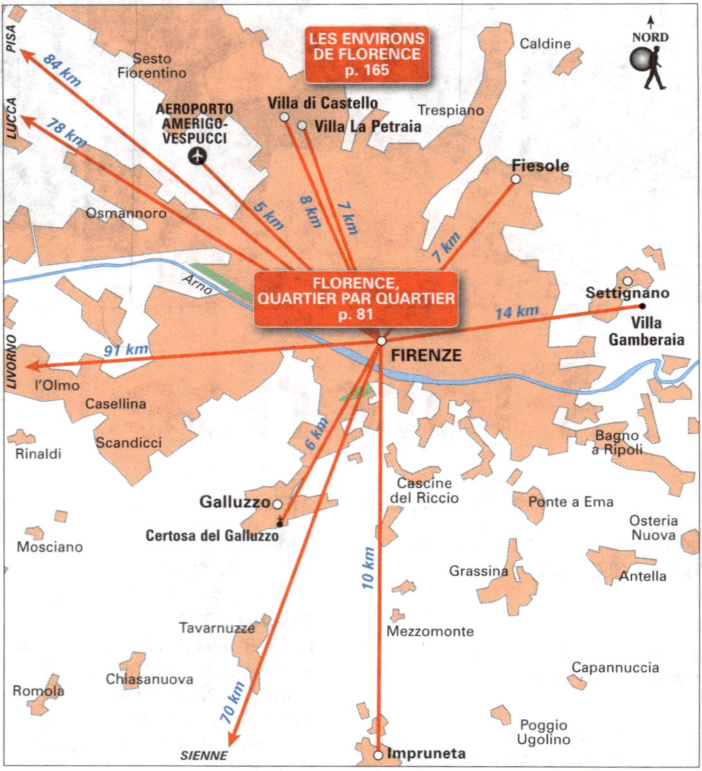

PRÉAMBULE

COMMENT Y ALLER ?

FLORENCE UTILE 42

INFORMATIONS ET ADRESSES UTILES 69

SHOPPING 74

QUARTIER DU DUOMO 81

QUARTIER DE SANTA CROCE 103

QUARTIER DE SANT'AMBROGIO 111

HOMMES, CULTURE, ENVIRONNEMENT 175

Important : dernière minute

Sauf rares exceptions, le *Routard* bénéficie d'une parution annuelle à date fixe. Entre deux dates, des événements fortuits (formalités, taux de change, catastrophes naturelles, conditions d'accès aux sites, fermetures inopinées, etc.) peuvent modifier vos projets de voyage. Pour éviter les déconvenues, nous vous recommandons de consulter la rubrique « Guide » par pays de notre site • *routard.com* • et plus particulièrement les dernières ***Actus voyageurs.***

Recommandation à ceux qui souhaitent profiter des réductions et avantages proposés dans le *Routard* par les hôteliers et les restaurateurs.

À l'hôtel, pensez à les demander au moment de la réservation ou, si vous n'avez pas réservé, **à l'arrivée.** Ils ne sont valables que pour les réservations en direct et ne sont pas cumulables avec d'autres offres promotionnelles (notamment sur Internet). Au restaurant, parlez-en **au moment** de la commande et surtout **avant** que l'addition soit établie. Poser votre *Routard* sur la table ne suffit pas : le personnel de salle n'est pas toujours au courant et une fois le ticket de caisse imprimé, il est souvent difficile de modifier le total. En cas de doute, montrez la notice relative à l'établissement dans le *Routard* de l'année et, bien sûr, ne manquez pas de nous faire part de toute difficulté rencontrée.

☎ **112 :** c'est le numéro d'urgence commun à la France et à tous les pays de l'UE, à composer en cas d'accident, agression ou détresse. Il permet de se faire localiser et aider en français, tout en améliorant les délais d'intervention des services de secours.

LA RÉDACTION DU ROUTARD

(sans oublier nos 50 enquêteurs, aussi sur le terrain)

Thierry, Anne-Caroline, Éléonore, Olivier, Pierre, Benoît, Alain, Fiona, Gavin's, André, Véronique, Bénédicte, Jean-Sébastien, Mathilde, Amanda, Isabelle, Géraldine, Marie, Carole, Philippe, Florence, Anne.

La saga du *Routard* : en 1971, deux étudiants, Philippe et Michel, avaient une furieuse envie de découvrir le monde. De retour du Népal germe l'idée d'un guide différent qui regrouperait tuyaux malins et itinéraires sympas, destiné aux jeunes fauchés en quête de liberté. 1973. Après 19 refus d'éditeurs et la faillite de leur première maison d'édition, l'aventure commence vraiment avec Hachette. Aujourd'hui, le *Routard*, c'est plus d'une cinquantaine d'enquêteurs impliqués et sincères. Ils parcourent le monde toute l'année dans l'anonymat et s'acharnent à restituer leurs coups de cœur avec passion.

Merci à tous les Routards qui partagent nos convictions : liberté et indépendance d'esprit ; découverte et partage ; sincérité, tolérance et respect des autres.

NOTRE SPÉCIALISTE DE FLORENCE

Géraldine Lemauf-Beauvois : ch'ti et fière de sa région natale vers laquelle elle revient toujours, elle est dotée d'une curiosité qui l'a poussée à voyager aux quatre coins du monde. Géraldine est passionnée d'histoire et d'art, auxquels elle a consacré ses études. Son œil aiguisé, son appétit pour les belles et bonnes choses font d'elle une routarde qui aime partager ses découvertes culinaires et culturelles.

UN GRAND MERCI À NOS AMI(E)S SUR PLACE ET EN FRANCE

Pour cette nouvelle édition, nous remercions particulièrement :

- **Valerio Scoyni,** directeur de l'ENIT à Paris, pour son soutien sans faille ;
- **Anne Lefèvre,** chargée des relations avec la presse à l'ENIT, pour son dynamisme et son grand professionnalisme ;
- **Federica Galbesi** et **Antonella Botta,** service marketing à l'ENIT, toujours professionnelles et souriantes ;
- **Laurence Aventin,** pour son aide précieuse et ses connaissances extraordinaires sur Florence ;
- **Caroline Yon-Raoux,** pour son dynamisme et son efficacité.

NOS NOUVEAUTÉS 2017

COSTA RICA ***(paru en novembre 2016)***

MADRID ***(à paraître en janvier 2017)***

NOS MEILLEURS HÉBERGEMENTS INSOLITES EN FRANCE
(à paraître en mars 2017)

CAPITALES BALTES ***(à paraître en avril 2017)***

Pictogrammes du Routard

Établissements

- Hôtel, auberge, chambre d'hôtes
- Camping
- Restaurant
- Pizzeria
- Boulangerie, sandwicherie
- Glacier
- Pâtisserie
- Café, salon de thé
- Café, bar
- Bar musical
- Club, boîte de nuit
- Salle de spectacle
- Office de tourisme
- Poste
- Boutique, magasin, marché
- Accès Internet
- Hôpital, urgences

Sites

- Plage
- Site de plongée
- Piste cyclable, parcours à vélo

Transports

- Aéroport
- Gare ferroviaire
- Gare routière, arrêt de bus
- Station de métro
- Station de tramway
- Parking
- Taxi
- Taxi collectif
- Bateau
- Bateau fluvial

Attraits et équipements

- Présente un intérêt touristique
- Recommandé pour les enfants
- Adapté aux personnes handicapées
- Ordinateur à disposition
- Connexion wifi
- Inscrit au Patrimoine mondial de l'Unesco

Tout au long de ce guide, découvrez toutes les photos de la destination sur • *routard.com* • Attention au coût de connexion à l'étranger, assurez-vous d'être en wifi !

Le *Routard* est imprimé sur un papier issu de forêts gérées.

I.S.B.N. 978-2-01-279900-4

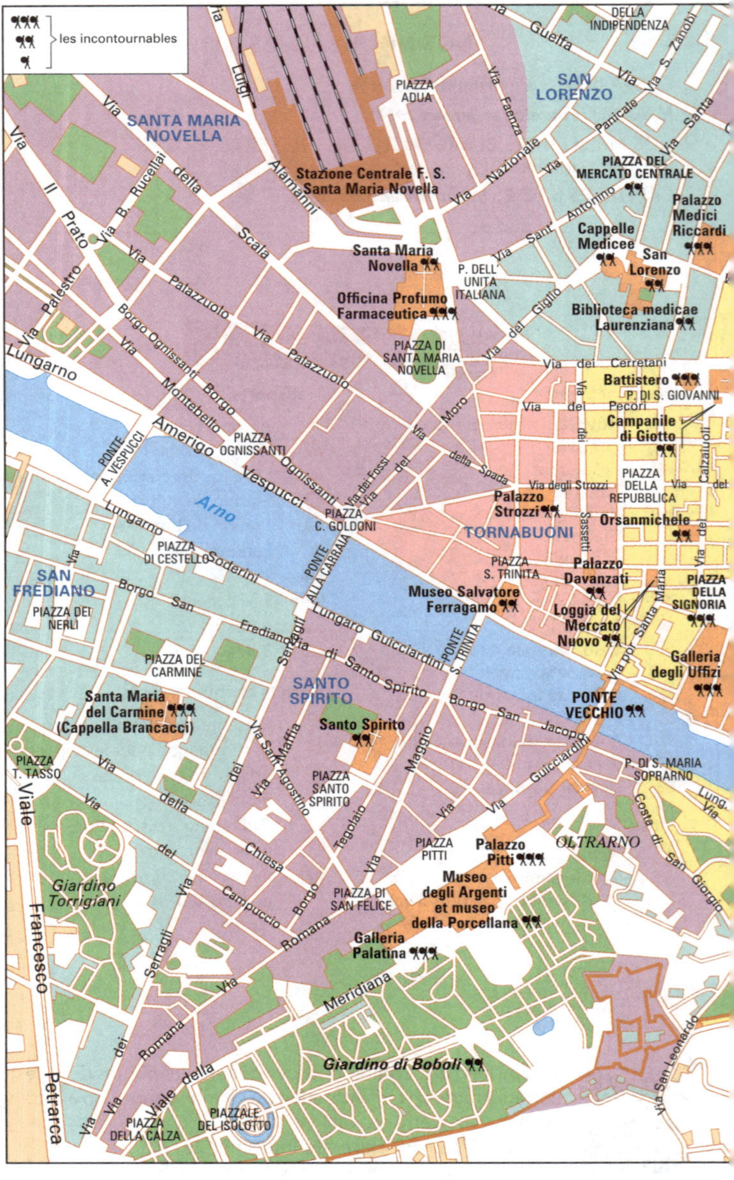

les incontournables
SANTA MARIA NOVELLA
SAN LORENZO
Stazione Centrale F. S. Santa Maria Novella
PIAZZA ADUA
DELLA INDIPENDENZA
PIAZZA DEL MERCATO CENTRALE
Palazzo Medici Riccardi
Cappelle Medicee
San Lorenzo
Biblioteca medicae Laurenziana
Santa Maria Novella
P. DELL' UNITÀ ITALIANA
Officina Profumo Farmaceutica
PIAZZA DI SANTA MARIA NOVELLA
Battistero
P. DI S. GIOVANNI
Campanile di Giotto
PIAZZA OGNISSANTI
PIAZZA DELLA REPUBBLICA
Palazzo Strozzi
Orsanmichele
TORNABUONI
PIAZZA C. GOLDONI
PIAZZA DI CESTELLO
Arno
PONTE A. VESPUCCI
PONTE ALLA CARRAIA
PONTE S. TRINITA
PIAZZA S. TRINITA
Museo Salvatore Ferragamo
Palazzo Davanzati
Loggia del Mercato Nuovo
PIAZZA DELLA SIGNORIA
Galleria degli Uffizi
PONTE VECCHIO
SAN FREDIANO
PIAZZA DEI NERLI
PIAZZA DEL CARMINE
Santa Maria del Carmine (Cappella Brancacci)
SANTO SPIRITO
Santo Spirito
PIAZZA SANTO SPIRITO
PIAZZA T. TASSO
P. DI S. MARIA SOPRARNO
OLTRARNO
PIAZZA PITTI
Palazzo Pitti
Museo degli Argenti et museo della Porcellana
PIAZZA DI SAN FELICE
Galleria Palatina
Giardino Torrigiani
Giardino di Boboli
PIAZZALE DEL ISOLOTTO
PIAZZA DELLA CALZA
Viale Francesco Petrarca
Via della Scala
Via Palazzuolo
Borgo Ognissanti
Lungarno Amerigo Vespucci
Lungarno Soderini
Borgo San Frediano
Lungarno Guicciardini
Via di Santo Spirito
Borgo San Jacopo
Via Guicciardini
Via Maggio
Via Romana
Via dei Serragli
Viale della Meridiana
Via Nazionale
Via Faenza
Guelfa
Via dei Cerretani
Via degli Strozzi
Via della Spada
Via del Moro
Via dei Fossi
Via Sant' Antonino
Via del Giglio
Via Panicale
Via S. Zanobi
Via Calzaiuoli
Via Sassetti
Via por Santa Maria
Costa di San Giorgio
Via San Leonardo
Via Sant' Agostino
Via Maffia
Via Tegolaio
Borgo Tegolaio
Via della Chiesa
Via del Campuccio
Via Il Prato
Via Palestro
Via B. Rucellai
Via Montebello
Via Alamanni
Via Luigi

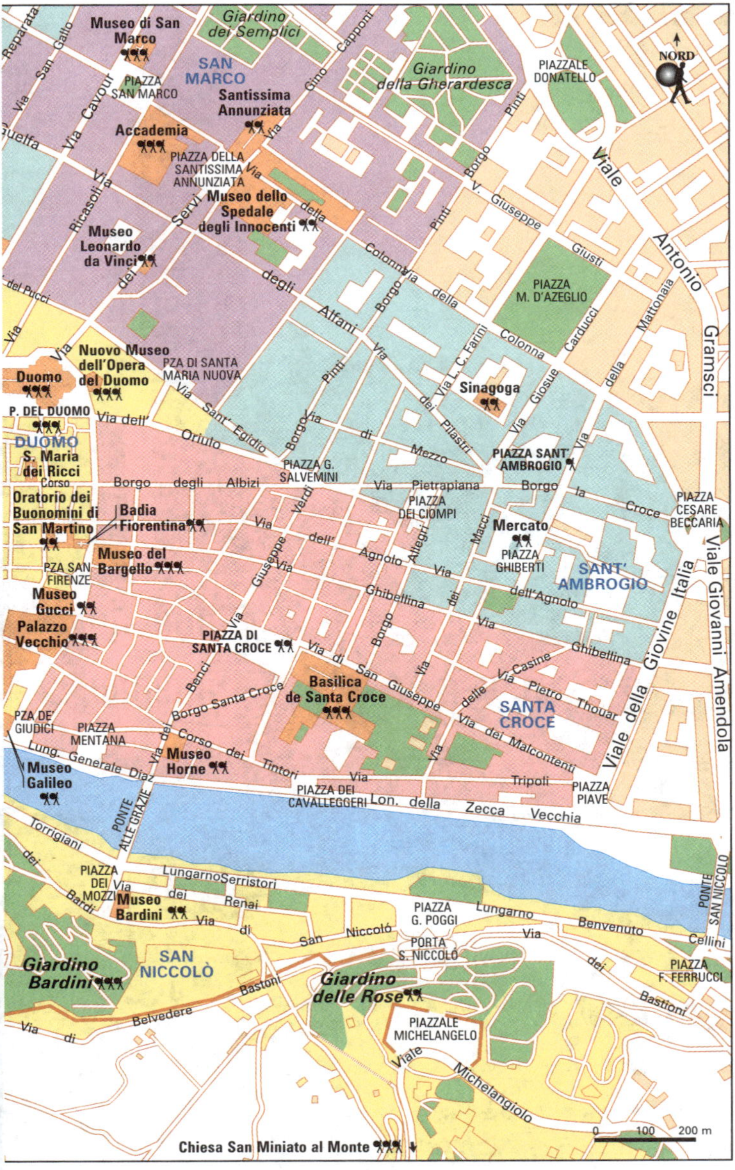
Museo di San Marco
Giardino dei Semplici
SAN MARCO
PIAZZA SAN MARCO
Santissima Annunziata
Giardino della Gherardesca
PIAZZALE DONATELLO
NORD
Accademia
PIAZZA DELLA SANTISSIMA ANNUNZIATA
Museo dello Spedale degli Innocenti
Museo Leonardo da Vinci
Viale Antonio Gramsci
PIAZZA M. D'AZEGLIO
Nuovo Museo dell'Opera del Duomo
PZA DI SANTA MARIA NUOVA
Duomo
P. DEL DUOMO
DUOMO
S. Maria dei Ricci
Sinagoga
PIAZZA SANT' AMBROGIO
PIAZZA G. SALVEMINI
Borgo degli Albizi
Via Pietrapiana
PIAZZA DEI CIOMPI
Oratorio dei Buonomini di San Martino
Badia Fiorentina
Mercato
PIAZZA CESARE BECCARIA
PIAZZA GHIBERTI
SANT' AMBROGIO
Museo del Bargello
PZA SAN FIRENZE
Museo Gucci
Palazzo Vecchio
PIAZZA DI SANTA CROCE
Basilica de Santa Croce
SANTA CROCE
Viale della Giovine Italia
Viale Giovanni Amendola
PZA DE' GIUDICI
PIAZZA MENTANA
Museo Horne
Museo Galileo
PIAZZA DEI CAVALLEGGERI
PIAZZA PIAVE
PONTE ALLE GRAZIE
Lungarno Serristori
PIAZZA DEI MOZZI
Museo Bardini
PIAZZA G. POGGI
PONTE SAN NICCOLÒ
PORTA S. NICCOLÒ
PIAZZA F. FERRUCCI
SAN NICCOLÒ
Giardino Bardini
Giardino delle Rose
PIAZZALE MICHELANGELO
Viale Michelangiolo
Chiesa San Miniato al Monte
0 100 200 m

FLORENCE

Le Palazzo Vecchio

« L'Italie est le seul endroit sur terre où la culture est née avant la nation. »
Roberto Benigni

Florence est sans conteste l'une des plus belles villes d'Italie. À elle seule, elle rassemble 25 % des œuvres du patrimoine artistique italien ! On ne peut pas parler de Florence sans évoquer la famille Médicis, qui a régné en maîtresse pendant toute la Renaissance. De cette dynastie et de son riche passé, la ville conserve jalousement tous les attraits. Cette célèbre famille toscane a largement contribué à l'évolution de la ville, en intervenant sur la culture, l'économie et la politique. Et, par un heureux hasard, la ville n'a jamais manqué de personnalités (artistes, politiques) à cette période clé de l'histoire de la Toscane.

Florence a aussi su préserver son charme durant des siècles. Elle est entourée d'une campagne verdoyante. Dans un rayon d'une dizaine de kilomètres, on admire de superbes villas médicéennes (pour certaines classées au Patrimoine mondial de l'Unesco), repaires estivaux de Florentins fortunés, installés depuis des siècles. Il suffit de prendre un peu de hauteur (de la Torre di Arnolfo du Palazzo Vecchio ou de la chiesa San Miniato dans l'Oltrarno) pour apercevoir collines et cyprès à perte de vue. Enchanteur !

Florence n'est pas seulement une ville-musée, c'est aussi (méfiez-vous des apparences) une ville qui bouge et qui s'amuse. Laissez-vous gagner par la magie de la ville en vous perdant au gré des venelles, c'est le meilleur moyen de la connaître... Promenez-vous en début de soirée, à l'heure de l'*aperitivo*, dans l'Oltrarno du côté de San Frediano et de la piazza Santo Spirito. Les bars et les *enoteche* sont légion et ne demandent qu'à vous faire partager des moments de convivialité.

Et puis on peut aussi apprécier une certaine solitude en prenant le chemin des écoliers et en découvrant des endroits insolites, bien loin de la foule des visiteurs. Tout alors devient calme et volupté...

Plafond du Palazzo Medici Riccardi

NOS COUPS DE CŒUR

1 **Arpenter la piazza della Signoria, cœur palpitant de la cité et véritable musée à ciel ouvert.**

Toute l'histoire de Florence se résume en cette place. Elle fut le lieu des rassemblements populaires et le décor de fêtes somptueuses. Ne manquez pas d'admirer la fontaine de Neptune, sans oublier les statues qui parsèment la place, dont *Judith et Holopherne* de Donatello. *p. 97*

***Bon à savoir :** finir par la visite du Palazzo Vecchio, palais-forteresse qui devint le siège du pouvoir florentin sous Cosme de Médicis.*

© Mattes René

© Tondini Domenico/hemis.fr

2 Grimper en haut de la coupole du Duomo, réalisée par Brunelleschi, et admirer la gigantesque fresque du *Jugement dernier*.

La coupole est l'œuvre de Filippo Brunelleschi, qui a eu l'ingénieuse idée de construire un dôme de forme ovoïde de 45 m de diamètre, sans armature, en créant une double voûte séparée de 2 m dans laquelle des chaînages intérieurs assurent la stabilité de l'édifice. Pour y accéder, il vous faudra monter 463 marches. À l'intérieur, admirez la fresque de 3 600 m^2 du *Jugement dernier*, pensée par Vasari mais réalisée sous le contrôle de Federico Zuccari et Bandinelli. *p. 88*

© Mattes René

3 Admirer les portes du baptistère.

Ghiberti, avant d'être sculpteur, était orfèvre. Son travail est d'une précision et d'un réalisme extraordinaires. La fameuse porte principale est décorée de scènes de la Bible. L'art de la perspective et du trompe-l'œil acquiert ici ses premières lettres de noblesse. Pas étonnant que Ghiberti ait mis 27 ans pour réaliser cette œuvre ! *p. 88*

Bon à savoir : *un concours fut organisé en 1401 pour la réalisation de la nouvelle porte. Ghiberti l'emporta sur Brunelleschi. Puis il réalisa la porte principale. Fier de son œuvre, il se représenta sur l'un des médaillons qui la décorent.*

4 Visiter le Nuovo Museo dell'Opera di Santa Maria del Fiore. Le musée a été entièrement rénové, avec un parcours exceptionnel retraçant toute l'histoire du Duomo. Ne manquez pas l'incroyable *Pietà aux quatre figures* de Michel-Ange ni les nombreuses sculptures d'Arnolfo di Cambio et de Donatello, ainsi que le somptueux autel en argent de Saint Jean. *p. 89*

5 **Parcourir la galerie des Offices et découvrir les grands peintres tels Giotto, Léonard de Vinci, Botticelli, Titien, Piero della Francesca et tant d'autres...**

La galerie des Offices est le fleuron des musées florentins, mais c'est surtout l'un des plus anciens et des plus beaux musées du monde. L'histoire de cet incroyable musée est liée à Cosme Ier, qui confia à Vasari la construction du palais des Offices, et à François Ier, qui transforma en musée les galeries de cet immense bâtiment administratif. Vous allez en prendre plein les yeux (et les jambes), à travers pas moins de 93 salles. *p. 91*

© Alborno Andrea/hemis.fr

(6) Profiter d'être dans le quartier Santa Croce pour visiter le musée du Bargello.

Un de nos musées préférés, installé dans le très beau Palazzo del Podestà. C'est l'une des visites les plus agréables avec de nombreux chefs-d'œuvre à admirer : les œuvres de Donatello, dont son *David* en bronze, ou le *marzocco* (l'original), dont la copie est sur la piazza della Signora, au pied du Palazzo Vecchio. N'oubliez pas la salle du Cinquecento, avec les œuvres de jeunesse de Michel-Ange. *p. 106*

© Art Kowalsky/Alamy/Hemis

7 **Ne pas quitter Florence sans être entré dans la basilica di Santa Croce, construite au XIIIe s.**

Santa Croce doit son rayonnement aux nombreux personnages illustres qui y sont enterrés et qui en font un véritable panthéon toscan, voire italien : Michel-Ange, Machiavel, Ghiberti… que du beau monde ! Sa façade en marbre blanc de style néogothique date du XIXe s. *p. 108*

8 Musarder au petit matin sur le marché de Sant'Ambrogio, qui regorge de produits régionaux.

Dans un quartier animé et plein de charme, le mercato Sant'Ambrogio en fait saliver plus d'un avec ses étals débordant largement la petite halle du XIXe s : saucissons, fromages, fruits, fleurs, viandes, bocaux de légumes séchés, sans oublier les poissons. C'est LE rendez-vous des Florentins et des visiteurs gourmands. Plus intime et nettement plus florentin que son grand rival de San Lorenzo. *p. 112*

9 Visiter les cellules des moines peintes par Fra Angelico au Museo di San Marco.

On accède d'abord au cloître décoré de fresques des XVIe et XVIIe s. De là, on visite les réfectoires et la salle du Chapitre puis, au 1er étage, les cellules des moines. Toutes les cellules ont été décorées de scènes des Évangiles par Fra Angelico (ou par ses élèves sur un dessin du maître). Il en résulte une œuvre plutôt sobre et pleine de béatitude, dont il retirera d'ailleurs le surnom de Beato Angelico. *p. 122*

10 Admirer les fesses musclées de *David* à l'Accademia, un chef-d'œuvre de Michel-Ange.

Le célèbre *David* reste l'œuvre phare du musée qui justifie les longues heures d'attente. Ce formidable athlète de 5,5 t et de 5,17 m de haut subjugue le visiteur par l'intensité de son regard et ses proportions apparemment parfaites (en réalité, Michel-Ange s'est permis des libertés avec l'anatomie)… On ne peut résister à l'envie de vous encourager à tourner autour de ce *David* pour voir ses fesses ! *p. 121*
Bon à savoir : *une reproduction se trouve sur la piazza della Signoria.* • *galerieaccademia.org* •

11 S'émerveiller devant la fresque du *Cortège des Rois mages,* jalousement conservée dans le Palazzo Medici Riccardi.

Construit pour les Médicis au XVe s, le palais abrite la splendide fresque du *Cortège des Rois mages* par Benozzo Gozzoli, cachée à l'étage dans la chapelle. Joyau de la peinture italienne, elle illustre le cheminement des Rois mages vers Bethléem. L'une des curiosités de la fresque, outre sa beauté, est de reprendre la symbolique des trois âges des rois : Gaspar, le mage enfant, Balthazar, le mage adulte, et Melchior, le vieux mage. *p. 121*

Bon à savoir : *à voir également, au 2e étage du palais, la très délicate* Vierge à l'Enfant *de Filippo Lippi.* • *palazzo-medici.it* •

12 Pénétrer dans les halles du mercato centrale di San Lorenzo, **un marché idéal comme introduction à la gastronomie locale.**

Sous ses halles du XIXe s abritées par une charpente métallique, voici un conservatoire bien vivant de la gastronomie toscane. Nombreux stands où trouver (et goûter) charcuteries, viandes, fruits et légumes d'excellente qualité dans une atmosphère survoltée. Mais surtout, grimper au 1er étage, où se tiennent de nombreux comptoirs de dégustations de pizzas, *frito misto, gelati, foccace,* tous joliment présentés sous l'immense verrière du marché couvert. *p. 129*

13 Pousser la porte de l'Officina Profumo Farmaceutica di Santa Maria Novella, **l'une des plus anciennes pharmacies du monde.**

Cette superbe maison a été fondée par les Dominicains. Dès 1221, ils ont cultivé des herbes médicinales pour la pharmacie du couvent. En 1612, celle-ci est ouverte au grand public. Aujourd'hui encore, on élabore ici les fabrications artisanales des frères : essences, pommades, savons… Cette officine, unique au monde avec ses vitrines du XVIe s, ses voûtes ornées de fresques et ses statues veillant sur les rangées de pots pharmaceutiques, vous ensorcèlera forcément… *p. 143*

14 **Admirer la fabuleuse chapelle Brancacci, entièrement décorée de fresques de Masaccio, Masalino et Lippi (XVe s).**

Située dans le quartier San Frediano, la chapelle Brancacci est demeurée miraculeusement intacte après l'incendie de 1771. Depuis la restauration des somptueuses fresques de Masaccio, Masalino et Lippi, la nudité d'Adam et Ève est de nouveau dévoilée, débarrassée du feuillage ajouté pudiquement au XVIIe s. Masolino s'était probablement fait seconder par son jeune élève Masaccio. On mesure d'ailleurs toute la modernité de la peinture. L'homme devient le sujet central, grande nouveauté pour l'époque. *p. 149*

15 Se rendre du côté de la piazza Santo Spirito à la tombée de la nuit, lorsque les jeunes se retrouvent sur les marches de l'église ou dans les adresses branchées du quartier.

Situé dans l'Oltrarno, Santo Spirito est le quartier où bat le véritable cœur de la ville, un quartier plus populaire, avec son réseau sombre de rues étroites débouchant sur des places et des églises pittoresques. Les fêtards se rejoindront sur la piazza Santo Spirito, qui s'anime le soir. Nul doute que vous trouverez un café pour boire un verre dans une ambiance festive et conviviale, avec musique live, DJ et concerts. *p. 154*

16 **Contempler le coucher du soleil au belvédère de San Miniato al Monte.** Il vous faudra d'abord traverser l'Arno depuis le ponte alle Grazie pour rejoindre le quartier tranquille de San Niccolò. N'hésitez pas ensuite à grimper les marches jusqu'à la chiesa San Miniato al Monte, qui surplombe la ville. Un panorama à couper le souffle vous y attend. Allez-y en fin d'après-midi et admirez le coucher de soleil sur tout Florence. *p. 164*

Bon à savoir : *l'église San Miniato al Monte est de plus l'une des plus belles réussites du roman florentin avec sa façade incrustée de marbre.*

17 **Se balader dans les magnifiques Giardino Bardini et Giardino delle Rose, dans l'Oltrarno.**

On emprunte le superbe escalier baroque pour rejoindre le belvédère du Giardino Bardini. De là, on a une vue spectaculaire sur la ville. Des fontaines glougloutantes, des variétés de fleurs par centaines (roses, iris, hortensias) et de plantes qui font de ce jardin l'un des plus beaux de Florence, sans compter la magnifique pergola de glycines, les bosquets à l'anglaise, l'allée d'hortensias, les plantations de menthe, de lavande, de romarin… Une explosion d'odeurs et de couleurs à découvrir absolument. *p. 159, 163*

18 Faire une virée shopping dans les nombreux *outlets* des environs de Florence et profiter de larges remises sur de grandes marques.

Les grandes marques ont implanté leurs magasins d'usine au sud-est de Florence. Judicieusement situés près d'une sortie d'autoroute, ces magasins démarquent leurs stocks et collections des années précédentes à 50 %. Les accros au shopping ayant une furieuse envie d'alléger leur compte en banque seront servis ! Le plus intéressant, c'est de s'y rendre au moment des soldes (en janvier et en juillet) ; là, on peut vraiment faire de bonnes affaires. *The Mall* regroupe toutes les marques prestigieuses. *p. 76*

Bon à savoir : *• outlet-firenze.com • themall.it •*

© David Keith Jones/Alamy/Hemis

Lu sur routard.com

L'Oltrarno, l'autre Florence
(tiré du carnet de voyage de Jean-Philippe Damiani)

Parfois, il suffit de franchir un pont pour voir une ville changer… C'est le cas à Florence, avec l'Oltrarno, la zone située « de l'autre côté de l'Arno ». Moins touristiques que la rive droite du fleuve, les quartiers de Santo Spirito et San Frediano donnent à voir une Florence populaire et authentique, mais également festive à la tombée de la nuit.

À peine franchi l'Arno par le Ponte Vecchio, un changement d'atmosphère se fait sentir dans le quartier de **Santo Spirito.** Le pouls de la ville devient plus indolent, le flux touristique moins pressant que du côté du Duomo ou de Santa Croce. Beaucoup de visiteurs se contentent de traverser le quartier, en empruntant la via Guicciardini, pour aller visiter le splendide Palazzo Pitti, mais aussi les formidables jardins de Boboli et Bardini. Or, en voyage, la ligne droite n'est pas toujours la meilleure ! Santo Spirito, porte d'entrée principale de l'Oltrarno, a conservé son ambiance populaire et quelque peu provinciale. Ses ruelles animées invitent à une agréable flânerie, de placettes en églises, d'échoppes d'artisans en vénérables demeures patriciennes. Grâce à de nombreuses bonnes adresses, on s'attable avec plaisir dans une pizzeria ou une *trattoria* aux prix démocratiques et on profite de l'*aperitivo* dans l'un des bars de la sympathique piazza Santo Spirito, très animée en soirée. Orgueil de Santo Spirito, le Palazzo Pitti (XVe s.) est l'un des plus beaux palais florentins, immanquable avec sa façade de plus de 200 m donnant sur une vaste place rectangulaire, mais c'est surtout pour ses musées que l'on s'y rend avec, en premier lieu, la stupéfiante collection d'art de la Galleria Palatina : Filippo Lippi, Le Tintoret, Caravage, Raphaël, Titien, Rubens… Quelle richesse !

C'est à l'ouest de Santo Spirito que bat encore le cœur de la Florence populaire, dans le **quartier de San Frediano,** immortalisé par l'écrivain réaliste Vasco Pratolini. Pendant longtemps, le dialecte florentin fut communément parlé à San Frediano, où se trouvaient d'innombrables échoppes traditionnelles d'artisans dont certaines existent encore. Délaissé par les touristes, San Frediano est dépourvu de musées et de monuments prestigieux à l'exception notable de la chapelle Brancacci, un pur chef-d'œuvre décoré de fresques de Masolino, Masaccio et Filippino Lippi (XVe s.). Le ponte alla Carraia permet de rejoindre le borgo San Frediano. Ensuite, il suffit de se laisser porter par l'atmosphère des lieux et d'observer la vie urbaine de ce quartier demeuré authentique, avec toutefois quelques touches « bourgeois-bohèmes ». La balade peut s'achever, par exemple, sur un banc du jardin Torrigiani. Mais c'est, une fois encore, en soirée qu'il faut venir à San Frediano. Rendez-vous du côté de la piazza del Carmine, pour lever son verre à Florence en compagnie des jeunes du quartier. Ambiance festive et décontractée. L'un des bars de la place se nomme d'ailleurs « Dolce Vita », comme il se doit…

ITINÉRAIRES CONSEILLÉS

En un week-end

Pour avoir un bon aperçu de la ville en si peu de temps, mieux vaut privilégier le centre historique. La visite du ***Duomo (1)*** s'impose. Après avoir admiré la coupole de Brunelleschi et les ***portes du baptistère de Ghiberti (2),*** poussez votre curiosité jusqu'à la ***piazza della Signoria (3)*** et entrez dans le ***Palazzo Vecchio (4),*** le palais-forteresse érigé au XIIIe s et actuelle mairie de la ville. La *sala dei Cinquecento* mérite une attention toute particulière. Dans l'après-midi, poussez jusqu'à la ***Galleria dell'Accademia (5)*** pour admirer le célèbre *David* de Michel-Ange, puis revenez flâner du côté de la ***piazza della Repubblica (6).*** Traversez enfin l'Arno par le ponte Santa Trinità et laissez-vous tenter par un *aperitivo* dans le quartier animé de ***Santo Spirito (7).*** Le lendemain, arrivez dès l'ouverture de la ***Galleria degli Uffizi (8)*** pour profiter au mieux des plus belles peintures italiennes : Botticelli, Léonard de Vinci, Michel-Ange, Raphaël… Pause déjeuner dans le quartier, et vous voilà prêt pour visiter le ***Museo del Bargello (9),*** musée national de la Sculpture, où vous découvrirez les premières œuvres de Michel-Ange ainsi que celles de Donatello et de Verrocchio.

En 4 jours

– 1er jour : débutez la journée par l'incontournable trio architectural formé par le ***Duomo (1),*** le ***baptistère (2)*** et le ***campanile (3).*** Pour approfondir vos visites, n'hésitez pas à pousser les portes du ***Nuovo Museo dell'Opera (4),*** qui vous éclaircira sur toutes les œuvres de la cathédrale. Ensuite, dirigez-vous vers le quartier San Marco au nord du Duomo, pour contempler les sublimes fresques de Fra Angelico dans le ***Museo di San Marco (5),*** ancien couvent. Pause déjeuner sur la piazza San Marco avant de visiter la ***Galleria dell'Accademia (6),*** à deux pas : appréciez le fameux *David* de Michel-Ange sous tous ses angles, mais attardez-vous aussi sur ses *Esclaves,* également admirables.

– 2e jour : foncez à la ***Galleria degli Uffizi (7)*** ; réservation obligatoire si vous n'avez pas la *Firenze Card*. Attention, comptez au moins 3h de visite. Après les Offices, traversez l'Arno par le ***Ponte Vecchio (8)*** tout en profitant de la vue. Prenez à gauche, dans la direction du ***quartier San Niccolò (9),*** très agréable à l'écart des touristes. S'il vous reste un peu de force et de temps, grimpez par la via San Salvatore al Monte jusqu'à l'***église San Miniato al Monte (10).*** L'intérieur est magnifiquement conservé, et la vue sur la ville est sublime ! Le soir, un petit tour dans l'Oltrarno, du côté de ***Santo Spirito (11),*** place toujours très animée. Vous découvrirez le charme des nuits florentines.

– 3e jour : la ***basilique Santa Croce (12),*** véritable panthéon italien, et à deux pas le magnifique ***Museo del Bargello (13),*** l'un des plus beaux (à notre avis !) musées de sculpture en Italie. Et pour les insatiables, petite visite de 2h dans la sublime ***Galleria Palatina (14),*** qui regorge de tableaux Renaissance, située dans l'imposant Palazzo Pitti. La fatigue vous gagne ? Une petite halte dans le ***Giardino di Boboli (15)*** tout à côté ! Le charme des jardins à l'italienne. En soirée, flânez dans les rues et laissez-vous tenter par une reposante *trattoria* avec terrasse.

- 4e jour : si l'envie vous prend, n'hésitez pas à faire un saut dans les collines verdoyantes du ***Chianti*** (***16*** ; là, la voiture s'impose), à une dizaine de kilomètres au sud de la capitale toscane, une région vinicole réputée pour ses paysages magnifiques, ses petits villages (Greve, Castellina, Gaiole, Radda), ses cyprès, ses oliviers et... son bon vin. La *dolce vita* quoi !

Les jardins du Palazzo Pitti

© Bouloumie Eric/hemis.fr

En 1 semaine et plus

En une semaine, on s'attarde dans les musées et les églises. Outre les incontournables ***Duomo (1), baptistère (2)*** et ***campanile (3),*** on flâne du côté du ***marché San Lorenzo (4),*** on visite l'***Officina Profumo Farmaceutica (5),*** et on s'attarde dans le ***Palazzo Riccardi (6)*** pour admirer la superbe fresque du *Cortège des Rois mages*. Plus au nord encore, vous tomberez sous le charme du ***Museo di San Marco (7),*** avec les fresques sublimes de Fra Angelico. Sur le chemin du retour, pourquoi ne pas vous arrêter au ***Museo dello Spedale degli Innocenti (8),*** rouvert après des années de travaux ? L'endroit était destiné à recueillir les enfants abandonnés. Le bâtiment a été construit par Brunelleschi, architecte du Duomo. Et puis, perdez-vous dans les rues des quartiers de ***Sant'Ambrogio (9)*** et de ***Santa Croce (10)*** et attablez-vous à une terrasse de café ; bref, prenez votre temps ! Quelques beaux endroits à ne pas rater : la ***piazza Santo Spirito (11)*** et la surprenante façade de l'église du même nom ; l'imposant ***Palazzo Pitti (12)*** de la famille Médicis ; ou encore la ***cappella Carmine (13)*** avec ses fresques étonnamment bien conservées de Masaccio, Lippi et Masolino. Envie de vert ? Les ***Giardini di Boboli (14)*** et ***delle Rose (14)*** sont charmants car pas très touristiques. On explore aussi la campagne avoisinante, comme la jolie ville de ***Fiesole (15),*** et on pousse la curiosité jusqu'à la découverte des ***villas médicéennes (16),*** classées au Patrimoine mondial de l'Unesco (villa La Petraia, villa di Castello, villa di Poggio a Caiano) – à défaut de voiture, prenez le bus n° 7 sur la piazza San Marco. Sinon, plus près et à pied, nous vous indiquons en fin de guide une petite balade très agréable dans la ***campagne florentine (17)*** à partir du quartier de San Niccolò.

SI VOUS ÊTES

En famille : le Palazzo Davanzati, le Ponte Vecchio, le Museo Galileo, le Palazzo Vecchio et la Torre di Arnolfo pour la vue, le Giardino delle Rose, le Giardino Bardini, les macchine di Leonardo da Vinci, les marchés couverts de San Lorenzo et Sant'Ambrogio, la basilica di Santa Croce, le Museo di San Marco, tous les glaciers et les pizzerias de Florence (attention à l'indigestion quand même !).

Accro à la peinture et à la Renaissance : la Galleria degli Uffizi, le Museo di San Marco, le Palazzo Pitti, la cappella Brancacci, le Palazzo Medici Riccardi.

Épris de votre moitié : le coucher de soleil depuis la chiesa San Miniato al Monte, les fresques de Fra Angelico à San Marco, le *David* à l'Accademia, la terrasse du Duomo, le Giardino Bardini.

Amoureux de la chlorophylle : Fiesole, le Giardino Bardini, le Giardino delle Rose, le Giardino di Boboli, une randonnée aux alentours de Florence.

Mode et… cigale : la via dei Tornabuoni avec ses célèbres enseignes de luxe, les *outlets* (magasins d'usine) des grandes marques au sud-est de Florence, le Museo Gucci, le Museo Ferragamo, l'Officina Profumo Farmaceutica di Santa Maria Novella et Aquaflor.

Fêtard : l'*aperitivo* dans les bars des quartiers Santo Spirito et San Frediano.

Épicurien et amateur de bons vins et de bonne chère : les marchés couverts de San Lorenzo et de Sant'Ambrogio, les épiceries fines et les traditionnelles *enoteche*.

La Naissance de Vénus, *Sandro Botticelli*

Le Marzocco de Donatello, piazza della Signoria

LES QUESTIONS QU'ON SE POSE AVANT LE DÉPART

Infos détaillées dans le chapitre « Florence utile ».

➢ Quels sont les documents nécessaires pour aller en Italie ?

Pour les ressortissants de l'Union européenne et de la Suisse, la carte nationale d'identité ou le passeport en cours de validité suffit pour entrer sur le territoire italien.
Pour les mineurs voyageant seuls, une carte nationale d'identité (ou un passeport) et une lettre manuscrite signée des parents sont nécessaires. Attention cependant à un projet de loi visant à renforcer la législation sur la sortie du territoire. Pour plus d'infos : • *service-public.fr* •

➢ Quelle est la meilleure saison ?

Le printemps et le début de l'été (mai-juin) ainsi que l'automne (septembre-octobre) sont désormais les mois de la pleine saison. Le temps y est agréable sans être trop chaud. Attention, de nombreuses adresses ferment pour congés annuels aux alentours du 15 août.

➢ Quel budget prévoir ?

À Florence, tout est plus cher que dans le reste de la Toscane, voire de l'Italie. Cela est particulièrement vrai pour l'hébergement, dans une moindre mesure pour la restauration. Rassurez-vous, on mange facilement sur le pouce pour trois fois rien (*panini,* parts de pizzas...).

➢ Comment se déplacer ?

À pied, sans aucune hésitation ! Il y a aussi le bus pour les plus paresseux. Le réseau est dense et dessert parfaitement toute la ville et ses proches environs.

➢ Y a-t-il des problèmes de sécurité ?

Pas particulièrement, c'est une ville tranquille. Si vous avez une voiture au parking, assurez-vous tout de même de ne rien laisser dedans, les effractions sont assez fréquentes, surtout près des sites touristiques.

➢ Y a-t-il un décalage horaire ?

Non, été comme hiver, la France et l'Italie affichent la même heure, car les passages heure d'été/heure d'hiver se font aux mêmes dates.

➢ Quel est le temps de vol ?

Compter 2h pour un Paris-Florence.

➢ Côté santé, quelles précautions ?

Pas de précautions particulières : être à jour des vaccins traditionnels et, en été, prévoir de la crème solaire. Et puis c'est l'Europe, donc penser à emporter sa carte européenne d'assurance maladie (CEAM).

➢ Peut-on y aller avec des enfants ?

Bien sûr ! Cependant, le riche patrimoine italien florentin risque d'épuiser vos chérubins. Pensez à alterner les balades et les visites de musées. Et, question nourriture, c'est le top ! Pizza, pâtes, glaces... Repérez nos meilleurs sites grâce au symbole 👨‍👧 .

➢ Quel est le taux de change ? Comment payer sur place ?

La monnaie est l'euro, ce qui est bien pratique pour les Français.

Pour nos amis canadiens et suisses, le taux de change est d'environ 1 € = 1,46 $Ca = 1,10 Fs. Sur place, nombreux distributeurs de billets, change aisé, et l'on peut régler à peu près partout avec une carte de paiement, hormis dans certaines petites pensions ou dans les bars.

➢ Quelle langue parle-t-on ?

L'italien bien sûr ! Quelques notions sont donc toujours utiles et facilitent les échanges. Les jeunes communiquent de plus en plus en anglais.

➢ Doit-on envisager un gros budget pour les visites culturelles ?

Oui, la *Firenze Card* *(72 €)* permet de faire des économies, à condition d'avoir un gros appétit culturel (plus de 72 sites et musées à visiter en 72h !). Les jeunes de moins de 18 ans bénéficient de la gratuité dans les musées nationaux.

COMMENT Y ALLER ?

EN AVION

▲ AIR FRANCE

Rens et résas au ☎ 36-54 (0,34 €/mn – tlj 6h30-22h), sur • airfrance.fr •, dans les agences Air France et dans ttes les agences de voyages. Fermées dim.

➢ Dessert Florence avec 5 vols directs/j. au départ de Paris-Roissy-Charles-de-Gaulle, aérogare 2.

Air France propose des tarifs attractifs toute l'année. Pour consulter les meilleurs tarifs du moment, allez directement sur la page « Nos meilleurs tarifs » sur • *airfrance.fr* •

Flying Blue, le programme de fidélité gratuit d'Air France, permet de gagner des *Miles* en voyageant sur les vols Air France, KLM, Hop et les compagnies membres de *Skyteam,* mais aussi auprès des nombreux partenaires non aériens *Flying Blue.* Les *Miles* peuvent ensuite être échangés contre des billets d'avion ou des services (surclassement, bagage supplémentaire, accès salon...) ainsi qu'auprès des partenaires. Pour en savoir plus, rendez-vous sur • *flyingblue.com* •

▲ HOP!

Rens et résas sur • hop.fr •, via les canaux de ventes Air France, dans ttes les agences de voyages et au centre d'appel ☎ 0892-70-22-22 (0,35 €/mn ; tlj 365 j./an).

➢ Vols réguliers depuis les principales villes de France vers Florence. HOP! propose des tarifs attractifs toute l'année. Possibilité de consulter les meilleurs tarifs du moment sur • *hop.fr* •

▲ ALITALIA

Rens et résas : ☎ 0892-655-655 (0,34 €/mn) ou ☎ 89-20-10 (en Italie) ; lun-ven 8h-20h, w-e 9h-19h. • alitalia.fr •

➢ Plusieurs vols/j. vers Florence et Pise au départ de Bruxelles, Marseille, Montpellier, Nice, Paris et Toulouse avec correspondance à Rome.

▲ BRUSSELS AIRLINES

Rens et résas : ☎ 0892-64-00-30 (0,33 €/mn) ou ☎ 0902-51-600 (en Belgique ; 0,75 €/mn) ; lun-sam 9h-19h (17h sam). • brusselsairlines.com •

➢ De fin mars à mi-nov, 1-2 vols/j. depuis Bruxelles vers Florence.

Les compagnies *low-cost*

Plus vous réserverez vos billets à l'avance, plus vous aurez des chances d'avoir des tarifs avantageux. En outre, les pénalités en cas de changement de vols sont assez importantes. Il faut aussi rappeler que plusieurs compagnies facturent maintenant les bagages en soute et limitent leur poids. En cabine également, le nombre de bagages est strictement limité (attention : même le plus petit sac à main est compté comme un bagage à part entière). À bord, c'est service minimal et tous les services sont payants (boissons, journaux). Attention également au moment de la résa par Internet à décocher certaines options qui sont automatiquement cochées (assurances, etc.). Au final, même si les prix de base restent très attractifs, il convient de prendre en compte les frais annexes pour calculer le plus justement son budget.

▲ EASYJET

Rens et résas : • easyjet.com •

➢ Vols quotidiens de Paris-Orly à Pise. Navettes pour rejoindre Florence.

▲ RYANAIR

Rens et résas : • ryanair.com •

➢ Vols quotidiens de Paris-Beauvais à Pise. Navettes pour rejoindre Florence.

▲ VUELING

Résas : • vueling.com •

➢ Vols quotidiens directs de Paris-Orly à Florence.

LES ORGANISMES DE VOYAGES

En France

▲ COMPTOIR DE L'ITALIE ET DE LA CROATIE

• comptoir.fr •
– Paris : 2-18, rue Saint-Victor, 75005. ☎ 01-53-10-30-15. Ⓜ Maubert-Mutualité. Lun-sam 9h30 (10h sam)-18h30.
– Lyon : 10, quai Tilsitt, 69002. ☎ 04-72-44-13-40. Ⓜ Bellecour. Lun-sam 9h30-18h30.
– Marseille : 12, rue Breteuil, 13001. ☎ 04-84-25-21-80. Ⓜ Estrangin. Lun-sam 9h30-18h30.
– Toulouse : 43, rue Peyrolières, 31000. ☎ 05-62-30-15-00. Ⓜ Esquirol. Lun-sam 9h30-18h30.
– Bordeaux : 26, cours du Chapeau-Rouge, 33800.
– Lille : 76, rue Nationale, 59160. Ouverture prévue en 2017.

Comptoir s'impose comme une référence incontournable dans le voyage sur mesure, avec 80 destinations couvrant les 5 continents. Ses voyages s'adressent à tous ceux qui souhaitent vivre un pays de façon simple en s'y sentant accueilli. Les conseillers privilégient des hébergements typiques, des moyens de transport locaux et des expériences authentiques pour favoriser l'immersion dans la vie locale. Comptoir vous offre aussi la possibilité de rencontrer des francophones habitant dans le monde entier – des *greeters* –, qui vous donneront, le temps d'un café, les clés de leur ville ou de leur pays. Comptoir des Voyages propose aussi une large gamme de services : échanges par visioconférence, devis web et carnet de voyage personnalisés, assistance téléphonique tlj 24h/24 pendant votre voyage.

▲ ITALIE & CO

– Courbevoie : 169, bd Saint-Denis, 92400. 📱 06-85-56-30-62. • italieandco.fr • Sur rdv ou à domicile.

Italie & Co est une agence dynamique d'un genre nouveau, fondée par deux professionnels italiens partageant la même passion pour leur pays d'origine. Ils sont à votre disposition par mail ou par téléphone pour vous aider à organiser le voyage de vos rêves et pour vous assister tout au long de votre séjour. Seul ou en famille, pour vos loisirs ou pour votre travail, Italie & Co vous propose des sélections testées par l'agence. Une soirée à la Scala de Milan, à la Fenice de Venise ou aux Arènes de Vérone, un cours de cuisine à l'école Barilla ou juste du farniente sur une belle plage en Sardaigne, Italie & Co offre son carnet d'adresses de charme pour faire de votre voyage une véritable expérience. Offre spéciale lecteurs *Routard* : un accueil VIP ou un cadeau surprise en donnant la référence « routard » au moment de la réservation.

▲ JEUNESSE ET RECONSTRUCTION

– Paris : 8-10, rue de Trévise, 75009. ☎ 01-47-70-15-88. • volontariat.org • Ⓜ Cadet ou Grands-Boulevards. Lun-ven 10h-13h, 14h-18h.

Jeunesse et Reconstruction propose des activités dont le but est l'échange culturel dans le cadre d'un engagement volontaire. Chaque année, des centaines de jeunes bénévoles âgés de 17 à 30 ans participent à des chantiers internationaux en France ou à l'étranger (Europe, Asie, Afrique et Amérique) et s'engagent dans un programme de volontariat à long terme (6 mois ou 1 an).

Dans le cadre des chantiers internationaux, les volontaires se retrouvent autour d'un projet d'intérêt collectif (de 1 à 4 semaines) et participent à la restauration du patrimoine bâti, à la protection de l'environnement, à l'organisation logistique d'un festival ou à l'animation et l'aide à la vie quotidienne auprès d'enfants ou de personnes handicapées.

▲ TERRES LOINTAINES

• terres-lointaines.com •
– Issy-les-Moulineaux : 2, rue Maurice-Hartmann, 92130. Sur rdv slt ou ☎ 01-75-60-65-50 (lun-ven 9h-19h, sam 10h-18h).
– Bordeaux : 4, rue Esprit-des-Lois, 33000. ☎ 05-33-09-09-10.

Terres Lointaines est le dernier-né des

acteurs du Net qui comptent dans le monde du tourisme, avec pour conviction : « Un voyage réussi est un voyage qui dépasse les attentes du client. » Son ambition est clairement affichée : démocratiser le voyage sur mesure au prix le plus juste. En individuel ou en petit groupe, entre raffinement et excellence, Terres Lointaines met le monde à votre portée. Europe, Amériques, Afrique, Asie, Océanie, la palette de destinations programmées est vaste, toutes proposées par des conseillers-spécialistes à l'écoute des envies du client. Grâce à une sélection rigoureuse de prestataires locaux, Terres Lointaines crée des voyages de qualité, qui laissent de merveilleux souvenirs.

▲ TUI

Rens & résas au ☎ 0825-000-825 (0,20 €/mn + prix d'appel). • tui.fr • dans les agences de voyages TUI présentes dans toute la France.

TUI, numéro 1 mondial du voyage, propose tous les circuits Nouvelles Frontières, ainsi que les clubs Marmara et un choix infini de vacances pour une expérience unique. TUI propose des offres et services personnalisés tout au long de vos vacances, avant, pendant et après le voyage.

Un circuit accompagné dans une destination de rêves, un séjour détente au soleil sur l'une des plus belles plages du monde, un voyage sur mesure façonné pour vous, ou encore des vacances dans un hôtel ou dans un club, les conseillers TUI peuvent créer avec vous le voyage idéal adapté à vos envies. Ambiance découverte, familiale, romantique, dynamique, zen, chic... TUI propose des voyages à deux, en famille, seul ou entre amis, parmi plus de 180 destinations à quelques heures de chez vous ou à l'autre bout du monde.

▲ VOYAGEURS DU MONDE EN ITALIE

• voyageursdumonde.com •

– Paris : La Cité des Voyageurs, 55, rue Sainte-Anne, 75002. ☎ 01-42-86-17-20. Ⓜ Opéra ou Pyramides. Lun-sam 9h30-19h. Avec une librairie spécialisée sur les voyages.

– Également des agences à Bordeaux, Grenoble, Lille, Lyon, Marseille, Montpellier, Nantes, Nice, Rennes, Rouen, Strasbourg, Toulouse, Bruxelles et Genève.

Parce que chaque voyageur est différent, que chacun a ses rêves et ses idées pour les réaliser, Voyageurs du Monde conçoit, depuis plus de 30 ans, des projets sur mesure. Les séjours proposés sur 120 destinations sont élaborés par leurs 180 conseillers voyageurs. Spécialistes par pays et même par régions, ils vous aideront à personnaliser les voyages présentés à travers une trentaine de brochures d'un nouveau type, et sur le site internet, où vous pourrez également découvrir les hébergements exclusifs et consulter votre espace personnalisé. Au cours de votre séjour, vous bénéficiez des services personnalisés Voyageurs du Monde, dont la possibilité de modifier à tout moment votre voyage, l'assistance d'un concierge local, la mise en place de rencontres et de visites privées, et l'accès à votre carnet de voyage via une application iPhone et Android. Voyageurs du Monde est membre de l'association ATR (Agir pour un tourisme responsable) et a obtenu sa certification Tourisme responsable AFAQ AFNOR.

Voir aussi au sein du guide les agences locales que nous avons sélectionnées.

Comment aller à Roissy et à Orly ?

Toutes les infos sur notre site *• routard.com •* à l'adresse suivante : *• bit.ly/aeroports-routard •*

En Belgique

▲ AIRSTOP

Pour ttes les adresses Airstop, un seul numéro de tél : ☎ 070-233-188. • airstop.be • Lun-ven 9h-18h30, sam 10h-17h.

– Anvers : Jezusstraat, 16, 2000.

– Gand : Maria Hendrikaplein, 65, 9000.

– Louvain : Mgr. Ladeuzeplein, 33, 3000.

Airstop offre une large gamme de prestations, du vol sec au séjour tout compris à travers le monde.

▲ CONNECTIONS

Rens et résas : ☎ 070-233-313 (lun-ven 9h-19h, sam 10h-17h). • connections.be •

Fort d'une expérience de plus de 20 ans dans le domaine du voyage, Connections dispose d'un réseau de 30 *travel shops,* dont un à Brussels Airport. Connections propose des vols dans le monde entier à des tarifs avantageux et des voyages destinés à des personnes désireuses de découvrir la planète de façon autonome. Connections propose une gamme complète de produits : vols, hébergements, location de voitures, autotours, vacances sportives, excursions...

▲ SERVICE VOYAGES ULB

• servicevoyages.be • 25 agences dont 12 à Bruxelles.

– Bruxelles : campus ULB, av. Paul-Héger, 22, CP 166, 1000. ☎ 02-650-40-20.

– Bruxelles : pl. Saint-Lambert, 1200. ☎ 02-742-28-80.

– Bruxelles : chaussée d'Alsemberg, 815, 1180. ☎ 02-332-29-60.

Service Voyages ULB, c'est le voyage à l'université. Billets d'avion sur vols charters et sur compagnies régulières à des prix compétitifs.

▲ TAXISTOP

Pour ttes les adresses Taxistop : ☎ 070-222-292. • taxistop.be •

– Bruxelles : rue Thérésienne, 7 A, 1000.

– Gent : Maria Hendrikaplein, 65, 9000.

– Ottignies : bd Martin, 27, 1340.

Taxistop propose un système de covoiturage, ainsi que d'autres services comme l'échange de maisons ou le gardiennage.

▲ TUI

• tui.be •

– Nombreuses agences dans le pays, dont Bruxelles, Charleroi, Liège, Mons, Namur, Waterloo, Wavre, et au Luxembourg.

Voir texte dans la partie « En France ».

▲ VOYAGEURS DU MONDE

– Bruxelles : 23, chaussée de Charleroi, 1060. ☎ 02-543-93-50. • voyageursdumonde.com •

Le spécialiste du voyage en individuel sur mesure.

Voir texte dans la partie « En France ».

En Suisse

▲ STA TRAVEL

☎ 058-450-49-49. • statravel.ch •

– Fribourg : rue de Lausanne, 24, 1701. ☎ 058-450-49-80.

– Genève : rue Pierre-Fatio, 19, 1204. ☎ 058-450-48-00.

– Genève : rue Vignier, 3, 1205. ☎ 058-450-48-30.

– Lausanne : bd de Grancy, 20, 1006. ☎ 058-450-48-50.

– Lausanne : à l'université, Anthropole, 1015. ☎ 058-450-49-20.

Agences spécialisées notamment dans les voyages pour jeunes et étudiants. 150 bureaux STA et plus de 700 agents du même groupe répartis dans le monde entier sont là pour donner un coup de main *(Travel Help).*

STA propose des tarifs avantageux : vols secs *(Blue Ticket),* hôtels, écoles de langues, *work & travel,* circuits d'aventure, voitures de location, etc. Délivre la carte internationale d'étudiant et la carte *Jeune.*

▲ TUI

– Genève : rue Chantepoulet, 25, 1201. ☎ 022-716-15-70.

– Lausanne : bd de Grancy, 19, 1006. ☎ 021-616-88-91.

Voir texte dans la partie « En France ».

Au Québec

▲ TOURS CHANTECLERC

• tourschanteclerc.com •

Tours Chanteclerc est un tour-opérateur qui publie différentes brochures de voyages : Europe, Amérique du Nord, Amérique du Sud, Asie et Pacifique sud, Afrique et le Bassin méditerranéen en circuits ou en séjours. Il s'adresse aux voyageurs indépendants qui réservent un billet d'avion, un hébergement (dans toute l'Europe), des excursions ou une location de voiture. Également spécialiste de Paris, le tour-opérateur offre une vaste sélection d'hôtels et d'appartements dans la Ville Lumière.

EN TRAIN

➢ ***Société italienne Thello au départ de Paris-gare de Lyon ou de Dijon :*** un train part tous les soirs de Paris-gare de Lyon et de Dijon pour Milan (Stazione Centrale). Même fréquence pour le trajet retour. Puis, à Milan, train rapide (Frecciarossa) qui relie Florence en 1h40.
– Point de vente à Paris-gare de Lyon : espace Esterel-galerie des Fresques, pl. Louis-Armand, 75571 Paris Cedex 12. ☎ 01-83-82-00-00. Tlj 10h-20h.

Les avantages européens avec la SNCF

Rens au ☎ 36-35 (0,40 €/mn hors surcoût éventuel de votre opérateur). • *tgv.com* • *voyages-sncf.com* • *thello.com* • *interrailnet.com* •
Avec les ***Pass InterRail,*** les résidents européens peuvent voyager dans 30 pays d'Europe, dont l'***Italie.*** Plusieurs formules et autant de tarifs, en fonction de la destination et de l'âge.
À noter que le *Pass InterRail* n'est pas valable dans votre pays de résidence (cependant l'*InterRail Global Pass* offre une réduction de 50 % de votre point de départ jusqu'au point frontière en France). • *interrailnet.eu* •
– Pour les grands voyageurs, l'***InterRail Global Pass*** est valable dans l'ensemble des 30 pays européens concernés. Intéressant si vous comptez parcourir plusieurs pays au cours du même périple. Il se présente sous 7 formes au choix. 4 formules flexibles : utilisable 5 jours sur une période de validité de 15 jours jusqu'à 15 jours sur une période de validité de 1 mois (200-463 € selon âge et formule). Et 3 formules « continues » : *pass* 15 jours, 22 jours et 1 mois (338-626 € selon âge et formule). Ces formules existent aussi en version 1re classe. Les voyageurs de plus de 60 ans bénéficient d'une réduction sur le tarif de l'*InterRail Global Pass* en 1re et 2de classes (tarif senior). Également des tarifs enfants 4-12 ans et 12-26 ans.
– Si vous ne parcourez que l'***Italie,*** le ***One Country Pass*** vous suffira. D'une période de validité de 1 mois et utilisable, selon les formules, 3, 4, 6 ou 8 jours en discontinu : compter 87-239 € selon formule. Là encore, ces formules se déclinent en version 1re classe (mais ce n'est pas le même prix, bien sûr). Pour voyager dans 2 pays, vous pouvez combiner 2 *One Country Pass.* Au-delà, il est préférable de prendre le *Global Pass.*
InterRail offre également la possibilité d'obtenir des réductions ou avantages à travers toute l'Europe avec ses partenaires bonus (musées, chemins de fer privés, hôtels, etc.).
Tous ces prix ne sont qu'indicatifs.
– Il existe aussi l'***Interrail Italie premium Pass,*** qui permet de réserver gratuitement les trains. Également des avantages supplémentaires. À partir de 122 €.
Pour plus de renseignements, adressez-vous à la gare ou boutique SNCF la plus proche de chez vous.

EN VOITURE

Le covoiturage

Le principe est économique, écologique et convivial. Il s'agit de mettre en relation un chauffeur et des passagers afin de partager le trajet et les frais, que ce soit de manière régulière ou de manière exceptionnelle (pour les vacances, par exemple). Les conducteurs sont invités à proposer leurs places libres sur BlaBlaCar : • *covoiturage.fr* • (disponible sur Web et sur mobile). L'inscription est gratuite.

Itinéraires

➢ ***À partir de Paris :*** prendre l'A 6 (en direction de Lyon) jusqu'à Mâcon. Puis Bourg-en-Bresse et Bellegarde. Autoroute vers Chamonix (A 6-E 15). Suivre l'A 40-E 21 direction Milan, puis prendre l'A 40-E 25 direction Annecy. Traverser le tunnel du Mont-Blanc (compter 44 € la traversée ; 55 € l'A/R ; attention : le retour doit se faire 8 jours après la date d'émission du ticket). Arrivé en Italie, prendre ensuite la direction de Turin (A 5-E 25), Alessandria (A 26-E 25) et Gênes (A 10-E 80), puis rejoindre l'autoroute jusqu'à Pise (toujours l'A 12) et prendre l'A 11-E 76 pour Florence. Compter 11h de trajet, sans les pauses.

➢ ***Par l'autoroute du Sud :*** de Marseille (A 7-E 712), prendre la direction d'Aix-en-Provence (A 8-E 80), puis Nice (A 10-E 80) et la frontière italienne, Menton et Vintimille. Le voyage se poursuit sur les autoroutes à péage italiennes via Gênes (A 10-E 80) en longeant la côte ligure (San Remo, Imperia, Savona). À Gênes, prendre l'A 12 jusqu'à Lucques (Lucca), puis l'A 11 jusqu'à Florence. Compter 7h de trajet, sans les pauses.

➢ ***Par le tunnel du Fréjus :*** autoroute du Sud jusqu'à Lyon, autoroute A 43 Lyon-Chambéry-Montmélian, puis la vallée de la Maurienne jusqu'à Modane. Péage pour le tunnel : compter environ 54 € l'A/R (valable 7 jours), puis direction Turin, Gênes et Florence.

➢ ***Ceux qui habitent l'est ou le nord de la France*** ont intérêt à prendre l'autoroute en Suisse ***à partir de Bâle.*** Passer par Lucerne et le tunnel du Gothard, puis direction Milan, Bologne et Florence. À prendre en compte : 40 € (vignette annuelle) en Suisse.

– ***Attention :*** en Italie, sur autoroute, les panneaux indicateurs sont de couleur verte ; les bleus concernent les autres routes, notamment les nationales ou les routes secondaires. Par ailleurs, les feux de code sont également obligatoires le jour sur les routes italiennes... sous peine d'amende.

EN BUS

▲ CLUB ALLIANCE

– Paris : 33, rue de Fleurus, 75006. ☎ 01-45-48-89-53. • cluballiancevoyages.com • Ⓜ Rennes, Saint-Placide ou Notre-Dame-des-Champs. Lun-sam 11h (14h sam)-19h.

Spécialiste des week-ends et des ponts de 3 ou 4 jours (Rome, Venise, Florence, lac Majeur, lac de Garde...). Circuits économiques de 1 à 16 jours en Italie, dont un circuit combiné de 6 jours Florence-Rome-Venise ou encore la randonnée en Toscane du Sud de 6 jours.

▲ EUROLINES

☎ 0892-89-90-91 (0,34 €/mn + prix appel ; lun-sam 8h-21h, dim 10h-18h). • eurolines.fr •

– Paris : 55, rue Saint-Jacques, 75005. N° d'urgence : ☎ 01-49-72-51-57. Lun-ven 9h30-18h30, sam 10h-13h, 14h-17h.

– Vous trouverez également les services d'Eurolines sur • routard.com • Eurolines propose 10 % de réduc pour les jeunes (12-25 ans) et les seniors. 2 bagages gratuits/pers en Europe et 40 kg gratuits pour le Maroc.

– Gare routière internationale à Paris : 28, av. du Général-de-Gaulle, 93541 Bagnolet Cedex. Ⓜ Gallieni.

Première *low-cost* par bus en Europe, Eurolines permet de voyager vers plus de 600 destinations en Europe avec des départs quotidiens depuis 90 villes françaises. Eurolines propose également des hébergements à petits prix sur les destinations desservies.

– *Pass Europe :* pour un prix fixe, valable 15 ou 30 jours, vous voyagez autant que vous le désirez sur le réseau entre 51 villes européennes. Également un mini-*pass* pour visiter 2 capitales européennes (7 combinés possibles).

FLORENCE UTILE

ABC de Florence

- ***Superficie :*** 806 km² (Florence et les environs).
- ***Population :*** 380 226 habitants (900 000 avec l'agglomération).
- ***Capitale régionale de la Toscane.***
- ***Principales ressources :*** tourisme, cuir, textile.
- ***Tourisme :*** 10 millions de visiteurs par an.
- ***Patrimoine culturel :*** Florence abrite un quart des œuvres d'art conservées en Italie.

AVANT LE DÉPART

Adresses utiles

En France

Office national italien de tourisme (ENIT) : *23, rue de la Paix, 75002 Paris. ☎ 01-42-66-03-96. • infoitalie.paris@enit.it • enit.it • (site très complet à consulter absolument avt de partir). Ⓜ Opéra. RER A : Auber. Lun-ven 11h-16h45.* Pas d'infos par courrier postal, uniquement par mail.

Consulats d'Italie en France :
– Paris : 5, bd Émile-Augier, 75016. ☎ 01-44-30-47-00 (lun-ven 9h-17h ; standard automatique qui oriente en fonction de la demande). • segreteria.parigi@esteri.it • consparigi.esteri.it • Ⓜ La Muette. RER C : Boulainvilliers. Lun-ven 9h-12h, plus mer 14h30-16h30.
– Consulats honoraires et correspondants consulaires à Lyon, Marseille et Metz.

Institut culturel italien (hôtel de Gallifet) **:** *50, rue de Varenne, 75007 Paris. ☎ 01-44-39-49-39. • iicparigi.esteri.it • Ⓜ Varenne, Rue-du-Bac ou Sèvres-Babylone. Lun-ven 10h-13h, 15h-18h.* ***Bibliothèque de consultation :*** *☎ 01-44-39-49-25 ; mêmes horaires sf lun mat ; fermée de mi-juil à début sept.*

Ambassade d'Italie : *51, rue de Varenne, 75007 Paris. ☎ 01-49-54-03-00. • ambasciata.parigi@esteri.it • ambparigi.esteri.it • Ⓜ Rue-du-Bac, Varenne ou Sèvres-Babylone.* Superbe hôtel particulier ouvert au public uniquement lors des Journées du patrimoine en septembre.

En Belgique

Office de tourisme : *pl. de la Liberté, 12, Bruxelles 1000. ☎ 02-647-11-54. • brussels@enit.it • enit.it • Lun-ven 11h-16h.*

Ambassade d'Italie : *rue Émile-Claus, 28, Bruxelles 1050. ☎ 02-643-38-50. • ambbruxelles.esteri.it •*

Consulat d'Italie : *rue de Livourne, 38, Bruxelles 1000. ☎ 02-543-15-50. • segreteria.bruxelles@esteri.it • consbruxelles.esteri.it • Lun-ven 9h-12h30, plus lun et mer 14h30-16h.*

En Suisse

Ambassade d'Italie : *Elfenstrasse, 14, 3006 Berne. ☎ 031-350-07-77. Fax : 031-350-07-11. • ambasciata.berna@esteri.it • ambberna.esteri.it • Lun-jeu 9h-13h, 14h-17h ; ven 8h30-13h, 13h30-16h30.*

Consulats d'Italie :
– Lausanne : rue du Petit-Chêne, 29,

1003. ☎ 021-341-12-91. • segreteria. losanna@esteri.it • conslosanna.esteri. it • Ⓜ Lausanne-CFF. Téléphoner pour prendre rdv.
– Genève : rue Charles-Galland, 14, 1206. ☎ 022-839-67-44. • consolato. ginevra@esteri.it • consginevra.esteri. it • Lun, mer et ven 9h-12h30, mar-jeu 14h-17h.
– Autres consulats à Bâle, Lugano, Neufchâtel, Sion, Saint-Gall, Wertigen et Zurich.

Au Canada

Office italien du tourisme : *69 Yonge St, suite 1404, Toronto (Ontario) M5E-1K3. ☎ (416) 925-4882. • italiantourism.com • toronto@enit.it • enit.it • Lun-ven 9h-17h.*

■ **Ambassade d'Italie :** *275 Slater St, 21st Floor, Ottawa (Ontario) K1P-5H9. ☎ (1-613) 232-2401. • ambasciata. ottawa@esteri.it • ambottawa.esteri.it • Lun et ven 9h-12h ; mer 9h-12h, 14h-17h.*

Formalités d'entrée

Pas de contrôle aux frontières, car l'Italie fait partie de l'espace Schengen. Néanmoins, quelques précautions d'usage.

➢ ***Pour un séjour de moins de 3 mois :*** pour les ressortissants de l'Union européenne et les Suisses, carte d'identité en cours de validité ou passeport. Pour les ressortissants canadiens, passeport en cours de validité.

➢ ***Pour les mineurs non accompagnés de leurs parents :*** quel que soit l'âge, ils doivent impérativement posséder une carte nationale d'identité (ou un passeport) à leur nom et une lettre manuscrite signée des parents. Attention cependant à un projet de loi visant à renforcer la législation sur la sortie du territoire. Pour plus d'infos : *• service-public.fr •*

➢ ***Pour une voiture :*** permis de conduire, carte grise et carte verte d'assurance internationale. Se munir d'une procuration si vous n'êtes pas propriétaire du véhicule.

Pensez à scanner passeport, visa, carte de paiement, billet d'avion et *vouchers* d'hôtel. Ensuite, adressez-les-vous par e-mail, en pièces jointes. En cas de perte ou de vol, rien de plus facile pour les récupérer dans un cybercafé.

Assurances voyage

■ ***Routard Assurance :*** *c/o AVI International, 40-44, rue de Washington, 75008 Paris. ☎ 01-44-63-51-00. • avi-international.com • Ⓜ George-V.* Depuis 20 ans, *Routard Assurance,* en collaboration avec *AVI International,* spécialiste de l'assurance voyage, propose aux voyageurs un contrat d'assurance complet à la semaine qui inclut le rapatriement, l'hospitalisation, les frais médicaux, le retour anticipé et les bagages. Ce contrat se décline en différentes formules : individuel, senior, famille, light et annulation. Pour les séjours longs (de 2 mois à 1 an), consultez notre site. L'inscription se fait en ligne et vous recevrez, dès la souscription, tous vos documents d'assurance par e-mail.

■ ***AVA :*** *25, rue de Maubeuge, 75009 Paris. ☎ 01-53-20-44-20. • ava.fr • Ⓜ Cadet.* Un autre courtier fiable pour ceux qui souhaitent s'assurer en cas de décès-invalidité-accident lors d'un voyage à l'étranger, mais surtout pour bénéficier d'une assistance rapatriement, perte de bagages et annulation. Attention, franchises pour leurs contrats d'assurance voyage.

■ ***Pixel Assur :*** *18, rue des Plantes, BP 35, 78601 Maisons-Laffitte. ☎ 01-39-62-28-63. • pixel-assur. com • RER A : Maisons-Laffitte.* Assurance de matériel photo et vidéo tous risques (casse, vol, immersion) dans le monde entier. Devis en ligne basé sur le prix d'achat de votre matériel. Avantage : garantie à l'année.

Carte internationale d'étudiant (carte ISIC)

Elle prouve le statut d'étudiant dans le monde entier et permet de bénéficier de tous les avantages, services et réductions dans les domaines du transport, de l'hébergement, de la culture, des loisirs, du shopping...
La carte ISIC permet aussi d'accéder à des avantages exclusifs (billets d'avion spécial étudiants, hôtels et auberges de jeunesse, assurances, cartes SIM internationales, location de voiture...).

Renseignements et inscriptions

– ***En France :*** • *isic.fr* • *13 € pour 1 année scolaire.*
– ***En Belgique :*** • *isic.be* •
– ***En Suisse :*** • *isic.ch* •
– ***Au Canada :*** • *isiccanada.com* •

Carte d'adhésion internationale aux auberges de jeunesse (carte FUAJ)

Cette carte vous ouvre les portes des 4 000 auberges de jeunesse du réseau *HI – Hostelling International* en France et dans le monde. Vous pouvez ainsi parcourir 90 pays à des prix avantageux et bénéficier de tarifs préférentiels avec les partenaires des auberges de jeunesse *HI*. Enfin, vous intégrez une communauté mondiale de voyageurs partageant les mêmes valeurs : plaisir de la rencontre, respect des différences et échange dans un esprit convivial. Il n'y a pas de limite d'âge pour séjourner en auberge de jeunesse. Il faut simplement être adhérent.

Renseignements et inscriptions

– ***En France :*** • *hifrance.org* •
– ***En Belgique :*** • *lesaubergesdejeunesse.be* •
– ***En Suisse :*** • *youthhostel.ch* •
– ***Au Canada :*** • *hihostels.ca* •
Si vous prévoyez un séjour itinérant, vous pouvez réserver plusieurs auberges en une seule fois en France et dans le monde : • *hihostels.com* •

ARGENT, BANQUES, CHANGE

Banques

Les banques sont généralement ouvertes du lundi au vendredi de 8h30 à 13h30 et de 14h45 à 15h30-16h. Elles disposent toutes d'un distributeur de billets en façade. Dans les endroits les plus touristiques, on trouve aussi des bureaux de change : en général ouverts tous les jours, même fériés.

Cartes de paiement

Afin d'éviter d'être limité, vous pouvez demander à votre banque de relever votre plafond de carte de paiement pendant votre déplacement. Utile surtout avec les cautions pour les locations de voitures et les garanties dans les hôtels. Pensez aussi à relever le plafond de retrait aux distributeurs et pour les paiements par carte, quitte à le faire rebaisser à votre retour. L'immense majorité des restaurants, hôtels et stations-service les accepte. Nous vous signalons, dans la mesure du possible, les adresses qui les refusent.

En cas d'urgence – Dépannage

En cas de perte, de vol ou de fraude, quelle que soit la carte que vous possédez, chaque banque gère elle-même le processus d'opposition et le numéro de téléphone correspondant.

> Avant de partir, notez bien le numéro d'opposition propre à votre banque (il figure souvent au dos des tickets de retrait, sur votre contrat ou à côté des distributeurs de billets), ainsi que le numéro à 16 chiffres de votre carte. Bien entendu, conservez ces informations en lieu sûr et séparément de votre carte.

Par ailleurs, l'assistance médicale se limite aux 90 premiers jours du voyage et l'assistance véhicule aux cartes haut de gamme (renseignez-vous auprès de votre banque). Et surtout, n'oubliez pas aussi de VÉRIFIER LA DATE D'EXPIRATION DE VOTRE CARTE BANCAIRE avant votre départ !
En zone Euro, pas de frais bancaire sur les paiements par carte. Les retraits sont soumis aux mêmes conditions tarifaires que ceux effectués en France (gratuits pour la plupart des cartes).
Une carte perdue ou volée peut être rapidement remplacée. En appelant sa banque, un système d'opposition, d'avance d'argent et de remplacement de carte pourront être mis en place afin de poursuivre son séjour en toute quiétude.

> Petite mesure de précaution : si vous retirez de l'argent dans un distributeur, utilisez de préférence les distributeurs attenant à une agence bancaire. En cas de pépin avec votre carte (carte avalée, erreurs de code secret...), vous aurez un interlocuteur dans l'agence, pendant les heures ouvrables.

Western Union Money Transfer

En cas de besoin urgent d'argent liquide (perte ou vol de billets, de chèques de voyage, de carte de paiement), vous pouvez être dépanné en quelques minutes grâce au système *Western Union Money Transfer.* Pour cela, demandez à quelqu'un de vous déposer de l'argent en euros dans l'un des bureaux *Western Union* (liste sur ● *westernunion.fr* ●). L'argent vous est transféré en moins de 15 mn. La commission, assez élevée, est payée par l'expéditeur. Possibilité d'effectuer un transfert en ligne 24h/24 par carte de paiement (*Visa* ou *MasterCard* émise en France).
À Florence, se présenter à une agence Western Union *(☎ 800-22-00-55, 800-601-622 ou 800-872-682 (n° gratuit) lun-ven 8h30-20h, sam 9h-19h, dim 9h-13h)* avec une pièce d'identité.

ACHATS

Quelques idées (voir plus loin le chapitre « Shopping »).
– ***La maroquinerie :*** pas donnée mais de bonne qualité en général (méfiez-vous des contrefaçons ; voir « Dangers et enquiquinements » plus loin) ! Vêtements, ceintures, sacs, porte-monnaie, chaussures. Marques : *Raspini, Ferragamo* (un peu moins cher qu'à Paris), *Tod's, Beltrami, Furla, Gabs, Mywalit...*
– ***Les vêtements de jeunes créateurs :*** les boutiques sont concentrées dans le quartier Sant'Ambrogio et dans l'Oltrarno.
– ***Les bijoux :*** *Gherardi* (corail), *Piccini, Settepasi Faraone* (sur le Ponte Vecchio) ou encore les créatrices florentines comme *Angela Caputi* ou *Aprosio & Co.*

– ***Les parfums :*** deux maisons historiques : Santa Maria Novella, non loin de la gare, et Acquaflor, juste derrière Santa Croce.
– Les ***céramiques*** (pots, vases, assiettes peintes à la main) avec des motifs Renaissance ou modernes et les ***terracotte*** (nombreux objets décoratifs, grandes jarres, cruches...) en terre cuite. Pas facile à rapporter !
– ***La papeterie de luxe :*** cartes de vœux, agendas, cahiers en papier marbré – spécialité de Florence.
– ***Le vin :*** du chianti, naturellement, mais bien d'autres encore, comme le *brunello di Montalcino* ou encore le *vino nobile di Montepulciano,* par exemple.
– ***Les produits alimentaires locaux :*** huile d'olive, tomates séchées, cœurs d'artichauts, olives, saucissons de sanglier, *panforte, focacce,* miel de tournesol, etc.
– ***Bon plan, les magasins d'usine* (outlets) *:*** on en trouve plusieurs à l'est de Florence, facilement accessibles en voiture car situés à proximité d'une sortie de l'autoroute A 1. En principe ouverts tous les jours, ce sont de véritables petites villes vouées au commerce des grandes marques de la mode vestimentaire italienne et internationale. Les prix, de 30 à 70 % inférieurs aux boutiques classiques, valent vraiment le déplacement (et encore mieux en période de soldes : janvier et juillet). Nous les indiquons dans notre chapitre « Shopping ».

Les tailles

Sachez qu'il existe une différence (de taille !) entre les étiquettes du prêt-à-porter français et italien.

Tailles en France	34	36	38	40	42	44	46	48	50
Tailles en Italie	38	40	42	44	46	48	50	52	54

Pour les chaussures, la pointure française taille une unité de plus que l'italienne, ce qui donne :

France	36	37	38	39	40	41	42	43	44
Italie	35	36	37	38	39	40	41	42	43

BUDGET

Hébergement

Recommandation à ceux qui souhaitent profiter des réductions et des avantages proposés dans le *Routard* par les hôteliers et les restaurateurs

À l'hôtel, pensez à les demander au moment de la réservation ou, si vous n'avez pas réservé, ***à l'arrivée.*** Ils ne sont valables que pour les réservations en direct et demeurent non cumulables avec d'autres offres promotionnelles (notamment sur Internet). Au restaurant, parlez-en ***au moment de la commande*** et surtout ***avant*** que l'addition ne soit établie. Poser votre *Routard* sur la table ne suffit pas : le personnel de salle n'est pas toujours au courant, et une fois le ticket de caisse imprimé, il est souvent difficile d'en modifier le total. En cas de doute, montrez la notice relative à l'établissement dans le *Routard* de l'année et, bien sûr, ne manquez pas de nous faire part de toute difficulté rencontrée.

La Toscane reste une destination onéreuse, et Florence en particulier. L'hébergement risque de plomber le budget (majoration de 25 à 30 %).
Les prix sont très élevés en haute saison, qui correspond aux saisons intermédiaires : le printemps et l'automne. Il y fait moins chaud ; c'est donc une période idéale pour visiter Florence. C'est une idée répandue de croire que la période estivale est la plus dense pour les hôtels : c'est tout le contraire ! Les hôteliers pratiquent des prix intéressants pour remplir leurs hôtels en juillet et août. C'est à cette saison que les visiteurs délaissent la chaleur étouffante de Florence et ses musées (rarement climatisés) pour la région plus verte et ombragée du Chianti. Hors saison (de novembre à mars), tout devient plus raisonnable... Attention cependant aux périodes de Noël et du Nouvel An, où les hôteliers en profitent ! Quelques conseils :
– les personnes voyageant seules sont désavantagées : le prix des chambres simples est pratiquement identique à celui des doubles ;
– n'oubliez pas la grande différence de prix entre la haute et la basse saison (cela peut aller du simple au double !) ;
– ***sur Internet,*** on peut faire de bonnes affaires. N'hésitez pas à vous connecter régulièrement aux sites des hôtels ou *B & B* qui vous intéressent ;
– ***réservez votre hébergement le plus tôt possible.*** Méfiez-vous toutefois des réservations faites par téléphone, car l'hôtelier les « oublie » parfois. Faites-vous confirmer ces réservations par e-mail ou par courrier. C'est plus sûr.
Pour une chambre double en haute saison :
– ***bon marché :*** moins de 70 € ;
– ***prix moyens :*** de 70 à 110 € ;
– ***chic :*** de 110 à 190 € ;
– ***très chic :*** des établissements exceptionnels et d'un prix très élevé, au-delà de 190 €, que nous citons surtout en fonction de leur renommée et de leur décor.
Pour faire des économies, reste les solutions camping (même s'ils ne sont pas vraiment donnés en haute saison), auberges de jeunesse, couvents, certains *B & B* (quoiqu'ils sont parfois onéreux), *agriturismi* dans les proches environs de Florence ou location d'appartements. Cette dernière peut constituer une alternative avantageuse, surtout à plusieurs. Économies non seulement sur les nuits, mais aussi, et ce n'est pas négligeable, sur les repas (voir plus loin la rubrique « Hébergement »).

Restaurants

– Avant toute chose, demandez toujours s'il y a un menu et/ou qu'on vous apporte la carte. Attention, un restaurant qui affiche un menu à 15-20 € le midi (fréquent) peut doubler son prix le soir !
– Si on ne vous propose pas de carte en arrivant dans un resto, exigez-la ! Car si vous décidez de faire confiance au patron pour le choix des plats, l'addition peut faire mal ! Nombre de nos lecteurs ont eu ainsi l'impression de se faire avoir...
– Il n'est pas rare que les poissons et la viande (comme la *bistecca alla fiorentina*) soient facturés au poids en fonction du prix du marché.
– ***Pour un repas complet*** (entrée, plat, dessert, pain et couverts), prévoir environ 30 €, mais plus personne ne vous oblige à faire la totale.
– ***Un plan sympa le midi*** consiste à aller dans un *alimentari* (petit magasin d'alimentation) pour se faire préparer un *panino* en puisant dans la vitrine réfrigérée. Également de bonnes parts de *pizze, focacce,* tartes sucrées et salées, et autres petits gâteaux secs concoctés dans les boulangeries-pâtisseries *(panificio-pasticceria).*
– Sinon, on peut aussi ***faire son marché,*** où les prix sont en revanche beaucoup moins élevés qu'en France.
Voici ci-dessous nos fourchettes ; les prix s'entendent par personne, boisson non comprise :
– ***sur le pouce :*** moins de 10 € ;
– ***très bon marché :*** moins de 15 € ;

- ***bon marché :*** de 15 à 25 € ;
- ***prix moyens :*** de 25 à 35 € ;
- ***chic :*** de 35 à 45 € ;
- ***très chic :*** plus de 45 €.

Pourboire, service et couvert

– Dans les restos, le pourboire est normalement à la discrétion du client, comme en France. Il arrive cependant, mais c'est rare, qu'on vous facture le service (10 à 15 %). Les Français ont une telle réputation de radinerie qu'un petit geste fera peut-être changer cette image qu'ils se trimballent depuis des lustres !
– Ne vous étonnez pas de voir votre addition majorée du traditionnel ***pane e coperto*** (pain et couvert ; appliqué dans la majorité des restos). Il varie entre 2 et 3 €, et peut même atteindre plus de 4 € dans les lieux chic (mais cela signifie qu'il y a une contrepartie : pains maison, beurre aromatisé...) ou très touristiques (et c'est de l'arnaque !). Ajoutez à cela une bouteille d'eau minérale (autour de 2 €), et vous comprendrez rapidement pourquoi l'addition grimpe si vite !
Dans tous les cas, n'oubliez pas de bien vérifier l'addition avant de payer, car certains établissements ont la virgule distraite.

Visites des sites et musées

Important : la ***Firenze Card*** coûte **72 € et est valable 72h** (3 jours à partir de l'oblitération du premier ticket d'entrée). Avec cette carte, on bénéficie d'entrées dans 72 sites, comme l'incontournable galerie des Offices, l'Accademia ou le palais Pitti. Les églises Santa Croce et Santa Novella, dont les entrées sont payantes, font aussi partie de la carte. Le tout sans faire de réservation préalable. Vite rentable, on vous conseille de l'acheter dès votre arrivée à Florence. Disponible dans les offices de tourisme, au Palazzo Pitti, au Palazzo Vecchio, au museo Stefano Bardini, à la cappella Brancacci, au museo nazionale del Bargello et à la galleria degli Uffizi. Pour les moins de 18 ans qui accompagnent un des parents détenteurs de la carte, c'est gratuit. Pour plus de renseignements : • *firenzecard.it* •

– L'entrée des églises est gratuite (sauf l'accès aux trésors, l'éclairage de certaines chapelles ou œuvres, et des églises considérées comme des musées telles Santa Croce, Santa Maria Novella ou San Lorenzo).
– Pour les grands sites ou musées, les tarifs varient en moyenne de 6 à 13 € d'un lieu à l'autre et selon que s'y déroule une exposition temporaire (et elles sont fréquentes !) ou pas, et si on a effectué une réservation avant de venir. Car il est aujourd'hui quasi impossible de visiter certains grands musées, sites ou expos sans avoir réservé plusieurs jours à l'avance, à moins de s'être procuré la *Firenze Card* (voir encadré ci-dessus). Prenez donc vos dispositions, surtout si vous envisagez de ne passer qu'un court séjour à Florence. Les frais de réservation sont en général de 3 à 4 € par personne. Les musées moins importants présentent généralement des entrées allant de 4 à 12 € (sans compter les « extras » avec les expos temporaires).
Pour plus d'infos, se reporter à la rubrique « Patrimoine culturel » dans le chapitre « Hommes, culture, environnement » en fin de guide.
– Pour ceux qui préfèrent acheter leurs entrées au cas par cas, sachez que les professeurs et les étudiants de moins de 25 ans ont souvent droit à une réduction de 50 %. Les étudiants en architecture et en histoire de l'art bénéficient de la

gratuité dans les musées d'État seulement, ainsi que tous les guides touristiques de l'Union européenne. Munissez-vous donc de votre carte d'identité et de votre carte d'étudiant le cas échéant. Les musées n'acceptent pas toujours les cartes de paiement ; prévoir des espèces !
- ***Gratuité pour les moins de 18 ans*** et réductions jusqu'à 25 ans.
- ***Gratuité le 1er dimanche de chaque mois pour tous.*** Elle s'applique à tous les lieux de culture nationaux (et non municipaux) : monuments, musées, galeries, sites archéologiques, parcs.
- ***Notte al Museo,*** Nuit au musée, à 1 €, deux fois par an.
- ***Tous les musées sont fermés le 1er mai, le jour de Noël et pratiquement tous le Jour de l'an.***
- Enfin, prévoyez de la monnaie pour l'éclairage des plus belles œuvres d'art de certaines églises (1-2 €).

CLIMAT

La Toscane est une région de transition entre le Nord et le climat méditerranéen du Mezzogiorno. La topographie de Florence et de Sienne fait qu'en été il peut y faire très, très chaud... comme on peut craindre par ailleurs des pluies diluviennes (surtout au mois d'août). Pas étonnant que les Florentins, les Siennois et même les Milanais fortunés se réfugient en été dans leurs maisons de campagne sur les hauteurs toscanes. De leur côté, les montagnettes préapennines de l'Ombrie souffrent d'un climat relativement humide et assez rigoureux en hiver, les étés étant souvent orageux et chauds...
Les meilleures saisons demeurent le printemps (mai-juin) et l'automne, avec des températures agréables (autour de 25 °C), et des lumières caressantes du plus bel effet !

DANGERS ET ENQUIQUINEMENTS

Mise en garde

Comme partout, le risque de vol existe, donc attention ! Quelques petits rappels qui ne font jamais de mal...
- Ne portez jamais de sac sur l'épaule mais toujours en bandoulière et maintenez-le fermement (plutôt sur le ventre) si vous prenez un moyen de transport collectif.
- Ne laissez jamais rien dans vos poches, surtout arrière, trop facilement accessibles.
- Si vous avez la chance (ou le malheur) d'avoir un véhicule, ne mettez rien en évidence et laissez le moins possible vos bagages dans le coffre.
- En cas de perte ou de vol (passeport, permis de conduire, papiers, argent, objets divers...), rendez-vous immédiatement au poste des *carabinieri* (la gendarmerie italienne) le plus proche. Ils établiront un constat en italien que vous ferez ensuite valoir auprès de votre compagnie d'assurances, ou de l'administration française. Adressez-vous à l'antenne du consulat français uniquement en cas de vol ou de perte des papiers d'identité (passeport ou carte d'identité).

Contrefaçons

Beaucoup de vendeurs à la sauvette dans les rues de Florence, tout autour des sites touristiques : autour du Duomo, à côté des Offices, sur le Ponte Vecchio, dans les quartiers du Mercato centrale à San Lorenzo... Évitez de succomber aux

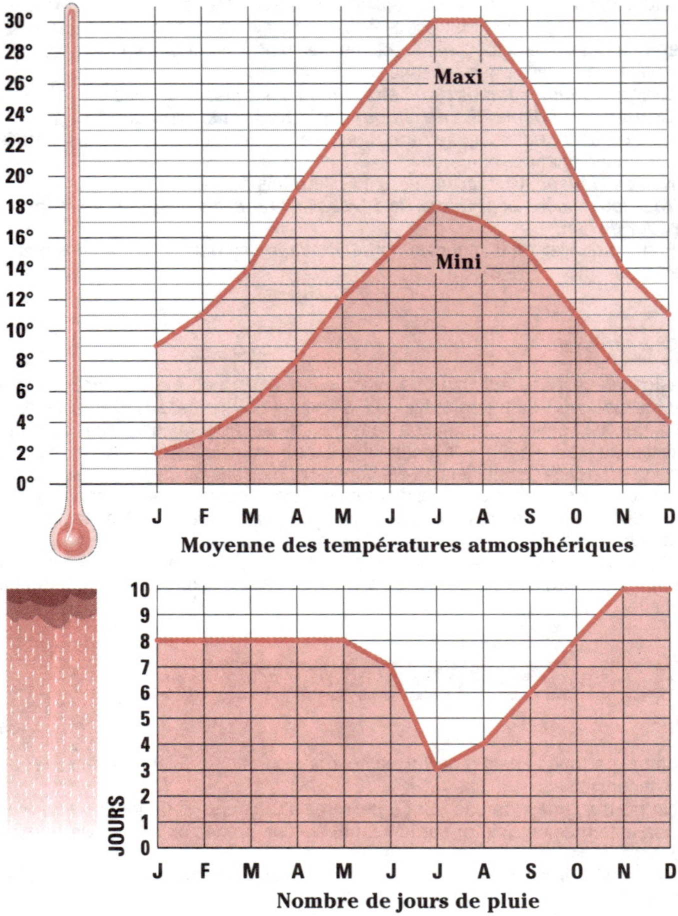

TOSCANE (Florence)

imitations d'articles de grande marque. Acheter ce genre de produits est rigoureusement interdit et passible d'une très forte amende. À la douane, en rentrant chez vous, si vous êtes pris la main dans le sac, vous risquez là encore amende et emprisonnement.

Amendes

Si vous devez payer une amende (PV) après avoir été verbalisé (excès de vitesse, mauvais stationnement, infraction au code de la route...), faites-le ! Ne quittez pas l'Italie sans avoir payé votre amende. Car la police italienne vous rattrapera, même en France, et vous devrez payer le double ou même le triple du montant initial ! Et cela concerne aussi les voitures de location, hélas.

ÉLECTRICITÉ

Tension électrique : 220 V, 50 Hz, les prises sont différentes mais en général les rasoirs et les chargeurs d'appareil photo ou de téléphone portable ne posent pas de problème. Ce sont les prises rondes (celles des ordinateurs portables ou de certains sèche-cheveux, par exemple) qui ne sont pas compatibles quand les installations électriques datent un peu (ce qui n'est pas rare !). Les ***adaptateurs,*** peu encombrants, sont néanmoins assez faciles à trouver.

ENFANTS

Quelques conseils et infos pratiques

– Tous les musées sont gratuits pour les moins de 18 ans, sauf dans les musées privés.
– Les bus ATAF sont gratuits pour les enfants de moins de 1 m (4 ans environ).
– Les restaurants sont parfois équipés de chaises hautes et proposent des menus *bambini.* Ils se composent généralement d'un plat de *pasta* et d'un dessert, bien souvent une glace au parfum de son choix. De quoi tenter les petites bouches, même les plus difficiles !
– Équipez-les avec de bonnes chaussures et veillez toutefois (même si l'envie ne manque pas d'arpenter la ville de long en large) à ne pas surcharger les journées...
– Avec un très jeune enfant, emportez toujours avec vous un biberon d'eau ou une gourde (il fait très chaud en été, ne l'oubliez pas) et assurez-vous que votre poussette tiendra le choc pendant votre séjour.
– En cas de problème, contactez l'hôpital pédiatrique *Meyer* (Ospidale pediatrico) situé au nord de Florence (voir les coordonnées dans le chapitre « Informations et adresses utiles », rubrique « Services : poste, santé et toilettes publiques »).

Les sites à ne pas manquer

Florence regorge de trésors artistiques et culturels. Voici quelques musées et monuments qui remporteront à coup sûr un vif succès auprès de nos petits voyageurs.
– Le ***Palazzo Vecchio*** se met à la portée des plus petits en leur consacrant des espaces bien spécifiques. Faites aussi le parcours secret avec eux : une visite palpitante des lieux insolites et secrets du musée. Pour les petits curieux, sachez que la salle multimédia propose des CD-Rom pour enfants. Des contes (parfois en français) sont également proposés.
– Au ***Palazzo Pitti,*** montrez-leur les « incontournables » : *La Madone à l'Enfant* de Raphaël et quelques impressionnantes fresques. Le palais offre d'autres visites originales comme le *musée du Costume* ou la *salle des appartements royaux,* qui émerveilleront petits et grands par la magnificence des lieux... Emmenez-les ensuite se dégourdir les jambes dans les ***jardins de Boboli*** juste à côté : un cadre verdoyant fait de fontaines et de grottes...
– Le ***Giardino Bardini,*** tout à côté de Boboli, offre une vue magnifique sur la ville. De plus, il a été joliment aménagé avec moult parterres de fleurs, de plantes. Vos enfants pourront aussi dévaler la pergola de glycine...
– Le ***Palazzo Davanzati*** est un bel exemple de palais Renaissance ; dans ces immenses pièces, les plus jeunes pourront se projeter à l'époque du XIVe s. On y voit la reconstitution d'un salon, d'une chambre à coucher, de la cuisine et même des toilettes...
– Le ***Museo di San Marco*** déclenche toujours une série de questions sur la vie austère des moines. En voyant les cellules monastiques, les enfants ont bien du mal à imaginer leur quotidien...

– Le ***Museo Leonardo da Vinci,*** situé via dei Servi, non loin du Duomo : ils pourront y actionner certaines machines et en comprendre le fonctionnement.
– Le ***Museo Ferragamo,*** situé via dei Tornabuoni. Il pourra amuser les petites filles déjà attirées par la mode. D'autant que les expos temporaires sont toujours très intéressantes et joliment mises en valeur.
– Le ***Museo Galileo,*** conseillé à partir de 8 ans. Entièrement rénové. Les enfants seront subjugués par les astrolabes, les globes terrestres... Cette collection de plus de 1 500 pièces suscitera de bien nombreuses questions.
– Et, comme ils ont été très sages, la meilleure des récompenses : la glace ! Nul doute que devant la multitude de glaciers, le choix sera cornélien...

Idées shopping

– Consacrez une demi-journée pour flâner et faire découvrir à vos enfants les marchés alimentaires qui se tiennent presque tous les matins (San Lorenzo à l'ouest de la ville et Sant'Ambrogio à l'est). N'hésitez pas à leur faire observer les riches étals colorés et à les initier aux saveurs locales. Ils y découvriront des produits typiques dans une ambiance animée, une bonne idée pour revoir (ou apprendre !) les noms des fruits et légumes.
– Faites un petit tour dans quelques boutiques traditionnelles, en visitant par exemple l'herboristerie *La Bizzari* pour découvrir des arômes rares, la très célèbre *Officina Profumo Farmaceutica di Santa Maria Novella* (à partir de 8 ans).
– Ne quittez pas Florence sans rendre visite à Pinocchio ! Même si l'auteur de la célèbre marionnette n'est pas originaire de la ville (Collodi est tout à côté quand même), vous trouverez de nombreuses boutiques où les artisans fabriquent de belles marionnettes et des Pinocchio en bois *(**La Bottega di Geppetto,** via San Spirito, 16 r ; voir le chapitre « Shopping »).*

FÊTES ET JOURS FÉRIÉS

Fêtes et festivals

– ***Scoppio del Carro*** *(Explosion du char)* **:** *le mat du dim de Pâques, piazza del Duomo.* Cortège en costumes Renaissance comprenant, notamment, les représentants des différents quartiers de Florence ainsi que les équipes du Calcio Storico. Mais la pièce maîtresse du défilé consiste en un char haut de plusieurs mètres qui, au terme du défilé, sera mis à feu... par une colombe pyromane. Du cou de la patronne de la ville, sainte Réparate (décapitée en Palestine), une colombe se serait échappée vers le ciel...
– ***Festa del Grillo*** *(fête du Grillon)* **:** *le 1er dim après l'Ascension.* C'est la fête du printemps qui se déroule dans le parc de l'ouest de la ville. Les enfants libèrent les grillons achetés la veille. Symbole de liberté et de bonheur.
– ***Maggio musicale fiorentino*** *(Mai musical florentin)* **:** *mai-juin.* Concerts, opéras et ballets non-stop pendant 2 mois. Les manifestations ont lieu principalement au Teatro Comunale *(plan détachable A3 ; corso Italia, 16),* au Teatro della Pergola *(plan détachable E3 ; via della Pergola, 12-32)* et au Teatro Verdi *(plan détachable E4 ; via Ghibellina, 99). Infos : ☎ 055-277-93-50 (tlj 10h-18h). Vente de billets (call center) : ☎ 899-666-805 (lun-sam 8h-20h – 15h sam). • maggiofiorentino.com •*
– ***Calcio Storico :*** *à partir du 7 juin (finale le 24 juin), piazza di Santa Croce. ☎ 055-26-16-052.* On voit s'affronter devant la basilica Santa Croce les adeptes du Calcio Storico, l'ancêtre du football, qui est un curieux mélange de trois sports (football, rugby, lutte). Deux parties, avant la finale, opposent les quatre quartiers de la ville, San Giovanni, Santa Maria Novella, Santa Croce et Santo Spirito. Chaque équipe compte pas moins de 27 joueurs, dont 15 attaquants (pour favoriser le spectacle). Cette manifestation (qui peut s'avérer très violente) est précédée d'un grand défilé,

en costumes Renaissance, réunissant 500 participants. Le 24 juin (jour de la Saint-Jean, patron de Florence), c'est le bouquet final avec le feu d'artifice tiré du Belvédère. Un banquet clôt les festivités.

– ***San Lorenzo*** *(Saint-Laurent)* **:** *le 10 août.* Dans le quartier de San Lorenzo. Diverses festivités accompagnent la fête du saint patron.

– ***Rificolona :*** *le 7 sept.* Dans les rues de Florence, et plus précisément autour des fenêtres des maisons de la piazza Santissima Annunziata. *Rificolona* signifie « lampion ». La veille de la naissance de la Vierge, en souvenir des lanternes utilisées à l'époque médiévale par les paysans marchant jour et nuit pour écouler leurs marchandises lors de la Foire des festivités mariales.

– ***Journées du patrimoine :*** *3e w-e de sept (comme en France et dans ts les pays européens). Infos : ● giornatafai.it ●* Certains palais et autres sites privés ouvrent exceptionnellement leurs portes au public.

– ***Festival dei Popoli*** *(Festival du cinéma)* **:** *1 sem début déc.* Au palais des Congrès, nombreux films en version originale.

Jours fériés

Attention aux faux amis : *giorno feriale* signifie « jour ouvrable », soit du lundi au samedi. *Giornio festivo* correspond aux dimanches et jours fériés. Les jours fériés et chômés sont à peu près identiques aux nôtres, même si moins nombreux (l'Ascension et la Pentecôte, par exemple, ne sont pas des jours fériés).

– ***1er janvier :*** *Primo dell'Anno.*
– ***6 janvier :*** *Epifania.*
– ***Lundi de Pâques :*** *Pasquetta* (« petites Pâques »).
– ***25 avril :*** *liberazione del 1945.*
– ***1er mai :*** *festa del Lavoro* (fête du Travail).
– ***2 juin :*** *festa della proclamazione della Repubblica.*
– ***15 août :*** *festa dell'Assunta, Ferragosto.*
– ***1er novembre :*** *Ognissanti.*
– ***8 décembre :*** *Immacolata Concezione.*
– ***25 et 26 décembre :*** *Natale* et *Santo Stefano.*

Sont aussi considérés comme des jours semi-fériés les *14 août, 24* et *31 décembre (Capodanno).* Certaines fêtes, comme celle du 15 août, peuvent durer plusieurs jours et paralyser une grande partie de la vie économique. Attention aux fermetures des banques, notamment. Renseignez-vous auprès de l'office de tourisme.

SORCIÈRE D'UN JOUR

Pour les Italiens, l'Épiphanie est le jour de la Befana, une gentille sorcière qui circule à califourchon sur son balai de paille. Elle rend visite aux enfants : aux méchants, elle dépose du charbon dans la chaussette suspendue à la cheminée ; et aux gentils, des confiseries et des cadeaux. Ah ! qu'il est loin le bon temps de l'enfance...

FLORENCE GRATUIT

La capitale toscane offre quelques possibilités de visites à peu de frais, notamment les églises, qu'on peut voir gratuitement. Elles vous permettent de découvrir les courants architecturaux de la ville, en particulier la période Renaissance, dont Florence est la digne représentatrice. Pour les plus importantes, on ne peut que vous conseiller la visite de la très belle église ***Orsanmichele*** datant du XIVe s, la ***chiesa Badia Fiorentina*** *(slt lun 15h-18h),* qui renferme le chef-d'œuvre de Filippino Lippi *L'Apparition de la Vierge à saint Bernard,* la ***chiesa di Ognissanti,*** avec un tableau de Botticelli représentant saint Augustin. Et si vous le pouvez, grimpez les dizaines de marches (oups ! la grimpette est un peu rude) pour accéder à la ***chiesa San Miniato Al Monte*** dans l'Oltrarno, d'où la vue sur Florence est magnifique. Et encore beaucoup d'autres églises gratuites dans la ville à visiter.

Attention, la basilica di Santa Croce, la chiesa San Lorenzo et la chiesa Santa Maria Novella sont en revanche payantes.
D'autres endroits, outre les églises, les ponts, les places, peuvent se visiter gratuitement, les magasins historiques comme l'***Officina Profumo Farmaceutica di Santa Maria Novella,*** un endroit pour retrouver des parfums d'antan (on peut acheter savons, lotions et parfums) : le décor n'a pratiquement pas bougé depuis 1612, date de son ouverture au public, seul l'accueil un peu trop commercial devient pesant.
Toujours pour tous, mais ponctuellement, la plupart des musées et sites de la ville sont gratuits lors de la ***Notte Bianca*** (au printemps) : une nuit où certains musées sont gratuits et ouverts très tard (jusqu'à minuit), ainsi que le ***18 février*** (date anniversaire de la mort de la dernière des Médicis). Des concerts sont organisés également un peu partout dans la ville.
Enfin, les ***ressortissants de l'Union européenne de moins de 18 ans*** bénéficient de la gratuité dans les musées nationaux et communaux. Attention cependant, ils ne seront pas exemptés des frais de réservation (3-4 €) comme pour la Galleria degli Uffizi ou encore la Galleria dell'Accademia (si leurs parents n'ont pas pris la *Firenze Card*).

HÉBERGEMENT

Ainsi que l'indique notre rubrique « Budget », le gros des dépenses est consacré à l'hébergement. Il est souvent indispensable de réserver longtemps à l'avance pour un séjour en période de fêtes (à Florence, Sienne et Pérouse notamment), de festivals locaux, de salons ou de foires. Avis aux amoureux : lorsque vous demandez une chambre double, précisez « *matrimoniale* » si vous souhaitez un grand lit, car sinon vous risquez de vous retrouver avec deux lits séparés !

La location d'appartements et de maisons depuis la France

■ ***Casa d'Arno :*** *36, rue de la Roquette, 75011 Paris. ☎ 01-44-64-86-00. • info@casadarno.com • casadarno.com • Ⓜ Bastille.* Location d'appartements de standing à Florence et dans le reste de la Toscane et de l'Ombrie. Également une sélection de *B & B* pour un séjour de plus courte durée. Accueil et conseils par une Italienne qui connaît parfaitement bien son pays ; il est préférable de téléphoner pour prendre rendez-vous.

■ ***Loc'appart :*** *75, rue de la Fontaine-au-Roi, 75011 Paris. ☎ 01-45-27-56-41 (accueil téléphonique assuré à Paris par des responsables de destinations ayant une bonne connaissance de l'Italie, lun-jeu 10h30-13h, 14h-19h, ven 9h30-13h, 14h-18h). • locappart.com • 15 € de réduction à Florence avec le code « ROUTARD 2017 FLO ».* *Loc'appart* propose la location d'appartements à Florence, et dans le reste de la Toscane, pour un minimum de 3 nuits, à partir du jour d'arrivée de votre choix. Dossiers suivis par des chargés de destinations à Paris et accueil assuré par des spécialistes sur place qui interviennent en cas de besoin. Une agence sympathique et sérieuse que nous recommandons volontiers. Service d'appartements également proposé dans le reste de l'Italie (Venise, Milan, Rome, Naples, la côte amalfitaine, les Pouilles et Palerme), ainsi que des hébergements en agritourisme et *bed & breakfast* dans les différentes villes et régions italiennes.

Les campings

Les campings étoilés classés par catégorie sont généralement ouverts d'avril à octobre. Toutefois, certains restent ouverts toute l'année. On trouve encore des campings (2 étoiles ou l'équivalent) pratiquant des prix raisonnables, autour de 20-25 € pour deux en haute saison. Si vous êtes accompagné d'enfants, il existe généralement un tarif « spécial *bambini* » pour les moins de 12 ans. Demandez-le ! Beaucoup d'établissements se transforment de plus en plus en parkings pour camping-cars et autres mobile homes, qui s'avèrent bien plus rentables que les emplacements pour les tentes. Vous pourrez vous procurer une brochure avec la liste complète des terrains de camping éditée par la Confédération italienne de camping, *Guida ai Campeggi,* dans des librairies de la péninsule ou, avant le départ, à l'adresse suivante :

■ ***Fédération française des campeurs, caravaniers et camping-caristes :*** *78, rue de Rivoli, 75004 Paris. ☎ 01-42-72-84-08. • info@ffcc.fr • ffcc.fr • Ⓜ Hôtel-de-Ville. Lun-ven 9h-12h30, 13h30-17h30 (17h ven).* Possibilité d'acheter la *Carte FFCC Multi-avantages,* qui permet de bénéficier d'assurances spécifiques, dont l'assurance annulation/interruption de séjour, ainsi que de nombreuses réductions chez quelque 1 500 partenaires. La *Carte FFCC* comprend également la *Camping Card International,* qui vous permettra d'obtenir de multiples réductions dans les campings d'Europe, dont ceux d'Italie.

Les auberges de jeunesse

On en compte seulement deux à Florence. Elles sont bien tenues et dotées d'une cuisine commune. La carte internationale des AJ y est obligatoire. Vous pouvez vous la procurer en France auprès de *Hostelling International,* représenté à Paris par la Fédération unie des auberges de jeunesse (FUAJ). Coordonnées plus haut dans la rubrique « Avant le départ ». On peut aussi acheter la carte sur place, mais, bien sûr, c'est plus cher ! On peut également se la procurer sur Internet.

– En haute saison, il est conseillé de ***réserver par e-mail*** (c'est la meilleure solution, car vous gardez une trace) ou éventuellement par téléphone ou sur *• hihostels.com •*

– On peut aussi s'adresser au central de réservation des auberges de jeunesse italiennes pour plus d'informations :

■ ***AIG-Associazione italiana alberghi per la gioventù :*** *☎ 06-487-11-52. • info@aighostels.it • aighostels.it •*

– Également des ***auberges de jeunesse privées*** *(ostello)* permettant de compenser le manque de lits « officiels » et proposant le même type d'hébergement en dortoirs : elles pratiquent d'ordinaire les mêmes tarifs et sont bien mieux situées.

Le logement dans les communautés religieuses

– Pour être hébergé dans les monastères, il n'est pas nécessaire d'être pratiquant. L'essentiel est de se montrer respectueux. Toutefois, les couples non mariés se renseigneront avant. De plus, certaines communautés n'acceptent que les filles.

– Le logement s'effectue, le plus souvent, dans des chambres communes, qui sont généralement des cellules monacales de cinq ou six lits. À Florence toutefois, les établissements cités proposent des chambres doubles. Deux points forts : la tranquillité et la propreté.

– Deux légers inconvénients cependant : le réveil matinal (merci les cloches) et le couvre-feu le soir (horaires souvent contraignants, mais pas forcément systématiques, se renseigner). Par ailleurs, certains couvents n'hésitent pas à afficher des prix identiques à un hôtel bon marché... L'office de tourisme dispose d'une liste de couvents et d'institutions religieuses, ou voir le site *• monasterystays.com •*

Les *Bed & Breakfast*

Souvent situés en plein *centro storico*... Il arrive fréquemment que le propriétaire n'y habite pas. Dans ce cas, on conseille de fixer un rendez-vous avec lui par téléphone pour préciser votre heure d'arrivée.
En revanche, contrairement à l'hôtel, ***il arrive qu'un séjour de 2-3 nuits minimum soit exigé*** (et il est courant que les prix soient plus doux quand le séjour se prolonge).
Par ailleurs, si le petit déjeuner est systématiquement inclus dans le prix, il n'est pas forcément maison et frais pour autant : eh oui, en Italie, le petit déj sous vide (biscottes, brioches, biscuits ou gâteaux en sachet, confitures et beurre en portions) tend malheureusement à devenir roi... Certains hébergements choisissent aussi de vous donner un bon pour un petit déj à l'italienne (café-croissant) dans un bar voisin !

Les hôtels

Ils sont classés en cinq catégories (L pour luxe et de 5 étoiles à 1 étoile pour les plus simples). Attention, un 3-étoiles italien est plus proche au niveau du confort et des prestations d'un 2-étoiles français (et ce décalage est valable pour toutes les catégories), en revanche les prix sont bien ceux d'un 3-étoiles français !
La loi exige que les prix soient affichés dans les chambres ; ils sont indicatifs et correspondent rarement à ceux donnés à la réception ou sur Internet (où ils sont en général beaucoup moins élevés). Si vous choisissez de loger en hôtel, réserver sur Internet permet souvent d'obtenir des prix beaucoup plus intéressants dans les catégories un peu chic (voir la rubrique « Budget »). Quant aux petits déjeuners, ils sont souvent du genre « frugal », alors préférez les bars-*pasticcerie* où l'on sert de vrais cafés italiens et de bonnes pâtisseries pour un prix moindre !

L'échange d'appartements et de maisons

Une formule de vacances de plus en plus appréciée, pour les propriétaires d'une maison, d'un appartement ou d'un studio. On échange son logement contre celui d'un adhérent du même organisme, dans le pays de son choix, pendant la période des vacances. Cette formule est avantageuse, en particulier pour les jeunes couples avec enfants. Voici deux agences qui ont fait leurs preuves :

■ ***Homelink :*** *19, cours des Arts-et-Métiers, 13100 Aix-en-Provence. ☎ 04-42-27-14-14 ou 01-44-61-03-23. • info@homelink.fr • homelink.fr • Lun-ven 9h-12h, 14h-18h. Adhésion annuelle : 125 € avec diffusion d'annonce sur Internet.*

■ ***Intervac France :*** *230, bd Voltaire, 75011 Paris. ☎ 05-46-66-52-76. • info@intervac.fr • intervac.fr • Adhésion annuelle internationale et nationale avec diffusion d'annonce sur Internet : 135 €.*

HORAIRES

Les horaires officiels, que nous vous donnons à titre indicatif, ne sont pas toujours respectés. Inutile, donc, de nous écrire pour nous injurier : la mise à jour est faite avec soin, mais entre le moment où nous soumettons le guide à l'imprimeur et le moment où il sort en librairie, il y a déjà des modifications... Il s'agit surtout des horaires des sites et des monuments, des musées et des églises, mais aussi des transports publics (trains, bus). On vous conseille donc de vous adresser à l'office de tourisme, qui distribue gratuitement une liste

hebdomadaire et régulièrement mise à jour des heures et des prix des sites (très utile pour les expos temporaires).
– ***Restaurants :*** 12h30-15h, 19h-23h (plus tard dans les endroits touristiques). La possibilité d'être servi jusqu'à 23h, et au-delà, n'a rien d'exceptionnel.
– ***Banques :*** du lundi au vendredi de 8h30 à 13h30 et de 14h45 à 15h30-16h. Certaines sont ouvertes le samedi matin.
– ***Bureaux de poste :*** du lundi au vendredi, approximativement de 8h à 13h30 ; le samedi de 8h30 à 13h. À Florence, la poste centrale est ouverte l'après-midi.
– ***Bureaux et administrations :*** ouverts le matin seulement.
– ***Magasins :*** en règle générale, de 9h à 13h et de 16h à 19h30-20h ; toujours fermés le dimanche et une demi-journée par semaine (souvent le lundi matin, à l'exception des magasins d'alimentation qui ferment le mercredi après-midi). Fermeture fréquente le samedi après-midi en été.

LANGUE

L'italien est une langue latine, donc relativement facile pour les francophones, même si de nombreux dialectes sont parlés à travers tout le pays, ce qui complique un peu l'apprentissage ! En peu de temps, vous pourrez apprendre quelques rudiments suffisants pour vous débrouiller, mais n'oubliez pas notre ***Guide de conversation du routard en italien.***

PARLER AVEC LES MAINS

Voilà une spécificité locale. Plus les Italiens sont excités, plus les mains s'agitent. Autre constatation : les gestes augmentent dès que l'on descend dans le Sud. Attention, chaque mouvement est très codifié et précis. Une explication : l'unité italienne ayant été tardive (1861), peu de gens parlaient l'italien en plus de leur propre dialecte.

Le toscan, langue des Italiens ?

Dès le XIIe s, Florence se distingue par son dynamisme politique, économique et commercial, et va imposer sa langue par le biais de sa littérature florissante, notamment au XIVe s (Dante, Boccace et Pétrarque). Supplantant petit à petit le latin, le toscan s'étendra dans la Botte, avant d'être consacré par les grammairiens au XVIe s. Sur le papier, le toscan aurait dû s'imposer dans tout le pays. Mais ce ne fut pas le cas. Morcelée de l'Antiquité jusqu'à sa réunification en 1871, l'Italie n'ayant cessé d'être envahie, ses territoires ont subi de nombreuses influences linguistiques. Ce morcellement a engendré des traditions, des coutumes, des rivalités, notamment dans les villes proches, comme Florence et Sienne, Pise et Livourne... Dans certaines régions, les dialectes sont encore fréquemment parlés.

CIAO !

Le mot le plus utilisé en Italie vient de sciavo, *qui signifie « esclave ». En effet, cette interjection signifie : « Je suis votre esclave », ce qui est une façon un peu appuyée pour dire : « Je suis à votre service. »*

Quelques éléments de base

Politesse

Bonjour	*Buongiorno*
Bonsoir	*Buonasera*
Bonne nuit	*Buonanotte*

Excusez-moi	*Scusi*
S'il vous plaît	*Per favore*
Merci	*Grazie*

Expressions courantes

Parlez-vous français ? anglais ?	*Parla francese ? inglese ?*
Je ne comprends pas	*Non capisco*
Parlez lentement	*Parli lentamente*
Pouvez-vous me dire ?	*Può dirmi ?*
Combien ça coûte ?	*Quanto costa ?*
C'est trop cher	*È troppo caro*
L'addition, s'il vous plaît	*Il conto, per favore*

Le temps

Lundi	*Lunedì*
Mardi	*Martedì*
Mercredi	*Mercoledì*
Jeudi	*Giovedì*
Vendredi	*Venerdì*
Samedi	*Sabato*
Dimanche	*Domenica*
Aujourd'hui	*Oggi*
Hier	*Ieri*
Demain	*Domani*
Lundi au samedi	*Feriale*
Dimanche et jours fériés	*Festivo*

Les nombres

Un	*Uno*
Deux	*Due*
Trois	*Tre*
Quatre	*Quattro*
Cinq	*Cinque*
Six	*Sei*
Sept	*Sette*
Huit	*Otto*
Neuf	*Nove*
Dix	*Dieci*
Quinze	*Quindici*
Cinquante	*Cinquanta*
Cent	*Cento*

Transports

Un billet pour...	*Un biglietto per...*
À quelle heure part... ?	*A che ora parte... ?*
À quelle heure arrive... ?	*A che ora arriva... ?*
Gare	*Stazione*
Horaire	*Orario*

À l'hôtel

Hôtel	*Albergo*
Pension de famille	*Pensione familiare*
Je désire une chambre	*Vorrei una camera*
À un lit (double)	*Con letto (matrimoniale)*
À deux lits	*Con due letti*

LIVRES DE ROUTE

En voyage, le livre audio, c'est malin. Écoutez un extrait de ***Inferno* de Dan Brown,** lu par François d'Aubigny, et vous serez déjà à Florence. *Extrait offert par Audiolib.*

- ***Histoire de l'Italie,*** de Catherine Brice, Perrin, coll. « Tempus », 2003. Ouvrage général sur l'histoire de l'Italie ou « des Italies » retracée depuis la fin de l'âge du bronze à aujourd'hui. Ce livre est notre « botte » secrète pour comprendre tous les aspects du caractère contrasté et bouillonnant des Italiens. Et tout ça en moins de 500 pages, abordable, donc (même pour les plus pressés) !
- ***L'Art italien,*** d'André Chastel, Flammarion, coll. « Tout l'Art », 2015. Panorama complet de l'art italien jusqu'au XXe s par celui qui fut le spécialiste en la matière.
- ***Rome, Naples, Florence,*** de Stendhal, dir. P. Brunel, Gallimard, coll. « Folio » nº 1845, 1987. Grand connaisseur de l'Italie, Stendhal retrace ses souvenirs de voyages. Il décrit avec réalisme la ville et ses monuments et nous fait aussi partager ses émotions (le fameux « syndrome de Stendhal », voir la rubrique correspondante dans le chapitre « Hommes, culture, environnement »), sensations et plaisirs éprouvés au cours de son passage à Florence.
- ***Lorenzaccio,*** d'Alfred de Musset, Gallimard, coll. « Folio classique » nº 8, 2003. L'intrigue débute à Florence au XVIe s, en plein carnaval ; vous découvrirez au milieu des masques l'histoire de l'assassinat, en 1536, du tyrannique Alexandre de Médicis par son cousin Lorenzo.
- ***Les Mystères de Florence,*** de Carlo Collodi, éd. Joëlle Losfeld, 2001. Le très célèbre créateur de Pinocchio est aussi l'auteur d'un roman historique dont l'intrigue et l'humour nous entraînent dans les lieux les plus troubles de la capitale toscane. Véritable tableau satirique de la société florentine aux mœurs dissolues et corrompue par l'argent.
- ***Voyage en Italie,*** de Jean Giono (1954), Gallimard, coll. « Folio » nº 1143, 1979. Hors de sa Provence, Giono est perdu. Dès lors, la découverte de l'Italie en 1953 par ce vieux jeune homme de près de 60 ans est un hasard heureux pour la littérature. Cette escapade de quelques semaines dans une guimbarde sur les routes de Toscane et de la plaine du Pô, Giono la vit comme une renaissance et un éblouissement.
- ***Les Pierres de Florence,*** de Mary McCarthy, Payot, coll. « Petite Bibliothèque Payot », nº 468, 2003. Un récit coloré, nourri de nombreuses anecdotes et informations rares. L'auteur restitue, grâce à ses longs voyages à Florence, l'histoire des Florentins, de l'aristocratie et du peuple : un excellent compagnon de voyage !
- ***Le Décaméron,*** de Giovanni Boccaccio, dit Boccace, Gallimard, coll. « Folio classique » nº 4352, 2006. Lors de la grande peste de 1348 à Florence, sept femmes et trois hommes, réfugiés à la campagne, décident que chacun d'entre eux racontera, chaque jour, 10 histoires aux autres. Texte classique par excellence, les 100 nouvelles du *Décaméron* composent un tableau haut en couleur, comique, licencieux, sentimental, tragique et pathétique aussi, de l'Italie du XIVe s.
- ***Le Clan des Médicis,*** de Jacques Heers, Perrin, 2008. Un portrait juste de la famille Médicis, son ascension, sa grandeur et sa faillite. Un livre qui va à l'encontre des idées reçues et nous permet d'approfondir l'histoire unique d'une famille qui a fait d'une ville son territoire personnel.
- ***Le Dernier des Médicis,*** de Dominique Fernandez, Grasset, 1994. Une peinture impitoyable de la dégénérescence d'un grand-duc toscan, dernier descendant d'une bien illustre famille, dans une Florence tiraillée entre les factions politiques rivales.
- ***Vies des artistes,*** de Giorgio Vasari, Grasset, 2008. Paru pour la première fois en... 1550 avec un succès immédiat. Cette bible, qui est un classique pour les férus d'histoire de l'art, retrace la biographie des artistes qui ont marqué la Renaissance.

– ***La Renaissance à Florence,*** de Richard Turner, Flammarion, coll. « Tout l'Art », 2008. Un ouvrage de synthèse plus orienté sur l'art toscan, mais toujours accessible à tous.
– ***Avec vue sur l'Arno*** (1970), E. M. Forster. Robert Laffont, coll. « Pavillons poche », 2014. Un roman initiatique dans le plus pur esprit british, dont la première partie se déroule à Florence et dans le Chianti. Entre bienséance et amour véritable, le cœur de la jeune Lucy Honeychurch balance... Roman à l'origine du film *Chambre avec vue,* de James Ivory.
– ***La Saga des Médicis,*** de Sarah Frydman, LGF, « Livre de Poche », 2006. Récit en trois tomes qui retrace la dynastie des Médicis, LA riche famille florentine qui a fait la gloire de la ville durant trois siècles.
– Sans oublier la saga consacrée dans les années 1980 par Magdalen Nabb à l'adjudant Guarnaccia, le Maigret florentin, à découvrir d'occasion ou sur commande. ***Le Gentleman florentin*** et les autres polars de la série ont été publiés dans la collection « Grands Détectives » chez 10/18.

ORIENTATION

– La ville, traversée par l'Arno, est divisée en quatre *rioni* (quartiers) : Santa Maria Novella et San Giovanni sur la rive droite ; Santo Spirito et Santa Croce sur l'Oltrano (l'autre côté de la rive).
– ***Le numérotage des maisons est doté d'une double numérotation :*** les plaques sont noires ou rouges et, même s'ils sont côte à côte, les chiffres ne se suivent pas ; les plaques rouges sont réservées aux entreprises commerciales (notamment aux restaurants), et les noires (parfois bleu foncé) aux maisons particulières et aux hôtels. Les chiffres sont suivis d'un « r » pour les plaques rouges et d'un « n » (ou plus souvent de rien du tout) pour les noires et les bleues.

PERSONNES HANDICAPÉES

On a pu constater que les Italiens étaient plus en avance que nous (pas difficile !) pour tous les aménagements concernant les personnes à mobilité réduite. Ainsi, de nombreux hébergements sont équipés d'au moins une chambre pour personnes handicapées (mais pas les pensions, souvent situées au 2e ou au 3e étage sans ascenseur). N'hésitez pas à appeler pour vous renseigner, même si le symbole ♿ ne figure pas dans l'adresse que nous indiquons, car de plus en plus d'hôtes aménagent leur structure en conséquence. L'office de tourisme de Florence distribue quatre itinéraires dans la ville sous forme de petit fascicule pour des personnes à mobilité réduite. On indique les principaux musées et sites où un ascenseur est à disposition. Quant aux personnes malvoyantes, plusieurs monuments proposent également des visites guidées spécifiques. Saluons la belle initiative de la Ville qui offre, sur la piazza della Repubblica (en face du *Caffè Paszkowski*), une maquette en bronze de la rive droite de Florence avec les explications en braille, ou encore aux Offices celle du *Printemps* de Botticelli. D'ailleurs, dans la plupart des musées, sur présentation d'une pièce d'identité, les personnes à mobilité réduite peuvent bénéficier d'un fauteuil roulant pour faciliter la visite.

POSTE

– Les bureaux de poste sont ouverts en général du lundi au vendredi de 8h à 13h30 et le samedi de 8h30 à 13h. À Florence, la poste centrale est ouverte l'après-midi. Fermés les dimanche et jours fériés.
– La poste italienne a mis en circulation un timbre vers les pays européens ; le timbre à 1 € permet d'envoyer une lettre en 2-3 jours pour l'étranger, et celui à 0,95 € en 1 journée pour l'Italie.

– Vous pouvez acheter vos timbres *(francobolli)* à la poste centrale ou dans certains bureaux de tabac signalés par un grand « T » blanc sur fond noir (mais tous n'en ont pas). Les boîtes aux lettres, de couleur rouge, sont disséminées un peu partout dans les villes. C'est la poste officielle.
– D'autres systèmes d'acheminement de lettres ont vu le jour mais ce n'est pas toujours fiable. Ainsi, certains timbres sont réservés uniquement aux cartes postales et il faut alors déposer celles-ci dans de petites boîtes blanches installées dans divers magasins et kiosques. D'autres lettres timbrées avec d'autres timbres sont à mettre dans des boîtes noires *(black box).* Un troisième réseau parallèle à la poste officielle italienne s'appelle *World Post Mail.* Les boîtes aux lettres sont jaunes *(yellow box),* les cartes et les timbres s'achètent dans les boutiques de souvenirs. Dans tous les cas, que la boîte soit rouge, noire ou jaune, **que le réseau soit étatique ou privé, le système d'acheminement du courrier déposé dans les boîtes fonctionne mal.** Une carte postale peut mettre au moins 10 jours pour arriver à destination au départ de Milan. Parfois, elle n'arrive pas du tout !
– ***Notre conseil malin :*** étant donné ce problème d'acheminement du courrier, évitez les boîtes aux lettres dans la rue ! Allez directement au bureau de poste pour déposer vos cartes postales. C'est plus sûr.

SANTÉ

Carte européenne d'assurance maladie

Pour un séjour de courte durée à Florence, pensez à vous procurer la carte européenne d'assurance maladie. Il vous suffit d'appeler le ☎ *36-46,* de vous connecter par Internet sur votre compte Ameli ou d'en faire la demande sur une borne de votre centre de Sécu. Vous la recevrez sous une quinzaine de jours. C'est une carte plastifiée bleue du même format que la carte Vitale. Elle est valable 2 ans, gratuite et personnelle (chaque membre de la famille doit avoir la sienne, y compris les enfants). Conservez bien toutes les factures pour obtenir les remboursements au retour.

Vaccins

Aucun n'est obligatoire, mais il est préférable d'avoir son rappel antitétanique à jour, surtout si l'on fait du camping. Nous vous recommandons chaudement un répulsif antimoustiques (ces charmantes petites bêtes étant très virulentes en période estivale, en particulier sur la côte toscane).

SITES INTERNET

Sur l'Italie

• ***routard.com*** • Le site de voyage n° 1 avec 750 000 membres et des millions d'internautes chaque mois. Partagez vos expériences avec la communauté de voyageurs : forums de discussions, avis, bons plans et photos. Pour s'inspirer et s'organiser, plus de 250 fiches pays actualisées avec les infos pratiques, les incontournables et les dernières actualités, ainsi que des reportages terrains et des carnets de voyage. Enfin, vous trouverez tout pour vos vols, hébergements, activités et voitures pour réserver votre voyage au meilleur prix. Routard.com, votre voyage de A à Z !
• ***enit.it*** • En français. Site de l'office de tourisme, très riche en informations. À parcourir avant de partir en vacances.
• ***italia.it*** • Aussi en français. Vous trouverez de nombreuses rubriques pratiques qui vous aideront à préparer votre séjour. Permet également de faire un tour d'horizon complet de la culture italienne.

- ***ambafrance-it.org*** • Le site français en Italie avec la liste complète des ambassades, consulats, centres culturels et alliances françaises, ainsi qu'un dossier sur les rapports économiques franco-italiens. Infos intéressantes pour les étudiants qui veulent y séjourner.
- ***alliancefr.it*** • Site de l'Alliance française en Italie. Pas mal pour les étudiants/familles qui s'installent en Italie. Un bon moyen de renforcer le lien entre les deux cultures et de promouvoir la culture française en Italie.
- ***regioni-italiane.com*** • En italien. Plein d'infos sur les différentes régions d'Italie. Calendrier des événements, les nouvelles régionales, les foires et des idées d'itinéraires touristiques.
- ***polomuseale.firenze.it*** • Site donnant une foule de renseignements (tarifs, horaires...) sur tous les musées, les expos et toutes les bibliothèques de Florence.
- ***terresiena.it*** • Site officiel donnant une foule de renseignements (tarifs, horaires des musées, etc.) sur toutes les terres de Sienne.
- ***italieaparis.net*** • Un site qui ne conseille que des adresses parisiennes, mais les infos culturelles profiteront à tout le monde !
- ***casa-italia.locappart.com*** • Le blog de la Casa Italia : invitations au voyage, découverte des régions, rencontres avec des artistes, coups de cœur littéraires, ficelles culinaires, revue de presse, infos et bons plans pour les amoureux de l'Italie. Casa Italia est une marque de Loc'appart, spécialiste de l'hébergement sur l'Italie.

Sur la Renaissance italienne

- ***renaissance-amboise.com*** • Onglet « Les dossiers Renaissance ». Site assez complet avec photos, pour ceux qui veulent une approche basique de la Renaissance. Bons dossiers sur la peinture italienne (Quattrocento à Florence, Renaissance...).
- ***aparences.net*** • Ce site à la richesse encyclopédique détaille parfaitement l'âge d'or de la peinture florentine. Le site propose également des dossiers sur les grands hommes de cette époque, ainsi que des tableaux de maîtres commentés.

Sur la cuisine et les vins italiens

- ***lacucinaitaliana.it*** • En italien. Un site bien conçu et très exhaustif ! Des recettes à foison (de la plus traditionnelle à la plus inventive) classées par types de plats, de régions ou de produits. Articles sur l'actualité de la gastronomie italienne.
- ***vinsditalie.com*** • Amateurs de vins, voici un site à consulter. Il permet de découvrir l'Italie à travers ses vins : des infos sur les appellations, la liste des vins par régions, le classement du *Gambero Rosso* (ouvrage de référence), des recommandations...
- ***gelatoartigianale.it*** • En italien. Le site de la très sérieuse *Accademia del Gelato.* Spécialement conçu pour les « gélatophiles » avertis !

TABAC

En Italie, ***la cigarette est interdite dans TOUS les lieux publics*** (restaurants, cafés, bars, discothèques et trains). En cas d'infraction, une grosse amende vous attend à la moindre cigarette allumée (quelques centaines d'euros s'il y a des enfants ou des femmes enceintes à proximité).
Le soir, lorsqu'ils ferment, les *tabacchi* laissent place à un distributeur automatique qui n'est pas toujours bien approvisionné.

TÉLÉPHONE – INTERNET

Téléphone

Avertissement : ne vous étonnez pas de trouver des numéros de téléphone dont le nombre de chiffres varie (généralement de 8 à 10), c'est normal !

Le téléphone portable en voyage

Le routard peut utiliser son propre téléphone portable en Italie avec l'option « Europe ».
– ***À savoir :*** pour être sûr que votre appareil est compatible avec votre destination, renseignez-vous auprès de votre opérateur.
– ***Activer l'option « international » :*** pour les abonnés récents, elle est en général activée par défaut. En revanche, si vous avez souscrit à un contrat depuis plus de 3 ans, pensez à contacter votre opérateur pour souscrire à l'option (gratuite). Attention toutefois à le faire au moins 48h avant le départ.
– ***Le « roaming » :*** c'est un système d'accords internationaux entre opérateurs. Concrètement, cela signifie que lorsque vous arrivez dans un pays, au bout de quelques minutes, le nouveau réseau s'affiche automatiquement sur l'écran de votre téléphone.
Vous recevez alors rapidement un sms de votre opérateur qui propose un ***pack voyageurs*** plus ou moins avantageux, incluant un forfait limité de consommations téléphoniques, de SMS et de connexion internet. À vous de voir...
– ***Tarifs :*** ils sont propres à chaque opérateur et varient en fonction des pays (le globe étant découpé en plusieurs zones tarifaires). ***N'oubliez pas qu'à l'international vous êtes facturé aussi bien pour les appels sortants que pour les appels entrants (moins chers).*** Ne papotez donc pas des heures en imaginant que c'est votre interlocuteur qui paie ! Le mieux étant de se faire appeler pour ne pas trop plomber la facture.
– ***Internet mobile :*** utiliser le wifi à l'étranger et non les réseaux 3G ou 4G. Sinon, on peut faire exploser les compteurs, avec au retour de voyage des factures de plusieurs centaines d'euros ! Le plus sage consiste à ***désactiver la connexion*** « Données à l'étranger » (dans « Réseau cellulaire »). Il faut également penser à ***supprimer la mise à jour automatique de votre messagerie*** qui consomme elle aussi des octets sans vous avertir (option « Push mail »). Opter pour le mode manuel. Cependant, la majorité des fournisseurs de téléphonie mobile offrent aujourd'hui des ***journées incluses dans le forfait,*** avec appels téléphoniques, SMS, voire MMS et connexion internet en 3G limitée. Les destinations incluses dans votre forfait évoluant sans cesse, ne manquez pas de consulter le site de votre fournisseur. Noter que l'Union européenne impose aux opérateurs un coût maximal de 0,20 €/Mo (HT) jusqu'en 2017, ce qui permet de surfer plus sereinement et à prix réduit.

Bons plans pour utiliser son téléphone à l'étranger

– ***Acheter une carte SIM/puce sur place :*** c'est une option avantageuse. Il suffit d'acheter à l'arrivée une carte SIM locale prépayée chez l'un des opérateurs *(Vodafone, Tim, Wind)* représentés dans les boutiques de téléphonie mobile des principales villes du pays et aussi parfois dans les aéroports. On vous attribue alors un numéro de téléphone local et un petit crédit de communication. Avant de signer le contrat et de payer, essayez donc, si possible, la carte SIM du vendeur dans votre téléphone – préalablement débloqué – afin de vérifier si celui-ci est compatible. Ensuite, les cartes permettant de recharger votre crédit de communication s'achètent facilement en Italie.
– ***Se connecter sur les réseaux wifi*** est le meilleur moyen d'avoir accès au Web gratuitement ou à moindre coût. De plus en plus d'hôtels, restos et bars disposent d'un réseau, le plus souvent gratuit.
– Une fois connecté grâce au wifi, à vous les joies de la ***téléphonie par Internet*** ! Le logiciel ***Skype,*** le plus répandu, vous permet d'appeler vos correspondants gratuitement s'ils sont eux aussi connectés, ou à coût très réduit si vous voulez les joindre sur leur téléphone. Autre application qui connaît un succès international : ***Whatsapp,*** qui permet d'appeler et d'envoyer des SMS, des photos et des vidéos aux quatre coins de la planète, sans frais. Il suffit de télécharger – gratuitement – l'appli sur son smartphone, celle-ci se synchronise avec votre liste de contacts et détecte automatiquement ceux qui ont téléchargé l'appli. Même principe pour ***Viber...***

Appels nationaux et internationaux

– ***Renseignements :*** ☎ *12 (gratuit).*

– Pour un appel d'***urgence,*** composez le ☎ *112.*

– ***Italie → Italie :*** pour les numéros de téléphone fixe, il faut impérativement composer le numéro de votre correspondant précédé du « 0 » et de l'indicatif de la ville.

– ***France → Italie :*** composez le 00 + 39 + indicatif de la ville (précédé du 0) + n° du correspondant. Pour les portables, 00 + 39 + numéro à 10 chiffres. Tarification selon votre opérateur.

– ***Italie → France :*** 00 + 33 + numéro à neuf chiffres de votre correspondant (c'est-à-dire le numéro à 10 chiffres sans le 0).

– ***Italie → Belgique :*** le code pays est le 32.

– ***Italie → Suisse :*** code 41.

– ***Italie → Canada :*** code 1.

– ***Italie → Luxembourg :*** code 352.

Internet, wifi

Quasiment tous les hébergements proposent un accès wifi, très souvent gratuit. De plus en plus, nombre de bars et restaurants offrent aussi le wifi gratuitement à leurs clients. Enfin, du fait de l'augmentation de l'offre wifi, les cybercafés – généralement présents dans les grandes villes – ferment les uns après les autres.

Le service *Firenzewifi* permet 2h de navigation gratuite par jour – à condition d'avoir un portable avec un numéro italien (voir plus haut) – dans une douzaine d'endroits de la ville, comme piazza della Signoria, piazza Santa Croce, piazza Santo Spirito, piazza Santíssima Annunziata, piazzale Michelangelo... *Demande préalable au* ☎ *055-055 ou sur* • *info-wifi@comune.fi.it* •

TRANSPORTS

Le train

Réservations et informations

Pour toute information, consultez le site internet • *trenitalia.com* • Possibilité de réserver en ligne. Vous pouvez également les joindre au ☎ *89-20-21* (numéro unique pour toute l'Italie) ou vous rendre aux guichets traditionnels ou aux guichets automatiques des grandes gares.

Quelques remarques

– Les trains ***diretto, regionali, interregionali*** relient les différentes gares de Toscane et d'Ombrie ainsi que les villes limitrophes.

– Pour rejoindre plus rapidement et plus confortablement les villes de moyenne importance aussi bien que les plus grandes villes de toute l'Italie, vous utiliserez l'***Intercity.***

– Enfin, les routards pressés et plus aisés emprunteront les trains à grande vitesse, les ***Frecce,*** qui relient les grandes villes entre elles (Naples, Rome, Florence, Bologne, Venise, Milan ou Turin). Réservation automatique à l'émission du billet et donc obligatoire. Le mieux, question rapidité et confort, mais aussi le plus cher.

SUIVEZ LE GUIDE !

Pour le train, gare aux faux amis ! Le diretto*, par exemple, n'est pas si direct que ça ! Il relie les différentes gares d'une région et les villes des régions limitrophes. Il est cependant un peu plus rapide et s'arrête moins souvent que les* regionali*, des trains à desserte locale qui s'arrêtent partout. Pour accéder à la vitesse supérieure, on passe aux trains* interregionali*, qui couvrent des destinations touristiques (leur circulation est pour cette raison souvent limitée aux fins de semaine et à certaines périodes de l'année).*

Comme chez nous, les billets de train se compostent aux oblitérateurs jaunes avant le départ (en cas d'oubli ou de manque de temps, partez à la recherche du contrôleur après être monté dans le train).

La voiture

C'est bien entendu le moyen idéal pour visiter la campagne italienne, mais un handicap terrible dès qu'il s'agit de s'infiltrer dans les cœurs historiques exigus des vieilles cités toscanes. Florence ne déroge pas à la règle. La vieille dame ne se livre qu'aux vrais pèlerins, « *pedibus cum jambis* » ! En revanche, la voiture sera d'une grande utilité pour sillonner ses environs sans contrainte, ou même envisager une ou deux excursions vers ses voisines Sienne, Lucques ou Pise. Les stations-service sont fréquentes sur les autoroutes, où elles ne ferment pratiquement jamais (elles affichent « 24h/24 »). Les stations-service en ville sont généralement fermées entre 12h30 et 15h30.

Location de voitures

La solution la plus heureuse (mais pas la moins onéreuse) si l'on envisage un séjour florentin prolongé, assorti d'une ou deux journées de balades extra-muros. Pas d'angoisse de parking !

■ ***BSP Auto :*** ☎ *01-43-46-20-74 (tlj).* ● *bsp-auto.com* ● Les prix proposés sont attractifs et comprennent le kilométrage illimité et les assurances. *BSP Auto* propose exclusivement les grandes compagnies de location sur place, assurant un très bon niveau de services. Le plus : vous ne payez votre location que 5 jours avant le départ. Remise spéciale de 5 % aux lecteurs de ce guide avec le code « ROUTARD17 »

■ Et aussi : ***Hertz*** *(en France :* ☎ *0825-861-861 – 0,15 €/mn ;* ● *hertz.com* ●*)*, ***Avis*** *(en France :* ☎ *0821-230-760 – 0,12 €/mn ;* ● *avis.fr* ●*)* et ***Europcar*** *(en France :* ☎ *0825-358-358 – 0,15 €/mn ;* ● *europcar.fr* ●*).*

Circulation et stationnement

● Pour le plan des stationnements et de la circulation, se reporter au plan détachable en fin de guide.

Stationner à Florence est un véritable enfer. Même les Florentins y perdent leur latin, c'est dire ! La municipalité tente par tous les moyens de décongestionner le réseau du centre-ville en instaurant la ZTL (zone à trafic limité) et surtout de protéger les monuments qui s'altéraient sérieusement avec la pollution : rues piétonnes uniquement accessibles aux taxis, bus et autres habitants possédant le permis de résidant. Hormis ces bénéficiaires, la circulation est interdite entre 7h30 et 20h (18h le samedi) et les jours fériés. Également les mercredi, vendredi, samedi de 23h à 4h pendant la haute saison (de mi-mai à mi-septembre). Dans le centre historique, des rues sont désormais entièrement piétonnes : quartier du Duomo, quartier Santa Maria Novella, quartier du Palazzo Pitti, San Spirito, quartier de la via dei Tornabuoni, quartier Sant'Ambrogio. Un vrai bonheur pour les touristes et les Florentins !

– Tout ce qu'il faut voir à Florence étant rassemblé dans un petit périmètre, mieux vaut découvrir la ville à pied. Si vous êtes motorisé, le mieux est de laisser votre voiture dans l'un des principaux parkings de la ville. En dehors de ces parkings payants (et des emplacements signalés par un « P » blanc sur fond bleu), il n'est plus guère possible de garer sa voiture gratuitement. Sachez simplement que le stationnement dans le centre historique est réservé exclusivement aux riverains. Les Florentins doivent garer leur véhicule dans le quartier où ils résident !

Des caméras, placées stratégiquement aux quatre coins de la ville, vous photographient en flagrant délit et vous envoient la contravention directement chez vous en France (150 €, quand même !). Vous pensez y échapper parce que vous avez une voiture de location ? Non seulement, on vous retrouve (une agence de recouvrement s'en charge), mais l'agence de location vous ponctionne 40 € de plus pour frais de dossier. Seuls les touristes qui ont réservé une chambre d'hôtel peuvent pénétrer dans la zone à trafic limité en ayant donné au préalable le numéro d'immatriculation à l'hôtelier, qui se chargera de faire annuler l'amende auprès du parking privé (les caméras photographient systématiquement chaque automobile). Conseil de routard : venez sans voiture !
Dernière information : si jamais vous recevez votre contravention plus de 360 jours après avoir franchi la ligne interdite, selon la loi italienne, vous n'êtes plus dans l'obligation de payer. Mais il vous faudra alors exercer un recours auprès du juge de la paix de Florence, en italien et après avoir payé des frais de dossiers ! Pas simple, donc.
– ***Types de stationnement :*** seuls les emplacements marqués au sol en bleu sont autorisés aux véhicules non résidents. On en trouve principalement sur les boulevards circulaires ou aux abords immédiats du centre, comme le long du lungarno della Zecca Vecchia *(plan détachable E-F4)* sur les berges de l'Arno. Les marquages en jaune ou blanc sont réservés à des véhicules prioritaires. Le parcmètre que nous connaissons bien a une place privilégiée par rapport aux cartes de stationnement (à gratter, genre loto, et à acheter dans les débits de tabac). *Attention :* à la différence de la France, les patrouilles de contractuels sont parfois épaulées par des gardiens permanents affectés à une zone délimitée. En l'absence de machine, c'est même à eux que vous devrez vous adresser pour payer. Autrement, c'est 40 € l'amende ! Quant aux panneaux indicatifs des stationnements, c'est une véritable jungle. Les paiements s'effectuent en fonction des jours ouvrables ou fériés, des heures de la journée ou même de la nuit, et des événements (foires, travaux) prévus. Signification des sigles : les deux marteaux croisés signifient jours ouvrables ; la croix signifie dimanche et parfois jours fériés. Presque toujours, le stationnement autorisé et payant est limité dans le temps : cela va de 10 mn à 2h, rarement plus ; même pour un parking de supermarché. Lorsqu'il devient gratuit, il faut souvent apposer son disque de stationnement sur son pare-brise. Car, même dans ce cas-là, le stationnement est limité en temps. Dernière recommandation : Florence est divisée en cinq quartiers nettoyés à tour de rôle. En raison de l'étroitesse des rues, les automobilistes sont priés de vider les lieux pour laisser passer les machines. Des panneaux indiquent le jour désigné (mais cela ne concerne que certains secteurs étroits). Pour plus d'infos, consultez le site avant de vous aventurer dans Florence en voiture : • *ztl.comune.fi.it* •
Et si malgré tout vous étiez victime d'un ***enlèvement de véhicule*** : ☎ *055-783-882. Viadotto all'Indiano, località Ponte a Greve.*

Limitation de vitesse

Elle est calculée en fonction de la cylindrée des véhicules. Dans les agglomérations, elle est de 50 km/h, sur les nationales de 90 km/h et sur l'autoroute de 130 km/h.
Les excès de vitesse et autres infractions sont sanctionnés essentiellement par des amendes, qui coûtent un tiers de moins si on les règle sur-le-champ ou par les *autovelox* (radars) plutôt discrets.
Attention, n'oubliez pas de rouler feux de code allumés en permanence car la gendarmerie est assez pointilleuse là-dessus.

Le bus

Les bussini

Pour gagner du temps, n'hésitez pas à emprunter ces petits ***bus*** orange de la compagnie ***ATAF*** *(• ataf.net • ; ☎ 800-42-45-00 d'un fixe ou 📱 199-10-42-45 d'un portable),* spécialement conçus pour les rues étroites du centre-ville.

Billets et tarifs

– Les tickets *(biglietti)* s'achètent dans les bars-tabac ou les distributeurs automatiques dispersés aux quatre coins de la ville. Un ticket coûte 1,20 € et est valable 1h30 (on peut prendre plusieurs bus et emprunter différentes lignes sans changer de ticket). Vous ne pouvez pas payer dans le bus, sauf lorsque les boutiques délivrant les tickets sont fermées (du moins en théorie). Votre ticket sera alors majoré et vous coûtera 2 €. Outre le simple billet valable 1h30, vous pouvez acheter 2 billets de 1h30 (2,40 €), 4 billets de 1h30 (4,70 €), un billet valable 24h (5 €), 3 jours (12 €) ou 7 jours (18 €). Si vous êtes en famille, le *Daily Family* est intéressant. Au prix de 6 €, il est valable 24h pour deux adultes et deux enfants.
– Pour se repérer, il est préférable de se munir d'un plan des différentes lignes, disponible dans les différents offices de tourisme (vous n'en verrez ni aux arrêts ni dans les bus) ou à l'agence *ATAF* en face de la gare Santa Maria Novella. Distributeurs automatiques 24h/24 dans la gare et sur la piazza San Marco.

Quelques lignes importantes à retenir

– Nº 7 : gare centrale SMN – San Marco – San Dominico – Fiesole.
– Nº 10 : gare centrale SMN – San Marco – Settignano.
– Nºs 11 et 12 : gare centrale SMN – San Marco.
– Nº 23 : gare centrale SMN – San Marco – Duomo – Ponte alle Grazie.
– Nº 25 : gare centrale SMN – Independenza – San Marco – Libertà – Pratolino.
– Nº 28 : gare centrale SMN – Fortezza da Basso – Sesto Fiorentino.
– Nº 37 : gare centrale SMN – Serragli – Porta Romana – Certosa del Galluzzo.

Le tramway

La ligne 1 s'avère écolo, rapide, ponctuelle et confortable... Elle relie la gare centrale Santa Maria Novella à Scandicci, au sud de Florence, et est composée de 14 stations. Intéressant pour ceux qui logent en périphérie sud de Florence.
Les lignes 2 et 3 sont en projet. Pour plus d'infos : • *gestramvia.it* •

Le vélo

Un moyen de transport qui se répand de plus en plus dans le centre historique. Seul problème : la quasi-absence de pistes cyclables. Heureusement que la zone piétonne s'agrandit d'année en année et laisse plus de liberté aux cyclistes. Tout comme pour le scooter, il faut savoir slalomer entre les voitures et rouler sur le pavé florentin. Pas évident ! Pas mal d'agences de location de vélo ; pratique pour une demi-journée ou une journée entière.

ET PIAGGIO NE SE DÉMONTE PAS

Pendant la guerre, Piaggio construisait des bombardiers. Bien entendu, cette activité lui fut interdite après la capitulation italienne. Voilà pourquoi, en 1946, il sortit le premier deux-roues : la Vespa (qui signifie « la guêpe » !). Les roulettes arrière des avions furent réutilisées pour les petites roues des pétrolettes.

Le taxi

Ne prendre que les taxis officiels qui sont de couleur blanche. Des suppléments, affichés dans tous les taxis, peuvent être exigés pour les bagages, les services de nuit ou les jours de fêtes. Exigez la mise en marche du compteur dès que vous montez dans le taxi.

URGENCES

On ne vous demande pas de les apprendre par cœur, mais c'est bon à savoir au cas où...

Santé

☎ **112 :** c'est le numéro d'urgence commun à la France et à tous les pays de l'UE, à composer en cas d'accident, d'agression ou de détresse. Il permet de se faire localiser et aider en français, tout en améliorant les délais d'intervention des services de secours.

■ ***Assistance routière :*** ☎ *803-803.*
■ ***Croce rossa italiana*** *(CRI)* ***:*** ☎ *118.*
■ ***Police :*** ☎ *113.* On vous communiquera l'adresse du commissariat *(questura)* le plus proche de l'endroit où vous êtes.
■ ***Pompiers*** *(Vigili del Fuoco)* ***:*** ☎ *115.*

Perte/vol des cartes de paiement

– ***Carte Bleue Visa :*** *numéro d'urgence (Europe Assistance) :* ☎ *(00-33) 1-41-85-85-85 (24h/24).* • *visa.fr* •
– ***Carte MasterCard :*** *numéro d'urgence :* ☎ *(00-33) 1-45-16-65-65.* • *mastercardfrance.com* •
– ***Carte American Express :*** *numéro d'urgence* ☎ *(00-33) 1-47-77-72-00.* • *americanexpress.fr* •

Perte/vol des téléphones portables

Avant de partir, notez (ailleurs que dans votre téléphone portable!) votre numéro IMEI utile pour bloquer à distance l'accès à votre téléphone en cas de perte ou de vol. Comment avoir ce numéro ? Tapez *#06# sur votre clavier, puis reportez vous au site • *mobilevole-mobilebloque.fr* • Vous pourrez suspendre aussitôt votre ligne pour éviter de douloureuses surprises au retour du voyage ! Voici les numéros des quatre opérateurs français, accessibles depuis la France et l'étranger.

– ***Orange :*** *depuis la France comme depuis l'étranger,* 📱 *+ 33-6-07-62-64-64.*
– ***Free :*** *depuis la France,* ☎ *3244 ; depuis l'étranger,* ☎ *+ 33-1-78-56-95-60.*
– ***SFR :*** *depuis la France,* ☎ *1023 ; depuis l'étranger,* 📱 *+ 33-6-1000-1023.*
– ***Bouygues Télécom :*** *depuis la France comme depuis l'étranger,* ☎ *+ 33-800-29-1000.*

INFORMATIONS ET ADRESSES UTILES

• Pour se repérer, voir le plan détachable (plan d'ensemble, zoom, plan du réseau de bus et plan de la zone piétonne et de la ZTL) en fin de guide.

Arriver – Quitter

En avion

✈ ***Aeroporto Amerigo-Vespucci*** *(hors plan détachable par B1)* **:** *via del Termine, 11 (Peretola). ☎ 055-30-615 (infos 8h-23h30). Rens sur les vols : ☎ 055-30-61-300 (24h/24). • aeroporto.firenze.it • Aéroport situé à 5 km au nord-ouest du centre de Florence.*

🛈 ***Office de tourisme :*** *comptoir situé au terminal des arrivées tlj 9h-19h (14h dim et j. fériés). ☎ 055-31-58-74. • infoaeroporto@commune.fi.it •*

■ ***Location de voitures :*** *le parking de loc se trouve à 5 mn de l'aéroport, accessible par une navette ttes les 20 mn env.* ***Avis,*** *☎ 055-31-55-88 (tlj 8h-23h) ;* ***Hertz,*** *☎ 055-30-73-70 (lun-ven 8h30-22h30, w-e 9h30-22h30) ;* ***Europcar,*** *☎ 055-31-86-09 (tlj 9h-23h) ;* ***Maggiore/National,*** *☎ 055-31-12-56 (tlj 8h30-22h40).*

■ ***Assistance bagages et objets perdus :*** *☎ 055-30-61-302 (tlj 8h30-20h).*

■ ***Distributeur Bancomat :*** *dans le hall des départs.*

Pour aller de l'aéroport Amerigo-Vespucci au centre-ville

➢ ***En bus :*** la navette *Volainbus* se trouve près des taxis (à droite en sortant de l'aéroport). Elle vous emmène en 30 mn env en plein centre-ville, à la gare ferroviaire Santa Maria Novella *(plan détachable B-C2).* Départ ttes les 30 mn 5h30-20h30, puis à 20h30, 22h, 23h45 et 0h30. Dans l'autre sens, 1er départ au centre de *BusItalia,* situé via San Caterina da Siena, 17, à droite en sortant de la gare. Ttes les 30 mn 5h-20h, puis à 21h, 22h et 23h. Le billet est à acheter dans le bus (6 € ; 10 € l'A/R ; en vente slt ds le bureau de tabac de l'aéroport situé au rdc). *Rens auprès de BusItalia-Sita Nord : ☎ 800-37-37-60. • fsbusitalia.it •*

➢ ***En taxi :*** compter 15-20 mn pour rejoindre le centre-ville. Prix fixe : 20 € (majoré la nuit 22h-6h et j. fériés : 23 et 22 €). Compter un supplément de 1 €/bagage. *☎ 055-42-42, 055-43-90, 055-47-98 ou 055-200-13-26.*

Autre aéroport

✈ ***Aeroporto Galileo-Galilei de Pise :*** *situé à 80 km de Florence. ☎ 050-84-93-00 (infos sur les vols). • pisa-airport.com •*

➢ Liaisons également avec la compagnie de bus *Terravision,* qui relie les 2 aéroports en passant par la gare Santa Maria Novella. Compter 5 € l'aller (10 € l'A/R). Ticket à acheter à l'aéroport de Pise ou dans le bus. Une quinzaine de liaisons/j. Compter 1h10 de trajet. *• terravision.eu •*

➢ La navette automatique *PisaMover* relie l'aéroport de Pise à la gare de Pise en 5 mn 6h-minuit. Pratique quand on doit prendre le train pour Florence.

En train

Stazione Centrale Santa Maria Novella *(plan détachable B-C2)* **:** *la gare principale de Florence, en plein centre-ville. Un seul et unique n° pour tte l'Italie : ☎ 89-20-21. Pour les horaires et les résas : • ferroviedello stato.it •*

■ ***Consigne à bagages*** *(deposito bagagli a mano)* **:** *gare centrale, le long du quai n° 16. ☎ 055-235-21-90. Tlj 6h-23h. Compter 5 € pour 5h, puis 0,70 € de la 6e heure à la 11e ; à partir de la 12e : 0,30 €...*

■ ***Objets trouvés à la gare et dans les trains*** *(oggetti smarriti)* **:** *gare centrale. Même endroit (et mêmes horaires) que la consigne à bagages manuelle...*

– ***Autres services :*** poste *(lun-ven 8h-19h)*, *Bancomat* (à côté de la consigne), change, pharmacie, toilettes *(payant, situé au niveau du quai n° 5).*

Stazione F. S. Campo di Marte *(plan détachable G2)* **:** *via Mannelli, 12. 2e gare de Florence, située à l'est, à quelques km du centre historique.*

➢ Utile pour ceux qui veulent prendre un train direct pour ***Rome.*** Compter 1h20 de trajet. On peut également, de cette gare, rejoindre la petite ville de ***Fiesole*** au nord de Florence.

➢ De la gare, vous pouvez rejoindre le centre avec les bus nos 12, 13 et 33, ou en train pour la ***gare Santa Maria Novella*** (8 mn de trajet). Attention, pas de consigne à bagages.

En bus

Pour le transport dans Florence

■ ***Ataf-Sita :*** *• ataf.net •* Compagnie du ***transport par bus dans Florence*** (voir la rubrique « Transports intérieurs » dans « Florence utile »). ***Point Ataf*** (achat de billets et renseignements), dans la gare SMN, guichets 8 et 9 *(lun-sam 6h45-20h).*

Pour le transport dans la province de Toscane (le Chianti surtout) et au-delà

■ ***Busitalia Sita Nord :*** *via S. Caterina da Siena, 17 r. ☎ 800-37-37-60. • fsbusitalia.it •* Société de bus qui gère les nombreuses liaisons intervilles en Toscane.

Informations touristiques

Offices de tourisme

Le site internet de l'office de tourisme de Florence fourmille de renseignements pratiques (en italien et en anglais) : *• firenzeturismo.it •* À consulter avant de partir.

Ufficio informazioni turistiche – APT *(plan détachable D2-3)* **:** *via Cavour, 1 r. ☎ 055-29-08-32 ou 33. • infoturismo@cittametropolitana.fi.it • Lun-ven 9h-13h ; fermé le w-e (!).* Accueil multilingue dont le français. Indispensable pour le plan de la ville, le plan des lignes de bus, ainsi que la liste mensuelle mise à jour des ouvertures et des tarifs des musées et des sites. Démarche quasi obligatoire pour pouvoir jongler avec les horaires et les prix très variables des musées. Également des renseignements sur la Toscane en général et sur les manifestations culturelles et festives de la province.

– ***Aeroporto*** *(hall des arrivées)* **:** *☎ 055-31-58-74. • infoaeroporto@firenzeturismo.com • Tlj 9h-19h (14h dim et j. fériés).*

– ***Stazione*** *(plan détachable C3)* **:** *piazza della Stazione, 5. ☎ 055-21-22-45. • turismo3@comune.fi.it • Tlj 9h-19h (14h dim et j. fériés).*

– ***Loggia del Bigallo*** *(zoom détachable D3)* **:** *piazza San Giovanni, 1 (Duomo). ☎ 055-28-84-96. • bigallo@comune.fi.it • Tlj 9h-19h (14h dim et j. fériés).*

– ***Parco delle Cascine, piazzale delle Cascine*** *(hors plan détachable par A2)* **:** *☎ 055-2768806. • centrovisitedelparco@comune.fi.it • Tlj 9h-19h.*

Agendas culturels

– ***Firenze Spettacolo :*** *en vente à 2 € dans ts les kiosques ou sur • firenzespettacolo.it •* Le magazine mensuel le plus complet pour connaître les programmes des spectacles, concerts (classiques, variétés, pop, rock, jazz), expos, ainsi que les nouveaux restos gastro et branchés de la capitale toscane et des environs...

– ***Florence & Tuscany News :*** un mensuel petit format publié par l'office de tourisme qui donne un calendrier exhaustif des expos, des concerts, des foires... à Florence et dans sa région. Également des infos pratiques ainsi qu'un plan utile de la ville.

Découvrir Florence autrement : visites guidées en français

Faire appel à un guide est une solution économique, pratique et originale, si vous visitez la ville en famille ou en petits groupes. Il vous est certainement arrivé d'avoir envie d'approfondir vos visites d'un musée, d'un quartier et d'avoir un guide rien que pour vous.

– ***Contact :*** ***Laurence Aventin,*** *0039-328-9124021. Il est préférable de lui envoyer un e-mail avt votre arrivée (surtout en pleine saison) : • laurence@visiteflorence.com • visiteflorence.com • À partir de 140 € les 2h.* Guide-conférencière agréée, Laurence est dotée d'une solide culture en histoire de l'art, tout particulièrement sur l'histoire de Florence qu'elle connaît sur le bout des ongles ! Vous appréhenderez la ville sous un autre angle, à la fois insolite et instructif... Visites classiques (la galerie des Offices, le Palazzo Pitti, le Palazzo Vecchio) mais aussi des parcours thématiques et originaux à travers la ville : « Florence au féminin », « Florence littéraire », « Parfums de Florence »... Laurence s'adapte selon les appétits culturels de chacun.

Wifi

La municipalité de Florence a mis en place une connexion facile et gratuite 2h/j. dans les endroits stratégiques de la ville : piazza della Signoria, piazzale Michelangelo, Santa Croce, Santo Spirito, S. S. Annunziata, Libertà, Alberti, Bambini di Beslan, via Canova, Cascine, Parco di S. Donato... *Plus d'infos au ☎ 055-055 (lun-sam 8h-20h) ou • info-wifi@comune.fi.it •*

Pour ceux qui possèdent la *Firenze Card,* connexion gratuite pendant 72h. Pour info, on peut se connecter gratuitement en wifi dans certains endroits de la ville, autres que les cafés, restaurants et hôtels, comme le *cortile* du Palazzo Strozzi, par exemple.

Représentations diplomatiques et françaises

■ ***Consulat de France*** *(plan détachable B3,* ***1****) : Palazzo Lenti, piazza Ognissanti, 2. ☎ 055-230-25-56. • consul.honoraire-florence@diplomatie.gouv.fr • Lun-ven 9h-13h, plus l'ap-m sur rdv 14h-17h.*

■ ***Consulat de Belgique*** *(plan détachable E3) : via dei Servi, 28. ☎ 055-57-70-97. • consubel.firenze@tiscali.it • Lun-ven 9h-12h.*

■ ***Consulat de Suisse :*** *piazzale Galileo, 5. ☎ 055-22-24-31. • cons.suisse.firenze@fol.it • Mar et ven 16h-17h. Sinon, il délivre tlj, en sem, ttes les infos utiles par tél.*

■ ***Institut français de Florence*** *(plan détachable B3,* ***1****) : Palazzo Lenti, piazza Ognissanti, 2. ☎ 055-271-881. • institutfrancais-firenze.com • À l'intérieur du consulat. Lun-sam 10h-18h30 (13h sam).* Possibilité de visites guidées sur réservation *(☎ 055-271-88-17).* L'Institut dispose d'une bibliothèque *(accessible aux membres lun-ven 14h30-18h30)* et organise des conférences. En plus des cours de français qui y sont donnés, rencontres, concerts ainsi que projection de films français.

■ ***Librairie française de Florence*** *(plan détachable B3,* ***1****) : piazza*

Ognissanti, 1 r. ☎ 055-281-813. • libreriafrancesefirenze.it • Lun 15h30-19h, mar-sam 10h-19h (fermé sam juil-août). Propose la plus grande sélection de livres francophones de Toscane.

Services : poste, santé et toilettes publiques

Poste

✉ ***Poste centrale*** *(zoom détachable D4)* **:** *via Pellicceria, 3 ; juste à côté de la piazza della Repubblica. ☎ 055-273-64-81. Lun-sam 8h15-19h.* D'autres bureaux de poste un peu partout dans la ville, qui ont tous, sauf indication contraire, les mêmes horaires *(lun-sam 8h15-13h30 – 12h30 sam)* :

– via Pietrapiana, 53 (plan détachable E3) ; ☎ 055-26-74-21 ; lun-sam 8h15-19h (12h30 sam) ;

– via Cavour, 71/a (plan détachable E1) ; ☎ 055-46-35-01 ;

– galerie des Offices : mar-dim 8h15-18h45 ;

– d'autres bureaux : via Barbadori, 37 r ; piazza Brunelleschi, via Alamanni, 18 r ; piazza della Libertà, 40 r ; via Magenta, 13 r.

Santé

■ ***Farmacia AFAM :*** *à la gare Santa Maria Novella (dans la galleria di Testa). ☎ 055-21-67-61. 24h/24.*

■ ***Farmacia All'Insegna del Moro*** *(zoom détachable D3,* ***15****)* **:** *piazza San Giovanni, 20 r. ☎ 055-21-13-43. Tlj 8h-23h45.*

✚ ***Ospedale pediatrico Meyer*** *(hôpital pour enfants ; hors plan détachable par D1)* **:** *viale Pieraccini, 24. ☎ 055-566-21. Au nord de la ville.*

✚ ***Ospedale Santa Maria Nuova*** *(plan détachable E3)* **:** *piazza s/ Maria Nuova, 1. ☎ 055-693-81. Bus n°s 14 ou 23.*

■ ***Ambulances :*** *☎ 055-21-22-22 ou 055-21-55-55.*

Toilettes publiques

Elles sont disséminées dans des endroits stratégiques de la ville et accessibles aux personnes à mobilité réduite : *porte San Miniato al Monte, piazza Stazione (face au quai n° 5), via Filippina (quartier San Lorenzo), via della Stufa (quartier San Lorenzo), piazza dei Ciompi, borgo Allegri.* Également sur la piazza San Giovanni, devant le baptistère au *Centro Arte e Cultura* qui dépend de la gestion de Santa Maria del Fiore (Duomo). *Tlj 8h-20h. Compter 1 €.*

Transports intra-muros

Voir aussi plus haut la rubrique « Transports » dans « Florence Utile ».

Bus

Le meilleur moyen de locomotion (hormis vos pieds !) reste sans hésitation le bus. La voiture étant *persona non grata* à Florence, mieux vaut en profiter. Pour consulter le réseau de bus : *• ataf.net •*

Location de vélos

■ ***Florence by Bike*** *(plan détachable D2,* ***3****)* **:** *via San Zanobi, 54 r (parallèle à la piazza dell'Indipendenza). ☎ 055-48-89-92. • florencebybike.it • Avr-nov, tlj ; le reste de l'année, tlj sf dim. Compter 15 €/j. pour un vélo de ville.* Propose des tours accompagnés à vélo dans Florence et ses proches environs notamment (2-3h), et dans le Chianti (une journée), pique-nique et découverte des vignobles inclus.

■ ***Alinari*** *(plan détachable D2,* ***4****)* **:** *via San Zanobi, 40 r. ☎ 055-28-05-00. • alinarirental.com • À côté de la précédente. Tlj sf dim ap-m. Compter à la journée 12-18 € pour un vélo, 45-55 € pour un scooter. Balades à vélo à travers la ville mer-ven : départ à 10h de l'agence. Résas à l'avance.* Compter 2h30 de balade.

Location de voitures

La location de voiture est intéressante quand on veut visiter les environs...

À Florence, ça n'a aucun intérêt : avec les ZTL, c'est fortement déconseillé, voire interdit. En revanche, pratique pour découvrir les collines du Chianti avoisinantes. Les agences sont toutes regroupées dans la même rue :

■ ***Avis*** *(plan détachable B3,* ***6****)* **:** *borgo Ognissanti, 128 r.* ☎ *055-21-36-29.*
■ ***Europcar*** *(plan détachable B3,* ***7****)* **:** *borgo Ognissanti, 53-55 r.* ☎ *055-29-04-38.*
■ ***Hertz*** *(plan détachable B3,* ***8****)* **:** *via borgo Ognissanti, 137 r.* ☎ *055-239-82-05.*

Parkings publics

Pour tt rens : ☎ *055-50-30-21.* ● *firenzeparcheggi.it* ●
Il existe une dizaine de parkings publics à Florence. Compter en général 2-3 €/h.

P ***Parcheggio del Parterre*** *(plan détachable E1)* **:** *piazza della Libertà (entrée via Madonna della Tosse, 9). 24h/24.*
P ***Parcheggio Oltrarno*** *(plan détachable B5)* **:** *porta Romana (entrée piazza della Calza). 24h/24.*
P ***Parcheggio Stazione Santa Novella*** *(plan détachable C2-3)* **:** *piazza della Stazione. 24h/24.*
P ***Parcheggio S. Ambrogio*** *(plan détachable F3-4)* **:** *piazza Lorenzo Ghiberti. 24h/24.*
P ***Parcheggio piazza Beccaria*** *(plan détachable F-G3)* **:** *piazza Cesare Beccaria. 24h/24.*
P ***Parcheggio Fortezza Fiera*** *(plan détachable B1)* **:** *piazzale Caduti nei Lager. 24h/24.*
– Petite astuce : la piazzale Michelangelo *(plan détachable E-F5)* dispose d'un nombre important d'emplacements gratuits, sans limitation dans le temps. Éviter simplement certaines dates en été, lorsque la place accueille différents concerts.

Police

Pour toute plainte ou déclaration à faire à la police, adressez-vous à l'un des ***commissariats*** suivants :
■ ***Police d'État*** *(plan détachable E3)* **:** *via Pietrapiana, 50 r.* ☎ *055-20-39-11 (standard) ou* ☎ *055-203-912-27 et* ☎ *055-203-912-21 (agent francophone). Lun-sam 8h30-19h30 (13h30 sam).*
■ ***Carabinieri*** *(plan détachable B3)* **:** *borgo Ognissanti, 48.* ☎ *055-248-11. Ouv 24h/24.*

SHOPPING

La capitale toscane rayonne non seulement par la beauté de ses monuments et de ses palais, mais aussi par la mode, dont la réputation n'est plus à faire. D'ailleurs, ce n'est pas rien si Florence accueille chaque année l'un des plus grands événements de la planète mode avec son célèbre Pitti Uomo, rendez-vous mondial des fashionistas. Et pour ceux qui préfèrent des joies plus simples mais ô combien gourmandes, subsistent quelques belles boutiques gastronomiques et *enoteche* traditionnelles. Un petit vin bio par-ci, une bonne huile d'olive par-là, ou encore d'excellentes salaisons comme le *salame con cinghiale,* provenant des sangliers en liberté dans les collines du Chianti, à quelques kilomètres de Florence. Fuyez les boutiques autour des grands sites touristiques qui vendent des produits prétendument typiquement toscans et qui sont fabriqués... en Europe de l'Est. Écartez-vous et vous découvrirez, au hasard de vos balades, un bon caviste *(enoteca),* une boutique de fruits et légumes, un producteur d'huile d'olive... Cherchez bien ! La qualité existe encore !

Et l'artisanat ? Pendant longtemps, il a été le fer de lance de Florence. Beaucoup ont malheureusement baissé le rideau (dans l'Oltrarno surtout) pour laisser place à des magasins chinois sans aucun intérêt. Malgré des actions « coups de poing » pour interpeller la mairie, les artisans ont bien du mal à faire valoir leur savoir-faire. Réputés pour leur travail soigné – dans le domaine du cuir surtout, mais aussi dans l'ébénisterie, la marqueterie –, ils ne ménagent pas leurs efforts. Le centre renferme encore quelques ateliers de maroquinerie de qualité. Attention cependant à la contrefaçon. Chaque jour, le grand marché touristique au cuir de San Lorenzo qui a pris ses aises tout autour du *mercato centrale* propose sacs, ceintures, blousons... Attention cependant... on ne distingue pas toujours le vrai du faux ! Voici une liste non exhaustive de petites adresses dégottées au gré de nos envies !

Plaisirs de bouche

Le vin

Les amateurs de vin trouveront leur bonheur dans les adresses « *Enoteche* » que nous citons dans les différents quartiers... Florence regorge en effet de caves où l'amateur trouvera une sélection de rêve de flacons précieux ! Attention toutefois à ne pas tomber sur des lieux attrape-touristes. Pour vous y retrouver, voici une petite sélection parmi les plus sympas et les plus sérieuses *(ttes fermées dim)* : ***Casa del Vino*** *(plan détachable D2, **143** ; via dell'Ariento, 16 r ; ☎ 055-21-56-09),* ***Le Volpi e l'Uva*** *(plan détachable D4, **146** ; piazza dei Rossi, 1 ; ☎ 055-239-81-32),* ***Enoteca-bar Fuori Porta*** *(plan détachable E5, **147** ; via del Monte alle Croci, 10 r ; ☎ 055-234-24-83),* ***Fratelli Zanobini*** *(plan détachable C-D2, **141** ; via Sant'Antonino, 47 r ; ☎ 055-239-68-50)* ou ***Galleria del Chianti*** *(zoom détachable D3, **156** ; via del Corso, 41 ; ☎ 055-29-14-40).*

L'huile, les charcutailles et autres gourmandises

Eataly (zoom détachable D3, **233**) **:** *via dei Martelli, 2.*

☎ 055-015-36-01. • eatalyfirenze@italy.it • Tlj 10h-22h30. Cette enseigne célèbre pour ses produits estampillés made in Italy est installée à deux pas du Duomo. À vous les rayonnages aussi alléchants les uns que les autres ! Difficile de résister ! Sans compter d'agréables petits comptoirs pour grignoter sur place ou à emporter (pizzas, *panini*, glaces...). Voir plus loin la rubrique « Où manger ? » dans le quartier du Duomo. On a bien du mal à repartir les mains vides.

Botteghina *(plan détachable C5, **300**) : piazza Pitti, 9 (juste en face du Palazzo Pitti). ☎ 055-21-43-23. Tlj 11h-18h.* Petite épicerie fine spécialisée dans la truffe (même proprio que le *Caffè Pitti*). Vendue nature en bocaux ou incorporée à toutes sortes de préparations : terrines, crèmes, pâtes, huile, la truffe vous tend les bras... La maison propose également une belle sélection d'huiles d'olive et de charcuteries. D'ailleurs, on peut vous confectionner un *panino* avec les produits en vente.

La Bottega del Chianti *(zoom détachable C4, **340**) : via Borgo Sant'Apostoli, 41 r. ☎ 055-28-34-10. • sandra@labottegadelchianti.it • Tlj sf dim 8h-19h.* Les boutiques alimentaires sont légion à Florence. Avec son étal de fruits et légumes, ses rayonnages d'huiles d'olive, de bocaux et de fromages du coin, c'est un véritable festival de couleurs et d'odeurs qui vous chatouille les narines en franchissant la porte. Sandra Fancelli, la sympathique propriétaire, confectionne même de délicieux *panini* à votre convenance.

La Bottega dell'Olio *(zoom détachable C4, **301**) : piazza del Limbo, 2 r (à côté de l'église S. S. Apostoli). ☎ 055-267-04-68. Tlj sf lun mat et dim 10h-13h, 14h-19h.* L'huile d'olive dans tous ses états ! La maison la décline sous forme d'huiles extra-vierges provenant des meilleurs producteurs (possibilité de déguster), et d'huiles aromatiques. Gourmands, élégants et bons vivants y trouveront leur compte.

Pegna *(zoom détachable D3, **302**) : via dello Studio, 26 r. ☎ 055-28-27-01. Lun-sam 10h-19h30, dim 11h-19h.* À deux pas du Duomo. Petit supermarché de luxe qui a le mérite d'offrir un large éventail de bons produits toscans. Les vins de la région ne manquent pas, et le joli comptoir en bois à l'ancienne avec bonbons et moult friandises ne vous laisseront pas insensible... Une adresse bien connue des Florentins gourmets.

Olio & Convivium *(plan détachable C4, **133**) : via di Santo Spirito, 4 r. ☎ 055-265-81-98. Tlj sf dim. Voir la rubrique « Où manger ? » dans le quartier de Santo Spirito.*

Enoteca Obsequium *(zoom détachable C4, **313**) : borgo San Jacopo, 17-39 r. ☎ 055-21-68-49. • info@obsequium.it •* Boutique chic proposant un large choix de produits régionaux, vins compris. Moult bocaux aux préparations typiquement toscanes auront raison de vos papilles. On y a même installé tables et chaises entre les rayonnages pour vous régaler de charcutailles et fromages du pays accompagnés d'un bon verre de vin *(à partir de 10 €).*

La mode italienne

Créateurs florentins et boutiques vintage

Boutique Nadine *(zoom détachable E4, **329**) : via dei Benci, 32 r. ☎ 055-247-82-74. Lun 14h30-19h30, mar-sam 10h30-20h, dim 12h-19h.* À deux pas de Santa Croce, voici une boutique vintage qui ne manque pas de cachet avec son beau plancher ciré, sa lumière tamisée, son côté « *home sweet home* ». Alors on hésite entre la valse des portants où des vêtements griffés sont en bonne place *(Saint Laurent, Gucci, Valentino, Pierre Cardin)* et des « babioles » disposées joliment sur d'antiques commodes. On peut même acheter du mobilier, le tout en excellent état... *Autre adresse : lungarno Acciaiuoli, 22 r.*

Angela Caputi *(plan détachable C4, **312**) : via di Santo Spirito, 58 r. ☎ 055-21-29-72. • angelacaputi.com • Mar-sam 10h-13h,*

SHOPPING

15h30-19h30. La créatrice Angela Caputi fabrique des bijoux en perles de résine colorée du plus bel effet : colliers, broches, boucles d'oreilles... Une petite fantaisie à s'offrir (pas donné quand même). On aime beaucoup cette adresse très prisée des Florentines. *Autre adresse : borgo S. Apostoli, 44-46. ☎ 055-29-29-93.*

Flo Concept Store *(plan détachable C4,* ***322****) : lungarno Corsini, 30 r. ☎ 055-537-05-68. Lun-sam 10h (15h lun)-19h.* Large éventail de vêtements de marques essentiellement italiennes pour toute la famille et pour tous les goûts. Ici, on met les jeunes talents en avant tout en gardant une « éthique artisanale ». Le coin destiné aux enfants est craquant. Conçu comme un endroit cosy et chaleureux, l'endroit ravira les « shoppeuses addict » !

Grevi *(zoom détachable C3,* ***335****) : via della Spada, 11/13 r. ☎ 055-26-41-39. • info@grevi.com • Tlj sf dim.* Issue d'une longue tradition familiale toscane (la fabrique est à 15 km de Florence), cette boutique intéressera les têtes à chapeau. Le produit phare : le chapeau de paille. Décliné aussi en velours, en feutre, en organdi et même en agneau de Toscane. Ce n'est pas donné mais, en cherchant bien, on peut trouver quelques jolis modèles à des prix raisonnables.

Quelle Tre *(plan détachable C4,* ***319****) : via di Santo Spirito, 42 r. ☎ 055-21-93-74. Mar-sam 10h30-14h, 15h-19h30.* Nées dans une famille de couturiers, trois sœurs se sont associées pour mettre en valeur leurs créations : accessoires (sacs, chapeaux, colliers) et robes trapèzes sobres... très tendance. La plupart des pièces sont uniques et réalisées avec de la laine bouillie ou du velours.

Aprosio & Co *(zoom détachable C3,* ***320****) : via del Moro, 75/77r. ☎ 055-265-40-77. Lun-ven 10h30-19h30, sam 10h30-13h30. Congés : 15 j. en août.* La dynamique créatrice Ornella Aprosio a le don de mettre en valeur perles et cristaux. Des modèles, façon petites bébêtes (coccinelles, abeilles, insectes divers) et fleurs, délicatement sertis sur des colliers, bracelets ou boucles d'oreilles. C'est joli, ça brille et c'est de très bon goût.

Pesci che Volano *(plan détachable E3,* ***327****) : borgo Pinti, 3 r. Lun-jeu et sam 10h-13h, 15h-19h.* Créations originales uniques de petits bijoux fabriqués en bronze, en bois ou en argent (bracelets, boucles d'oreilles, colliers). Également un rayon dédié aux enfants.

Bramada *(zoom détachable D4,* ***344****) : via del Proconsolo, 12. ☎ 055-239-99-82. Tlj sf dim 11h-19h30.* Une boutique originale et bien située. Vêtements, foulards et bijoux confectionnés par des artisans de la région. Également de la vaisselle, des plaids et quelques objets de décoration. Ravissant. Un peu cher tout de même.

Falsi Gioielli *(zoom détachable D4,* ***333****) : via dei Tavolini, 5 r. ☎ 055-29-32-96. Tlj sf dim et lun mat 10h-19h30.* Bijoux en Plexi aux couleurs toniques et aux formes géométriques originales. Ces « faux joyaux » sont déclinés en pendentifs, boucles d'oreilles, broches, bagues... Un concentré de fantaisie et de gaieté à des prix abordables. *Autre boutique : via de' Ginori, 34 r (plan détachable D2).*

Borsalino *(zoom détachable D4,* ***318****) : via Porta Rossa, 40. ☎ 055-21-82-75. Tlj sf dim.* Le mythique Borsalino a une belle boutique rien que pour lui à deux pas de la loggia del Mercato Nuovo. Pas donné mais, à ce prix-là, on a l'original ! Pour la petite histoire, Giuseppe Borsalino, avant de lancer sa première collection de chapeaux en Italie, avait appris le métier de chapelier à... Paris !

Achats dégriffés *(outlets)*

Les grandes marques ont implanté, pour la plupart, leurs magasins d'usine au sud-est de Florence. Judicieusement situés près d'une sortie d'autoroute, ces magasins démarquent leurs stocks et collections des années précédentes à 50 %. Évidemment, ces marques prestigieuses sont excessivement chères à l'origine, mais, en fouillant bien, on peut vraiment faire de bonnes affaires. Le plus intéressant, c'est de s'y rendre au moment des soldes (en janvier et en juillet).

Pour plus de renseignements, on peut aussi consulter le site (très bien fait) : *• outlet-firenze.com •*

SHOPPING

Sotto Sotto *(plan détachable E3, **345**)* **:** *via Pietrapiana. Lun-sam 10h (15h lun)-19h, et l'ap-m du 1er dim du mois.* Une adresse dissimulée par des vitres fumées, mais une fois à l'intérieur, c'est la caverne d'Ali Baba, à condition de bien fouiller. On peut y trouver la perle rare selon l'arrivage à - 50, - 70 % *(Dolce & Gabbana, Prada, Gucci).*

The Mall (Outlet Centre) **:** *via Europa, 8,* ***Leccio Regello,*** *50060.* ☎ *055-865-77-75.* ● *themall.it* ● *Pour s'y rendre, prendre l'autoroute A 1 Florence-Rome, sortie Incisa-Reggello, puis la SS 69 en direction de Pontassieve ; traverser le village ainsi que celui de Leccio ; à la sortie de celui-ci, tourner à gauche (fléché). Vous pouvez aussi prendre le train à la gare Santa Maria Novella à Florence jusqu'à Incisa Val d'Arno. Il existe également un service de navette qui relie Florence au Mall (compter 35 €/pers l'A/R ; tlj 10h-19h). Solution encore plus économique : prendre un bus (liaison à partir de 8h50) de la compagnie Sita, direction Firenze-Leccio ; env 50 mn pour 5 €. Tlj 10h-19h (20h juin-août).* Grandes marques prestigieuses à prix intéressants : *Emanuel Ungaro, Fendi, Ermenegildo Zegna, Armani Jean's, Gucci, Valentino, Tom Ford, Salvatore Ferragamo, Stella MacCartney, Roberto Cavalli, Burberry, Montclerc, Tod's* et *Hogan.*

Dolce & Gabbana Outlet : *località* ***Santa Maria Maddalena.*** ☎ *055-833-13-00. À deux pas du Mall, à Rignano Sull'Arno. Tlj 9h (15h dim)-19h.* La collection de la saison précédente à des prix pouvant atteindre 50 % de réduction.

Prada : *località Levanella, 52025* ***Montevarchi.*** ☎ *055-91-901. Tlj 10h-19h. Au sud des 2 adresses précédentes. Prendre l'autoroute A 1 ; sortir à Montevarchi. Assez mal indiqué (bien suivre les panneaux).* Le stock de la célèbre marque italienne à des prix défiant toute concurrence.

Roberto Cavalli : *via Volturno, 3,* ***Sesto Fiorentino,*** *50019.* ☎ *055-31-77-54. Lun-sam 10h-19h (fermé sam en hiver).* Toute la collection de l'année précédente du créateur à prix sacrifiés ! On peut vraiment y faire de bonnes affaires.

Le cuir

Scuola del Cuoio *(plan détachable E4, **304**)* **:** *via San Giuseppe, 5 r.* ☎ *055-24-45-33. Attenante à la basilique Santa Croce, mais l'entrée se fait par la porte latérale est. Tlj 10h-18h (fermé dim en hiver).* Fondée il y a des siècles par les moines franciscains, l'école du Cuir continue à confectionner des accessoires de qualité. On peut regarder le travail de quelques artisans (et aussi des élèves venus des quatre coins du monde apprendre leur savoir-faire).

Antica Cuoieria *(zoom détachable D3, **311**)* **:** *via del Corso, 48 r.* ☎ *055-23-81-653. Tlj 9h30 (10h dim)-19h30.* Un des derniers bastions du cuir florentin. Tradition et savoir-faire sont les principes de cette belle boutique à l'ancienne. Des chaussures de qualité et à des prix encore raisonnables, surtout les nu-pieds.

Kara Van Petrol *(zoom détachable D4, **342**)* **:** *borgo S. S. Apostoli, 6/8 (à l'angle de la via Por Santa Maria). Tlj 11h (15h dim)-20h.* Née à Florence à la fin des années 1970 (même si le nom ne semble pas l'indiquer), cette marque 100 % italienne offre un bon choix de sacs en tout genre ainsi que des accessoires (ceintures, porte-monnaie). Ce n'est pas donné, mais le cuir est vraiment de qualité.

Mywalit *(zoom détachable D3, **332**)* **:** *via degli Speziali, 10/12.* ☎ *055-21-16-68. Tlj.* Enseigne toscane spécialisée dans le cuir, créée à Lucques dans les années 2000 (mais les usines de fabrication sont en Asie). L'enseigne au petit éléphant multicolore a désormais un *flagship* dans l'une des rues les plus passantes de Florence. Toute une maroquinerie déclinée dans des couleurs gaies. Et ce n'est pas non plus le coup de bambou niveau prix. Autre adresse plus petite *(via della Condotta, 30 r),* à deux pas, vendant les collections des années précédentes, donc moins chères.

Sermoneta *(zoom détachable*

SHOPPING

C3, **317**) : *via della Vigna Nuova, 28 r. ☎ 055-28-53-05. Tlj sf dim et lun mat.* Cette enseigne est née dans les années 1960 d'un gantier romain Giorgio Sermoneta. Il a su faire évoluer le gant longtemps réservé à une certaine classe sociale en un accessoire pratique, beau et à un prix tout à fait démocratique. Conseils avisés et disponibilité de rigueur dans cette jolie boutique.

Artisanat : céramique, mosaïque et papiers marbrés

Sbigoli Terrecotte *(plan détachable E3,* ***309****) : via Sant'Egidio, 4 r ; face à la piazza G. Salvemini. ☎ 055-247-97-13. Lun-sam 9h-13h, 15h-19h.* 35 ans de métier et toujours autant de passion. Voilà qui résume l'histoire de cette petite affaire familiale, où le père tourne lui-même ses collections de pots, de vases ou de vaisselle classique, avant de les décorer à la main, aidé de sa femme et de sa fille. Et si quelques pièces ne sortent pas de ses propres fours, il s'agit toujours d'une sélection du meilleur de la production florentine, notamment de la célèbre fabrique d'Impruneta, à 10 km au sud de Florence.

I Mosaici di Lastrucci *(plan détachable E-F4,* ***306****) : via dei Macci, 9. ☎ 055-24-16-53. Tlj 9h-13h, 15h-19h (fermé dim en hiver). Entrée libre.* Lorsque Bruno Lastrucci et son fils esquissent une nouvelle œuvre, ils ne savent jamais à quel moment ils en viendront à bout. Qu'importe. La technique de la pierre dure est un art exigeant, qui requiert autant d'habileté que de patience dans la découpe des pierres naturelles, comme le porphyre, le marbre ou l'agate, soigneusement taillées en biseau avant d'être assemblées avec de la cire d'abeille. En poussant les portes de cet ancien couvent, vous découvrirez d'abord l'atelier, où l'on vous expliquera en détail ces techniques, avant d'admirer les « peintures éternelles » exposées dans la galerie. Évidemment, tout ça a un prix !

Fabriano Boutique *(zoom détachable D3,* ***315****) : via del Corso, 59 r. ☎ 055-28-51-94. Tlj 10h-20h.* Cette fabrique de papier, située à Fabriano dans les Marches, était le principal centre européen de papier depuis le... XIIe s. Ensuite, les ateliers sont passés entre plusieurs mains, et depuis les années 2000 les boutiques *Fabriano* se sont offert un relooking avec un éventail original et varié de papeterie aux couleurs flashy, alliant savoir-faire et modernité. Une belle idée de cadeaux !

Angela Salamone *(plan détachable F4,* ***334****) : piazza Ghiberti, 16 r. ☎ 055-234-68-11. Tlj sf lun et sam ap-m 10h-13h, 16h30-19h.* Voilà déjà quelques années que cette créatrice a posé ses feuilles de papier dans cette petite boutique de Sant'Ambrogio. Alliant modernité et tradition, elle façonne de ravissants porte-cartes, porte-photos, blocs, etc. Vous pouvez même la regarder travailler en direct ! Création sur demande (compter 4-5 jours de délai).

Giulio Giannini *(plan détachable C4,* ***310****) : piazza dei Pitti, 37 r. ☎ 055-239-96-57. Lun-sam (parfois fermé sam) 9h30-12h30, 15h-18h.* Paysages et scènes animalières sont les sujets de prédilection de la famille Giannini (depuis 1856). Carnets, albums photos ou jolies boîtes, à des prix encore raisonnables. De grands couturiers viennent même s'inspirer de ses motifs pour leurs futures collections ! C'est beau mais pas donné !

Il Torchio *(plan détachable D4,* ***326****) : via dei Bardi, 17. ☎ 055-23-28-62. Lun-ven 9h30-13h30, 14h30-19h ; sam 9h-13h.* Albums photos et papiers traditionnels fabriqués selon un procédé du XVIIe s, un savoir-faire qu'on ne manquera pas de vous expliquer. Possibilité de passer commande si vous êtes dans la région quelques jours.

L'Ippogrifo *(plan détachable C4,* ***328****) : via Santo Spirito, 5 r. ☎ 055-21-32-55.* Gianni Raffaelli est un véritable artiste, qui manie la même technique de l'aquarelle qu'il y a 500 ans. On peut le voir ainsi créer ses œuvres (son atelier et la boutique ne font qu'un) : natures mortes et portraits. Possibilité d'en réaliser sur commande à condition d'en faire la demande quelques jours avant.

Enfants

Bartolucci *(zoom détachable D4,* ***307****)* **:** *via della Condotta, 12 r. ☎ 055-21-17-73. Tlj 9h30-19h30.* Jolie boutique à l'ancienne ressuscitant le monde merveilleux des jouets en bois. On y trouve de tout, à tous les prix, du cheval à bascule aux petites horloges en passant par les toupies, les boîtes à musique... à l'effigie de Pinocchio, évidemment !

Letizia Fiorini *(zoom détachable C4,* ***314****)* **:** *via del Parione, 60 r. ☎ 055-21-65-04.* Minuscule boutique où la créatrice propose de jolies marionnettes toutes personnalisées et faites à la main. Farfadets en feutrine ou encore adorables pantins peints en bois, qui amuseront les plus petits.

La Bottega di Gepetto *(plan détachable C4,* ***328****)* **:** *via Santo Spirito, 16 r.* La vitrine surtout fera le bonheur des enfants. À l'intérieur, un vrai bric-à-brac dédié entièrement au fils de Gepetto. Nul doute que cette boutique minuscule comblera petits et grands.

Città del Sole *(zoom détachable D3,* ***330****)* **:** *via dello Studio, 23. ☎ 055-277-63-72. • cittadelsolefirenze.it • Tlj 10h (10h30 dim)-19h30.* Un immense magasin de jouets entièrement dédié aux univers divers et variés de vos chérubins, classés par thèmes et par âges. Bonne sélection de livres, puzzles, coin poupées et même un immense train en bois pour occuper vos têtes blondes pendant vos achats. Pour les plus grands, des jeux pour faire des expériences scientifiques, des tours de magie, équipements de plein air... Bref, de quoi faire rêver petits et grands...

Le 18 Lune *(plan détachable C5,* ***316****)* **:** *via Romana, 18 r. ☎ 055-512-03-06.* Boutique grande comme un mouchoir de poche où crayons, papier, blocs-notes et divers petits objets de déco ont une place de choix. Également de jolies aquarelles exposées (et à vendre !) : l'atelier de l'artiste Stefano Ramunno est juste à côté.

SHOPPING

Thé ou tisane ?

La Via del Tè *(zoom détachable D4,* ***331****)* **:** *via della Condotta, 26/28 r. ☎ 055-234-49-67. Tlj 10h-19h30 (13h30 lun).* Envie de thé au royaume de l'*espresso ?* Cette adresse est pour vous ! Voilà une jolie boutique située dans la très commerçante via della Condotta. Plus de 250 mélanges soigneusement sélectionnés, venus du Japon, d'Afrique, d'Inde ou de Chine. Le choix est difficile ? Vous pouvez humer ces délicieuses senteurs grâce à l'*Aromateca,* bouteille en verre qui conserve tous ses arômes. Le salon de thé du même nom se situe sur la piazza Ghiberti, quartier Sant'Ambrogio *(plan détachable F4).* Ils ont franchi l'Arno en installant un 3e magasin-salon de thé via Santo Spirito *(plan détachable C4).* Accueil sympathique et professionnel. Intarissables sur l'histoire du thé.

Bizzarri *(zoom détachable D4,* ***337****)* **:** *via della Condotta, 32 r. ☎ 055-21-15-80. Lun-ven 9h30-13h, 16h-19h30 ; sam mat slt. Congés : août.* Un magasin d'herboristerie et d'essences naturelles qui a pignon sur rue depuis 1842. La boutique vaut la visite à elle toute seule, avec ses petits flacons et ses bocaux alignés sur des étagères séculaires. Si vous restez un peu de temps à Florence, demandez qu'on vous concocte une tisane avec les herbes de votre choix. Conseils avisés et accueil pro.

Parfums

Aquaflor *(zoom détachable E4,* ***324****)* **:** *via borgo Santa Croce, 6. ☎ 055-9234-34-71. • florenceparfum.com • Tlj sf dim et lun mat.* Une adresse à l'enseigne discrète (presque secrète) à deux pas de la basilique Santa Croce. Ambiance feutrée, où il fait bon renifler moult senteurs dans des flacons joliment présentés. Sans compter les savons, les bougies, les crèmes et les parfums d'ambiance qui ont eux aussi une place de choix. Sileno Cheloni, maître parfumeur, peut vous concocter, après une étude très précise sur vos goûts et votre caractère, un parfum rien que pour vous !

Lorenzo Villoresi *(plan détachable D5,* ***303****)* **:** *via dei Bardi, 12. • lorenzovilloresi.it • Lun-sam 10h-19h.* Le célèbre parfumeur florentin a ouvert sa boutique dans l'Oltrarno pour le plus grand plaisir de ses clientes. Celle-ci est conçue comme un écrin où on prend le temps d'humer un des nectars du célèbre parfumeur. Cher, certes, mais la qualité n'a pas de prix, n'est-ce pas ?

Erbario Toscano *(zoom détachable D3,* ***343****)* **:** *via del Corso, 38 r. ☎ 055-26-40-36.* Pour ceux et (surtout) celles qui aiment les fragrances fraîches et fleuries, vous retrouvez ici toutes les odeurs chères à la Toscane : la rose, le raisin sans oublier l'olive, déclinées en huile, crème, savon...

Olfattorio *(zoom détachable C4,* ***321****)* **:** *via dei Tornabuoni, 6. ☎ 055-28-69-25. Lun-sam 10h30-19h30.* Un bar à parfums qui plaira aux coquettes de passage. Au fond du magasin, minuscule exposition de poudriers de toutes sortes et de toutes marques (il faut demander à la vendeuse d'ouvrir la salle). Pour les nostalgiques, on y trouve également des marques françaises tendance *(Diptyque, L'Artisan Parfumeur).*

Dr Vranjes *(zoom détachable C3,* ***336****)* **:** *via della Spada, 9 r. ☎ 055-28-87-96. • info@drvranjes.it • Tlj sf dim et lun mat.* Voici 30 ans que Paolo Vranjes sélectionne avec soin ses fragrances, une passion héritée de son grand-père, grand voyageur. Une jolie boutique-écrin avec des parfums délicats présentés dans des flacons en verre de Murano, ainsi qu'une ligne pour le corps, des parfums d'intérieur, des bougies parfumées... *Autres adresses : via San Gallo, 63 r, et borgo La Croce, 44 r (plan détachable D2 et F3,* ***336****).*

Officina Profumo Farmaceutica di Santa Maria Novella *(plan détachable C3)* **:** *via della Scala, 16. ☎ 055-21-62-76. Tlj 9h30-19h30.* Un lieu incontournable à Florence. Depuis plus de 400 ans, elle est célèbre pour ses herbes officinales cultivées autrefois par ses moines. L'enseigne historique est aujourd'hui à la tête d'une grande entreprise commerciale, implantée dans le monde entier. Évidemment, on craque sur les crèmes, les eaux florales, les savons joliment emballés de façon rétro (vieilles étiquettes, écriture manuscrite). N'oubliez pas de demander les prix avant de passer commande. Sinon, c'est le coup de bambou assuré ! Accueil commercial, bien sûr... Pour la partie historique, se reporter aussi à la rubrique « À voir » du quartier de Santa Maria Novella.

Divers

Mario Luca Giusti *(plan détachable C3,* ***341****)* **:** *via della Vigna Nuova, 88 r. ☎ 055-239-95-27. Tlj sf dim.* Originaire de Florence, ce designer a eu la bonne idée de faire du verre précieux des répliques en... plastique. Un concept original qui fait son chemin depuis 10 ans. Inspiré par ses voyages, Mario Luca Giusti a su créer des objets du quotidien déclinés dans des couleurs toniques (assiettes, verres à pied, candélabres, pichets) qui font sacrément de l'effet. Ses collections ont largement dépassé les frontières de la Botte. Prix encore raisonnables. *Autre adresse : via della Spada, 20 r.*

Mio *(zoom détachable C3,* ***346****)* **:** *via della Spada, 34 r. ☎ 055-264-55-43. • mio-concept.com • Tlj sf lun mat et dim.* Un concept-store qui concentre le meilleur de la production toscane ! Objets recyclés, bijoux, papeterie, vaisselle, mobiliers, déco, écharpes... tout est réalisé par des artistes locaux. Des idées à tous les prix. Vous y trouverez certainement votre bonheur. Et, en plus, l'accueil est charmant.

QUARTIER DU DUOMO

Véritable musée à ciel ouvert, le centre historique concentre un nombre impressionnant d'œuvres au mètre carré ! On y trouve le Duomo et sa coupole, le baptistère et les célèbres portes de Ghiberti, la galerie des Offices aux mille chefs-d'œuvre : Botticelli, Raphaël, Michel-Ange, Titien, Véronèse... le Palazzo Vecchio et la piazza della Signoria, que les Florentins affectionnent particulièrement, sans oublier le Ponte Vecchio, l'emblème de la ville. Ouf ! La piazza della Repubblica, majestueuse avec ses vieux cafés historiques, est aussi un des centres névralgiques de la cité. Tout le quartier est désormais piéton. Un bonheur !

Où dormir ?

Bon marché

Hotel Por Santa Maria *(zoom détachable D4,* ***23****) : via Calimaruzza, 3. ☎ 055-21-63-70. • info@hotelporsantamaria.com • hotelporsantamaria.com • Doubles avec sdb 40-95 € (moins cher avec sdb à l'étage) ; petit déj non inclus.* Une petite adresse sans prétention qui a le mérite d'être très centrale. 8 chambres proprettes et bien tenues qui peuvent dépanner. Accueil prévenant des jeunes proprios disponibles pour vous aider.

De prix moyens à chic

Hotel Canada *(zoom détachable D3,* ***58****) : borgo S. Lorenzo, 14. ☎ 055-21-00-74. • info@pensionecanada.com • pensionecanada.com • Au 2e étage sans ascenseur. Doubles sans ou avec sdb et w-c privés 90-100 €.* Idéalement situé, à 50 m du baptistère, ce petit hôtel tenu par un couple motivé dispose d'une poignée de chambres simples mais spacieuses et confortables. Un petit coin salon vient même compléter le tout ! Propreté irréprochable et accueil dynamique.

La Casa del Garbo *(zoom détachable D4,* ***18****) : piazza della Signoria, 8. ☎ 055-293366. • casadelgarbo.it • Doubles 95-180 € ; apparts 3-5 pers 105-230 €.* Un lieu insoupçonné qui ravira les visiteurs voulant profiter au maximum des musées. En effet, difficile de faire plus près ! Les chambres et les appartements sont hyper fonctionnels et bien insonorisés. Plafond à caissons et fresques murales pour la déco, gentillesse et disponibilité pour l'accueil. Prix imbattable pour le quartier. Attention cependant, l'hôtel est sur 3 niveaux sans ascenseur et ne convient pas à des personnes à mobilité réduite.

Hotel Maxim *(zoom détachable D3,* ***66****) : via dei Calzaiuoli, 11. ☎ 055-21-74-74. • reservation@hotelmaximfirenze.it • hotelmaximfirenze.it • Doubles avec sanitaires privés 70-130 €. Parking payant.* Dans une artère piétonne à quelques pas de la place du Duomo, on ne peut plus central. Hôtel coquet aux poutres apparentes, à l'accueil personnalisé et chaleureux. Petit patio fleuri. Les chambres propres et confortables se répartissent sur 2 étages. À chaque étage, une salle de petit déjeuner et un veilleur de nuit.

Hotel Axial *(zoom détachable D3,* ***66****) : même adresse et mêmes proprios que le précédent. ☎ 055-21-89-84. • info@hotelaxial.it • hotelaxial.it • ♿ Doubles 90-169 €. Parking payant.* Situé à l'étage juste en dessous, c'est la même gestion mais c'est un poil plus cher. Rassurez-vous, l'accueil y est toujours chaleureux et le lieu très propre. Personnel très disponible.

Albergo Firenze *(zoom détachable D3,* ***64****) : piazza Donati, 4 (via del Corso). ☎ 055-21-33-11. • info@albergofirenze.net • albergofirenze.org • ♿ Très bien situé, à deux pas du Duomo. Selon période, 85-115 € pour 2 avec sdb. Parking payant.* Situé dans une tour médiévale de 5 étages où habitait autrefois la riche famille florentine Donati. Une cinquantaine de chambres fonctionnelles, globalement confortables et très propres. Double vitrage côté rue. Certaines chambres ont été redécorées. Demander celles-ci de préférence à la réservation.

De chic à très chic

Hotel Bigallo *(zoom détachable D3,* ***71****) : vicolo degli Adimari. ☎ 055-21-60-86. • info@hotelbigallo.it • hotelbigallo.it • Doubles 90-150 €.* Nous n'avons pas trouvé mieux comme situation avec vue directe de la majorité des chambres sur le Duomo ! Toutes très confortables et d'un très bon rapport qualité-prix, vous en profiterez encore mieux à la basse saison, quand les prix chutent ! Également tout un éventail de services (navette aéroport, laverie...). Accueil professionnel et avec le sourire !

Hotel Hermitage *(zoom détachable D4,* ***80****) : piazza del Pesce, vicolo Marzio, 1. ☎ 055-28-72-16. • florence@hermitagehotel.com • hermitagehotel.com • Chambres 120-200 € selon saison (plus cher pour celles avec jacuzzi). Parking payant.* À deux pas du Ponte Vecchio, hôtel de charme à la déco patinée. Pour peu, on se croirait à l'époque des Médicis (avec le confort en plus, *of course !*). Ambiance chaleureuse et cosy. Les quelques chambres ayant une petite vue sur l'Arno nous ont particulièrement plu. Et le petit déj sur la terrasse donnant sur le fleuve s'avère être un petit moment délicieux.

Hotel degli Orafi *(zoom détachable D4,* ***19****) : lungarno Archibusieri, 4. ☎ 055-26-62-22. • info@hoteldegliorafi.it • hoteldegliorafi.it • Doubles à partir de 160 €. Parking payant.* Hôtel à l'emplacement idéal avec vue sur l'Arno (qui se paie, forcément !). Les chambres sont confortables, à la hauteur du lieu. Des détails architecturaux qui font la différence, comme les fresques d'origine, les plafonds en bois à caissons ou encore le lustre en cristal du XIXe s dans la salle du petit déjeuner. Non négligeable, une belle terrasse pour buller. Vous pouvez aussi rejouer la scène du film aux 3 oscars *Chambre avec vue,* de James Ivory, qui a été tournée ici même (chambre n° 414 au 4e étage, réservée des mois à l'avance !). Les chambres sur l'Arno sont les plus chères mais aussi les plus agréables. Également une aile restaurée, plus moderne, pour des familles ou des séjours longs (mais moins bien). C'est le repaire des Américains qui veulent, durant leur séjour, être transposés dans le XIXe s du réalisateur américain ! Accueil très pro et personnel disponible.

Très chic

Hotel Brunelleschi *(zoom détachable D3,* ***136****) : piazza Sant'Elisabetta, 3. • info@hotelbrunelleschi.fr • hotelbrunelleschi.it • À partir de 80 € en basse saison.* On aime beaucoup cet hôtel (luxueux certes) à la déco raffinée et discrète, à l'image du personnel qui se met en quatre pour rendre votre séjour agréable. Cet hôtel en plein centre-ville est l'assemblage de 3 palais. Avec près de 100 chambres, il propose un large éventail d'offres et de prix. Nous, on a eu un petit faible pour la suite « Pagliazza », nichée dans la tour byzantine, mais on se voyait bien aussi dans la suite n° 502 avec sa vue panoramique ou encore dans la « Pool suite » avec jacuzzi à l'extérieur, sur la terrasse, qui nous a bien fait rêver. Rassurez-vous, il y a aussi des chambres standard à un prix beaucoup plus abordable. Le petit déjeuner-buffet est copieux et délicieux, servi au 1er étage, tout à côté du restaurant réputé qui dépend de l'hôtel, l'*osteria Pagliazza.* Personnel soucieux de notre bien-être. La classe, quoi !

Gallery Art Hotel *(zoom détachable D4,* ***83****) : vicolo dell'Oro, 5 r. ☎ 055-272-63. • gallery@lungarnocollection.com • lungarnocollection.com • À partir de 300 € la nuit.* Ce boutique-hôtel est idéal pour les amateurs de confort, de luxe et d'art contemporain, à condition d'y mettre le prix ! Ambiance raffinée, chambres grandes et lumineuses. De belles expos temporaires dans le hall. Quant au *roof top,* il est dément avec ses grandes banquettes blanches et sa vue panoramique sur l'Arno. Évidemment, cet écrin de calme et de volupté à deux pas du Ponte Vecchio nous a conquis.

Où manger ?

Sur le pouce

Il Cernacchino *(zoom détachable D4,* ***102****) : via della Condotta, 38 r. ☎ 055-129-41-19. • lecernacchie@tin.it • Tlj sf dim. Congés : 1 sem en août. Panini à partir de 5 €.* Petite sandwicherie sur 2 niveaux idéalement placée, qui propose un large choix de *panini* d'une grande fraîcheur ainsi que des plats de pâtes tout à fait corrects. Pratique pour les petits budgets et les grosses faims. Possibilité de s'asseoir (attention, les places sont chères le midi !). Idéal en même temps pour reposer les gambettes. Accueil très gentil et en français.

Gusta Trippa *(zoom détachable D3,* ***136****) : via Santa Elisabetta, 7. 339-742-56-92. Tlj 8h-20h (restreint en basse saison). Panini 3-4,50 € ; plateau 7 €.* Ce minuscule local remporte un beau succès avec ses sandwichs aux tripes, spécialité de la cuisine florentine. Un bout de comptoir avec un verre de vin *(1,50 €),* et le tour est joué !

INO *(zoom détachable D4,* ***184****) : via dei Georgofili, 3 r-7 r. ☎ 055-21-92-08. • info@ino-firenze.com • Tlj 11h30-16h30. Panini à partir de 8 € ; assiette toscane 12 €.* À deux pas des Offices. Dans la 1re salle, pour une pause déjeuner chic et agréable, on est accoudé à un long comptoir. La 2e salle est plus invitante avec ses fûts géants en guise de tables, et plus intime. On déguste entre 2 visites une assiette toscane accompagnée d'un verre de vin local, ou un *panino*. On vous l'accorde, c'est cher pour des *panini,* mais la fraîcheur des produits est garantie.

Bon marché

La Gabbia Matta *(zoom détachable D3,* ***168****) : via de Pucci, 4 a. ☎ 055-285-407. Lun-ven 12h-15h, w-e sur résa slt. Repas env 20 €.* Voilà une petite *osteria* populaire nichée au sous-sol du Palazzo Pucci. Cette « cage folle» (traduction littérale) vous invite à piocher dans une courte carte où les pâtes faites maison et les plats locaux sont à l'honneur. L'accueil souriant et jovial d'Alessandro vous fera passer un agréable moment sans vous ruiner. Attention, pas de réservation possible, arrivez tôt !

Hostaria Il Desco *(zoom détachable D4,* ***106****) : via delle Terme, 23 r. ☎ 055-294-882. • hostariaildesco@yahoo.it • Repas complet env 20 €.* Une aubaine à deux pas des Offices ! Cette petite *trattoria* à gestion familiale propose tous les midis un menu à 18 € fort honorable. La *nonna* est en cuisine tandis que la petite-fille prend les commandes... Une affaire qui roule !

Osteria I Buongustai *(zoom détachable D4,* ***103****) : via de Cerchi, 15 r. ☎ 055-291-304. • ibuongustai@libero.it • Lun-sam 12h-15h30 (22h ven-sam). Congés : août. Résa conseillée. Repas env 12 €.* Un petit bout de vitrine et un étroit couloir en guise de devanture : c'est l'une des cantines des travailleurs du quartier, qui s'y pressent chaque midi. Service efficace mais, comme toute cantine qui se respecte, c'est bruyant. On s'installe là pour de fameux *antipasti,* une généreuse platée de pâtes ou une salade composée, accompagnés d'un verre de vin maison. Fait aussi des sandwichs à emporter. Et basta !

Trattoria Antico Fattore *(zoom détachable D4,* ***230****) : via Lambertesca, 1/3 r. ☎ 055-288-975. • info@anticofattore.it • Tlj sf dim. Compter 20-25 €.* Une adresse bien dans son jus qui a connu des générations de Florentins venus se régaler d'une bonne *bistecca,* l'incontournable de la maison. Une ambiance bien typique et une cuisine qui ne décevra pas les amateurs de viande. Toujours plein, pensez à réserver.

La Bussola *(zoom détachable C4,* ***118****) : via Porta Rossa, 58 r. ☎ 055-29-33-76. • info@labussolafirenze.it • Repas env 15-40 €.* Cette adresse a pignon sur rue depuis 40 ans. Ce n'est pas un hasard si les Florentins y viennent pour ses pizzas, parmi les meilleures de la ville, paraît-il ! Il faut voir le pizzaiolo s'activer pour des pizzas généreuses et fondantes. Également de bons *piatti* joliment présentés. Beaucoup de monde, arrivez tôt... ou tard !

Coquinarius *(zoom détachable D3,* ***105****) : via dell'Oche, 11 r. ☎ 055-230-21-53. • coquinarius@gmail.com • Tlj sf dim juin-août. Résa vivement conseillée. Repas 25-30 €.* Grand espace avec une belle hauteur de plafond, déco chaleureuse. Côté cuisine, spécialités toscanes revisitées, *pasta* et salades sont à l'honneur. Courte mais bonne sélection de desserts également. Quant au vin, belle carte et petite sélection au verre. Service survolté au moment du coup de feu mais toujours dans la bonne humeur.

Eataly *(zoom détachable D3,* ***233****) : via dei Martelli, 2. ☎ 055-015-36-01. • eatalyfirenze@italy.it • Tlj 10h-22h30.* Mis à part une tripotée d'excellents produits locaux (voir plus haut le chapitre « Shopping »), on y trouve des petits comptoirs de pain, poissons, viandes, charcuterie, pizzas... où tout est préparé devant vos yeux. Attention : à l'heure du déjeuner et du dîner, mieux vaut arriver tôt car les places sont chères ! Un endroit propice pour déguster un bon aperçu de la cuisine italienne.

Chic

Gucci Caffè & Restaurant *(zoom détachable D4,* ***130****) : piazza della Signoria. À l'intérieur du musée Gucci. Tlj 9h-23h. Repas complet env 35 € le midi.* Un bel endroit, chic comme il se doit, tout à côté du Palazzo Vecchio. La carte le midi est tout à fait correcte, avec des classiques (pâtes, risotto...). Le soir, elle change et les prix montent, évidemment. Accueil extrêmement courtois et prévenant, comme l'exige l'illustre maison... Aux beaux jours, la terrasse est extra avec vue sur les fesses de Neptune.

Buca dell'Orafo *(zoom détachable D4,* ***84****) : via dei Girolami, 28 r. ☎ 055-21-36-19. • info@bucadellorafo.com • Ouv le soir slt sf dim. Résa conseillée car il y a très peu de places. Repas 35-40 €.* Un repaire classique dans l'itinéraire culinaire florentin pour les habitués, qui viennent y savourer des plats typiques (*bistecca,* tripes). Les adresses comme celle-ci se comptent sur les doigts d'une main dans la ville. Sa particularité ? Située en sous-sol, elle est très typique, produits frais et service attentif. Attention, ça peut parfois paraître bruyant...

Très chic

Ora d'Aria *(zoom détachable D4,* ***219****) : via dei Georgofili, 11. ☎ 055-200-16-99. • prenotazioni@oradariaristorante.com • Tlj sf dim et lun midi. Congés : 15 j. en août. Résa vivement conseillée (le soir surtout). Compter 60 € le midi, le double le soir (!) ; menu dégustation 90 € (6 plats).* Marco Stabile est un jeune chef à la créativité débordante. À deux pas de la galerie des Offices, dans un décor élégant et sobre aux tons gris et blancs, le voici aux commandes d'une cuisine légère et savoureuse qu'il accommode d'herbes fraîches et d'épices. Quelques associations inattendues mais excellentes enchanteront les papilles les plus réfractaires à la modernité culinaire. Et l'accueil ? Attentionné, comme il se doit... Alors ? Cassez sans hésiter la tirelire pour un dîner en amoureux...

Bars à vins (*vinai, enoteche*)

Bon marché

I Fratellini (zoom détachable D4, **140**) **:** *via dei Cimatori, 38 r. ☎ 055-239-60-96. • ifratellini@gmail.com • ♿ Tlj sf dim 8h-20h30. Congés : fév et nov.* Un endroit bien dans son jus qui propose un verre de vin et un *panino* à consommer debout dans la rue. Une vraie relique, tenue avec amour par deux frères, l'un préparant les sandwichs à la commande *(à partir de 4 €)*, l'autre s'occupant de remplir les ballons de chianti ou même de *brunello.* Accueil chaleureux.

All'Antico Vinaio (zoom détachable D4, **142**) **:** *via dei Neri, 65 r. Tlj 8h-21h. Panino 5 €.* Ici, tout est dans l'atmosphère : à la bonne franquette, comme en témoignent ces bouteilles disposées autour de rangs serrés de verres que les amateurs remplissent eux-mêmes (le patron vous a tout de même à l'œil !). Et à ras bord, s'il vous plaît ! Pour accompagner le chianti, des *panini* et *crostini* garnis de bons ingrédients, frais et variés. Également plat de pâtes et *focaccia.* Le tout se livre pour une poignée d'euros et se déguste au comptoir, perché sur un tabouret haut. Qui dit mieux ?

Galleria del Chianti (zoom détachable D3, **156**) **:** *via del Corso, 41. ☎ 055-29-14-40. Tlj 10h (11h dim)-20h.* Une belle *enoteca* à l'ancienne où le patron prodigue moult conseils. Possibilité aussi de grignoter quelques plats typiques du coin, accompagnés d'un ballon de rouge, comme il se doit ! À la vôtre !

De prix moyens à chic

Cantinetta da Verrazzano (zoom détachable D3-4, **144**) **:** *via dei Tavolini, 18/20 r. ☎ 055-26-85-90. Lun-sam 8h-21h, dim 10h-16h30.* Le « temple » de Verrazzano, un fameux producteur de vins du Chianti dont on parlait déjà au XIIe s ! On y vient bien sûr pour les vins du domaine, au verre ou à la bouteille, mais aussi pour ses délicieuses *focacce* cuites au four à bois, ses charcuteries artisanales et ses desserts (délicieuse tarte aux pignons). Les pressés s'accouderont au comptoir le temps d'une dégustation sauvage, les autres s'attarderont dans l'une des 2 salles cossues tapissées de belles boiseries sombres ou s'attableront en terrasse, prise d'assaut à l'heure de l'*aperitivo.* L'un des incontournables de la tournée des bars à vins.

Où savourer de bonnes glaces ?
Où acheter du chocolat et des friandises ?

Perchè No (zoom détachable D4, **211**) **:** *via dei Tavolini, 19 r. ☎ 055-239-89-69. Tlj jusque... tard.* Depuis 1939, cette *gelateria* émoustille nos papilles avec un vaste choix de sorbets, glaces traditionnelles et glaces sans crème (un peu plus light). Notre must : la chocolat (pas le sorbet, plus fade), la café aux pépites de chocolat ou encore la caramel. Mais il y en a tant d'autres, comme celles aux amandes et au thé vert, que chacun y trouvera forcément son compte.

Grom (zoom détachable D3, **160**) **:** *via del Campanile, 2 (à l'angle de la via dell'Oche). ☎ 055-21-61-58. Tlj 10h30-minuit (23h en hiver).* Désormais célèbre, cette enseigne turinoise ne déroge pas à la règle ici avec ses glaces bio. La carte des parfums change tous les mois (saison oblige !). Accueil pro mais pas toujours avec le sourire... Dommage.

Edoardo (zoom détachable D3, **172**) : piazza del Duomo, 45 r. ☎ 055-281055. Tlj 11h30-23h30. Un glacier tout bio, du cornet fait artisanalement aux parfums soigneusement sélectionnés. Notre préférée : la Gianduia, celle aux noisettes et au chocolat. Idéalement placé (derrière le Duomo), il faut parfois s'armer de patience pour accéder au Saint-Graal !

Migone (zoom détachable D3, **303**) : via Calzaiuoli, 87 r. Une adresse incontournable dans le cœur des Florentins. En effet, cette boutique à la devanture ancienne régale petits et grands depuis des générations. Du chocolat, des friandises en veux-tu en voilà, des biscuits aux amandes, les spécialités toscanes. On peut aussi avoir plein d'idées pour des petits cadeaux à offrir à son retour. Accueil réservé mais très poli.

Où siroter en terrasse ? Où boire un chocolat ?

Serre Torrigiani in Piazetta (zoom détachable D3, **208**) : piazza dei Tre Re. • info@serretorrigianiinpiazetta.it • En hte saison, tlj 10h-minuit. Un amour d'endroit envahi de chlorophylle à l'abri des regards, tout ça à deux pas du Duomo. Une chance ! Ce jardin urbain est né d'une idée de la famille Torregiani, qui possède ses propres serres dans l'Oltrarno. Ce petit endroit, anciennement désaffecté, est désormais totalement transformé : projections de cinéma, organisation de petits festivals de musiques classiques et concerts. On peut même s'y sustenter de *panini*, salades ou *crostini* à toute heure de la journée et boire l'apéro bien sûr.

Caffetteria Le Terrazze della Rinascente (zoom détachable D3, **189**) : piazza della Repubblica, 1. Lun-sam 9h-21h, dim 10h30-20h. Au dernier étage de ce grand magasin. On vient surtout pour la vue sublime sur Florence et les collines toscanes, et non pour le cappuccino à 6 € (!). Mais quelle vue !

Chiaroscuro (zoom détachable D3, **182**) : via del Corso, 36 r. ☎ 055-21-42-47. • info@chiaroscuro.it • Tlj 8h (9h sam, 15h dim)-21h30. Congés : 3e sem d'août. Cette maison du café, connue pour sa sélection de cafés, de thés et de chocolats, a glissé dans la petite restauration en proposant désormais des petits plats le midi. Les gourmands ne rateront pas le rituel du café agrémenté de cannelle, du thé millésimé ou du chocolat enrichi de piment mexicain pour en exhaler les arômes. N'hésitez pas à accompagner votre breuvage de délicieuses pâtisseries.

Giubbe Rosse (zoom détachable D3, **187**) : piazza della Repubblica, 13 r. ☎ 055-21-22-80. • info@giubberosse.it • Tlj 10h-1h. Brasserie littéraire historique idéalement située. Au début du XXe s, c'était le lieu de rencontre des poètes, artistes et écrivains. André Gide et même Lénine y seraient venus. Les plafonds voûtés en brique, les grosses poutres en bois, les ventilos et les vieux lustres contribuent au charme nostalgique de l'endroit. Parfait pour un *espresso* (pas donné) sur la terrasse en suivant des yeux l'animation de la *piazza*.

Rivoire (zoom détachable D4, **188**) : piazza della Signoria. ☎ 055-21-44-12. • rivoire.firenze@rivoire.it • Tlj sf lun 7h-0h30 (21h en hiver). Institution florentine, stratégiquement située en face du Palazzo Vecchio, mais sachez simplement que son fameux chocolat se négocie au prix du champagne (ou presque) !

Où sortir ? Où écouter de la musique ?

YAB (zoom détachable C4, **205**) : via dei Sassetti, 5 r. ☎ 055-21-51-60. • yab@yab.it • Tlj sf mar et dim. Entrée payante. Boîte de nuit sympathique où l'on vient danser jusqu'à l'aube. Lundi, soirée hip-hop, mercredi universitaire, jeudi disco, vendredi aussi, et samedi, c'est plutôt destiné aux moins de 30 ans. Une boîte commerciale pour jeunes de style smart, avec un décor sobre aux lumières bleutées.

À voir

Piazza del Duomo *(zoom détachable D3)* **:** elle comprend en fait trois œuvres architecturales : la *cattedrale Santa Maria del Fiore* ou *Duomo,* le *Campanile di Giotto* et le *Battistero* (baptistère). Un conseil aux lève-tôt : visiter le Duomo très tôt, quand les éboueurs, les boutiques et les marchands ambulants s'activent.
Conseil : il existe désormais un billet unique *(15 €)* utilisable pendant 48h qui permet l'accès aux cinq monuments de la place. Il s'agit de la *cattedrale* (même si elle se visite indépendamment et gratuitement), de la *cupola,* du *Battistero,* du *Campanile di Giotto,* de la *cripta di Santa Reparata* et du *Nuevo Museo dell'Opera del Duomo (Galleria d'Arte).* Pour plus de renseignements : *• operaduomo.firenze.it • La billetterie est située piazza San Giovanni, 7 (en face de l'entrée de la porte nord du baptistère).*

Campanile di Giotto *(zoom détachable D3)* **:** *tlj 8h30-19h30 (fermeture 40 mn avt).*
Haut de 84 m, commencé par Giotto, c'est sûrement l'un des plus beaux d'Italie. L'alternance des marbres polychromes dans le style florentin et les ouvertures de fenêtres qui assouplissent l'ensemble en font un chef-d'œuvre. Observer également l'intérieur du campanile, parfaitement gothique. Le contraste architectural entre l'intérieur et l'extérieur est étonnant.
Si vous avez le courage de gravir les quelque 400 marches qui conduisent au dernier étage, vous ne le regretterez pas : panorama superbe. Pas trop difficile jusqu'au 1er étage, ensuite, la cage d'escalier tournicote et rétrécit. Claustrophobes, s'abstenir.

Cattedrale Santa Maria del Fiore ou Duomo *(zoom détachable D3)* **:** *☎ 055-230-28-85. Lun-sam 10h-17h (16h45 sam), dim 13h30-16h45. GRATUIT. Visites guidées gratuites en français, en italien et en anglais. Attention, shorts interdits ; la visite se fait de façon circulaire, en commençant par la gauche de la cathédrale. On ne peut plus pénétrer dans le chœur. Audioguide : 5 € (8 € les 2).*
La façade originelle était l'œuvre du grand sculpteur et architecte florentin Arnolfo di Cambio. À l'origine, l'église était destinée à accueillir les dépouilles de personnes célèbres. En effet, en 1296, la République florentine a fini de construire la plus grande église d'Europe, 7 ans après la victoire des guelfes, pour appuyer son pouvoir. L'église est construite pour remercier Dieu d'avoir gagné, et elle est dédiée à Maria del Fiore (Marie des Fleurs), patronne de la ville – Florence étant la terre des fleurs...
Jusqu'au XVe s, de grands artistes se succédèrent pour compléter cette façade en conservant l'esprit d'origine. Malheureusement, elle fut détruite au XVIe s et resta en brique jusqu'au XIXe s. On retrouve aujourd'hui au Nuovo Museo dell'Opera di Santa Maria del Fiore les originaux du XIVe et ceux du XVe s. Sa façade actuelle, du XIXe s, construite « à l'ancienne », témoigne de la richesse de l'époque : rosaces, nombreuses sculptures, niches, marbres polychromes, etc.
L'intérieur de la cathédrale est d'une grande simplicité. En entrant, magnifique tombeau sculpté par Tino di Camaino, grand artiste siennois du Trecento. En se retournant, au-dessus du portail d'entrée, superbe mosaïque représentant le couronnement de la Vierge attribué à Gaddi, avec de chaque côté une belle fresque d'anges musiciens. Également une horloge peinte par Uccello (1440-1443) et enfin, sur le vitrail, l'*Ascension de la Vierge* de Lorenzo Ghiberti. De nouveau les yeux tournés vers la nef, remarquer les deux fresques, à gauche de la nef, représentant chacun un cavalier. D'un côté (vert), une œuvre de Paolo Uccello, traitée à fresque monochrome et figurant l'aventurier anglais sir John Hawkwood (regardez l'idée de perspective), et, de l'autre, réalisé 20 ans plus tard (1456), le *Cavalier blanc* (Niccolò da Tolentino) d'Andrea

del Castagno, qui lui, ne voulant pas copier Ucello, amorce d'une certaine façon le début de la Renaissance. Ces portraits commémoratifs sont à rapprocher des statues équestres qui se développèrent à la même époque (notamment à Venise et à Padoue). Un peu plus loin, le tableau de la *Divine Comédie* peint en 1465. On y observe les damnés conduits par le diable et le purgatoire avec des gradins correspondants chacun à une faute. S'ils n'expiaient pas leur péché, ils ne pouvaient atteindre le ciel. Le paradis est d'ailleurs représenté par la ville de Florence. La *Pietà* réalisée par Michel-Ange se trouve au Nuovo Museo dell'Opera di Santa Maria del Fiore. Il éleva ce dôme en se passant d'échafaudages, ce qui força l'admiration générale. Michel-Ange lui-même, un siècle plus tard, ira travailler au Vatican en emportant le souvenir du dôme de Florence.

Cripta di Santa Reparata : *à l'intérieur du Duomo. Lun-sam 10h-17h (16h en hiver, 16h45 sam).* Après la visite du Duomo, juste avant la sortie, un escalier souterrain mène à la crypte. On y découvre que l'actuel Duomo a été bâti sur les vestiges d'une église romane du IXe s. Remarquer quelques beaux pavements en mosaïque. Elle accueille également les tombeaux des papes Étienne IX et Nicolas II, ainsi que celui de Filippo Brunelleschi.

Cupola del Brunelleschi *(zoom détachable D3)* **:** *l'entrée se fait par la porta della Mandorla du Duomo. Lun-sam 8h30-19h (17h40 sam), dim 13h-16h. Fermeture 40 mn avt. Outre les j. traditionnels de fermeture, également fermé Jeudi, Vendredi et Samedi saints, 24 juin (Saint-Jean-Baptiste), 8 sept (nativité de la Vierge) et 8 déc (Immaculée Conception). Attention, désormais, la réservation est obligatoire pour y accéder. Déconseillé aux personnes sujettes au vertige.*
Plusieurs tentatives furent effectuées (y compris par Botticelli) et tout manqua plusieurs fois de s'écrouler. La coupole, toujours imitée mais jamais égalée, est l'œuvre de Filippo Brunelleschi, un sculpteur qui s'intéressait à l'architecture et qui a eu l'ingénieuse idée de construire un dôme de forme ovoïde de 45 m de diamètre, sans armature en créant une double voûte séparée de 2 m dans laquelle des chaînages intérieurs assurent la stabilité de l'édifice. On le crut fou, mais, pour lui, la résistance des matériaux et les poussées qui entraient en jeu pouvaient être calculées. Ses plans, maintes fois remaniés et refusés, furent enfin acceptés 2 ans après le projet, en 1420. Malheureusement, l'architecte ne verra pas son œuvre achevée (1434), il mourut avant. Il fallut attendre 1466 pour qu'Andrea del Verocchio surmonte la coupole d'une croix dorée avec une boule contenant des reliques. Jamais une coupole de cette envergure n'avait été construite jusque-là. Michel-Ange, plus d'un siècle et demi après, reprit l'idée de Brunelleschi pour réaliser celle du Vatican...
Pour y accéder, il vous faudra monter 463 marches (pas d'ascenseur possible). À l'intérieur, admirez la fresque de 3 600 m² du *Jugement dernier* pensée par Vasari mais réalisée sous le contrôle de Federico Zuccari et Bandinelli. Au départ, la fresque devait être en mosaïque. De nombreux artisans et artistes ont participé à son élaboration. L'iconographie est disposée en huit rangées concentriques qui se rejoignent autour du Christ en majesté (il fait plus de 8 m). Dans la partie supérieure, ce sont les ordres célestes, et dans la partie inférieure des scènes de la Genèse et des épisodes de la vie du Christ. Sur les côtés, quelques scènes isolées du Jugement dernier.

Battistero *(baptistère ; zoom détachable D3)* **:** *☎ 055-230-28-85. Lun-sam 8h15-19h, dim et j. fériés (plus 1er sam du mois) 8h30-14h. Fermé Noël, 1er janv et dim de Pâques.*
Au XVe s, les non-baptisés n'avaient pas le droit de pénétrer dans les églises. Voilà pourquoi les baptistères étaient souvent construits à l'extérieur (on voit la même chose à Pise).

> **LES CLÉS DU PARADIS**
>
> *Un concours fut organisé en 1401 pour la réalisation de la nouvelle porte (côté nord). Ghiberti l'emporta devant Brunelleschi. Puis il fut de nouveau sollicité pour réaliser la porte principale (côté est), pour laquelle il fit preuve d'une grande innovation technique. Fier de son œuvre, il se représenta sur l'un des médaillons qui la décorent. C'est Michel-Ange, pourtant avare de compliments, qui la surnomma un siècle plus tard « la porte du Paradis ».*

Ghiberti, avant d'être sculpteur, était orfèvre, ce qui explique les véritables chefs-d'œuvre qu'il réalisa. Le travail est d'une précision et d'un réalisme extraordinaires. La fameuse porte principale est décorée de scènes de la Bible. Observer, notamment, ces foules reproduites sur des espaces réduits, un peu à la façon des peintures du Moyen Âge. L'art de la perspective et du trompe-l'œil acquiert ici ses premières lettres de noblesse. Pas étonnant que Ghiberti ait mis 27 ans pour réaliser cette œuvre ! À noter que les originaux de la porte du Paradis sont actuellement visibles au Nuovo Museo dell'Opera di Santa Maria del Fiore. Tandis qu'au musée du Bargello on peut voir, au 1er étage, les deux médaillons originaux de Brunelleschi et Ghiberti réalisés pour le concours de 1401.
À l'intérieur du baptistère, on trouve une admirable mosaïque du XIIIe s. Noter, en bas, à droite du Christ, la scène classique du *Jugement dernier,* avec les monstres et autres diables dégustant les méchants.

***Nuovo Museo dell'Opera di Santa Maria del Fiore** (zoom détachable D3)* **:** *piazza del Duomo, 9. ☎ 055-230-28-85. Fermé à Pâques et à Noël. Tlj sf 1er mar du mois 9h-19h (21h sam). Audioguide en français : 5 €. Fait partie du billet commun à ts les monuments de la piazza del Duomo : 15 €.*
Le musée, totalement rénové, rassemble la majorité des œuvres qui ornaient autrefois le Duomo, le baptistère et le campanile. Sa surface a été multipliée par 2. Voici 700 m² de chefs-d'œuvres médiévaux répartis sur 3 niveaux, parmi 28 salles. Son extension a permis d'enrichir le musée de plus de 700 œuvres. Le plus grand défi architectural a été de recréer la façade du Duomo imaginée par Arnolfo Cambio. Ici, elle a été reconstituée au tiers de ses dimensions originales.

Rez de chaussée
– La salle du Paradis : la plus belle du musée. On y retrouve la façade du Duomo reconstitué et l'original de la porte nord (dorée à l'or fin) du baptistère sur la piazza del Duomo. Appelée la ***porte du Paradis,*** elle fut réalisée par Lorenzo Ghiberti suite à un concours gagné à la barbe de son concurrent Brunelleschi (tellement vexé d'avoir perdu qu'il quitta Florence). Il y consacra 27 ans de sa vie ! On raconte que c'est Michel-Ange qui l'a baptisée ainsi quand il l'a vue pour la première fois, estimant qu'elle était si belle qu'elle ne pouvait qu'être aux portes du... Paradis. Cette fameuse porte a survécu à la Seconde Guerre mondiale (elle a été cachée pour échapper aux Allemands et aux bombardements), mais elle n'a pas échappé à la crue de 1966. Remplacée par une copie depuis 1990, la voici ici enfin resplendissante et entièrement restaurée. Réalisée en bronze et en or, elle est haute de 5 m, large de 3 m, et pèse près de... 8 t. Chaque panneau évoque plusieurs épisodes bibliques. La partie haute (la plus belle) a été réalisée par Lorenzo Ghiberti lui-même. Ghiberti s'est d'ailleurs représenté dans l'un des médaillons. L'avez-vous reconnu ? Il est situé au niveau du troisième panneau en partant du bas, au milieu. La partie basse a été conçue par son fils, qui a façonné les scènes de Goliath et celles avec le roi Salomon.
Ne manquez pas de passer devant la troublante Vierge aux yeux de verre.
– Salle 8 : arrêtez-vous devant la célèbre *Madeleine en pénitence* en bois et recouverte d'or, vieillissante et pathétique, de Donatello (conçue pour le baptistère). Également des tableaux de Biondo, dont *Saint Catherine d'Alexandrie,* et de Daddi.

– ***Salle 10 : La Pietà aux quatre figures de Michel-Ange*** *(attention, ne pas confondre avec celle de Saint-Pierre à Rome).* Réalisée sur le tard (à presque 70 ans), la *Pietà* était destinée au propre tombeau de l'artiste, car son désir était d'être enterré à Rome dans la basilique Sainte-Marie-Majeure. Le destin en a décidé autrement, et c'est dans la basilique Santa Croce, à Florence, qu'il fut enterré (voir plus loin « Le quartier de Santa Croce »). Pour la petite histoire, on a volé son corps pour l'emmener en charrette à Florence. Dans cette sculpture, il s'y est probablement représenté sous les traits de Nicodème, le vieillard soutenant le corps du Christ. Regardez la douleur exprimée sur le visage du vieillard. Michel-Ange est l'un des premiers artistes à manifester sa douleur à travers sa sculpture, un avant-goût du maniérisme... L'œuvre ne fut jamais terminée, car Michel-Ange, excédé par la longueur du travail et la friabilité du marbre, prit un beau jour son marteau pour l'achever... à sa manière (en la faisant voler en éclats), selon les écrits de Vasari. L'œuvre a été terminée par Tiberio Calcagni, l'un de ses élèves, en 1555. D'ailleurs, vous remarquerez que le personnage de Marie-Madeleine est un ajout tardif qui jure quelque peu avec le génie du reste de la composition. La statue avait été installée à l'origine par Côme III de Médicis à la chiesa San Lorenzo (à Florence) avant finalement d'atterrir ici à l'ouverture du musée au XIXe s.

1er étage

– Imposante ***galerie du Campanile*** (salle 14) avec ses 16 statues installées à la base du campanile. Celles-ci représentent des personnages de l'Ancien Testament. Admirez en particulier l'*Habacuc* et le *Jérémie* de Donatello, ainsi que de remarquables panneaux (attribués en partie à Andrea Pisano et Luca della Robbia), figurant l'évolution de l'homme depuis la création jusqu'aux voies spirituelles. Ils racontent la Genèse et illustrent les planètes, les vertus, les arts, les sciences... Les reliefs représentant les métiers sont absolument extraordinaires de détails et de fraîcheur.

– Vous découvrirez également tout au long du parcours d'autres œuvres tout aussi intéressantes comme les nombreuses sculptures d'Arnolfo di Cambio, de Donatello, ainsi que celles de Tino di Camaino, grand sculpteur siennois dont on peut admirer le talent à travers le magnifique *Christ bénissant.* On remarquera, entre autres, la *Madonna della Natività,* dans une pose bien lascive, et la statue du pape Boniface VIII, pape détesté par Dante qui lui fit visiter l'Enfer dans sa *Divine Comédie* (cette statue fut restituée à la cathédrale par l'un de ses descendants après que celui-ci l'eut rachetée à un antiquaire). Intéressante série des *Évangélistes,* mais ce sont évidemment le *Saint Jean* de Donatello et le *Saint Luc* de Nanni di Banco qui retiennent l'attention.

– Ne manquez pas l'étonnant et célèbre *Martyre de saint Sébastien* attribué à Giovanni del Biondo, ainsi que de magnifiques bas-reliefs en marbre issus de l'enceinte du chœur de la cathédrale. Également une collection de reliquaires (dont le doigt de saint Jean), quelques pièces d'orfèvrerie religieuse du XVe s, une belle Vierge de Bernardo Daddi et de belles terres cuites des Della Robbia. Admirez aussi, dans la ***salle des tribunes,*** les deux *cantorie* (ces tribunes d'église où se produisent les chantres), chefs-d'œuvre absolus de la Renaissance florentine. L'une est signée Luca Della Robbia, l'autre Donatello. L'occasion de comparer deux styles contemporains (plusieurs panneaux de composition plus riche, plus classique pour le premier, une grande fresque plus dynamique pour le second).

Dans la ***salle du Trésor*** (salle 25), vous ne pourrez pas éviter le somptueux autel de Saint-Jean en argent (pour lequel plus de 400 kg du précieux métal furent nécessaires !). C'est un des chefs-d'œuvre de l'orfèvrerie du XVe s. Prendre le temps d'admirer le *Saint Jean-Baptiste* de Michelozzo au centre et les panneaux latéraux du bas (à gauche, la *Naissance de saint Jean* par Antonio del Pollaiolo et à droite la *Décollation de saint Jean* par Verrochio). Voir aussi le *Baptême du Christ* par Sansovino. Reste de beaux manuscrits enluminés et des broderies sur la vie de saint Jean.

2e étage

La galerie des maquettes : les visiteurs découvrent la maquette de Brunelleschi, réalisée en 1430. Vous pouvez même voir son masque mortuaire tout à côté. Exposition des outils utilisés par les ouvriers de Brunelleschi, l'échafaudage particulier (dont le bois vient de la région proche de Casentino) qu'avait mis au point l'architecte avec un système habile de poulies, ainsi qu'une série de maquettes en bois représentant les différents projets pour la façade de la cathédrale.

3e étage

– Ne manquez pas la terrasse, au dernier étage, avec une vue sublime sur la coupole du Duomo.

Galleria degli Uffizi *(galerie des Offices ; zoom détachable D4)* **:** *piazzale degli Uffizi, 6. ☎ 055-29-48-83. Attention, pour tte résa, il existe un seul site officiel de ventes de billets des musées d'état à Florence : ● www.b-ticket.com/b-ticket/uffizi/ ● Tlj sf lun 8h15-18h50. Nocturne le mardi de fin mai à fin sept jusqu'à 22h. Fermé à Noël, 1er janv, 1er mai. Entrée : 8 € sans l'expo temporaire, 12,50 € avec. À cela s'ajoutent les 4 € de résa conseillée quand on ne prend pas la* Firenze Card. *Audioguide en français 5,50 € (8 € pour 2). Demander le plan gratuit du musée à l'entrée. Parcours tactiles pour les non-voyants.*

C'est le fleuron des musées florentins, mais surtout l'un des plus anciens et des plus beaux musées du monde. « Incontournable » est un faible mot...

– ***Attention :*** la direction du musée mène depuis plusieurs années le projet « Nouveaux Offices », une vaste campagne de travaux d'agrandissement (passant de 6 000 à 13 000 m²) pour présenter aux visiteurs de plus en plus nombreux les richesses inestimables qui sommeillent encore dans les dépôts. Mais les travaux s'éternisent... Certaines œuvres décrites ci-dessous n'auront peut-être pas encore trouvé leur place définitive lors de la parution du guide. Certaines salles sont fermées momentanément au public. Sachez toutefois que toutes les peintures majeures, même déplacées, restent visibles, pour ne pas décevoir les visiteurs. Se renseigner lors de la visite (souvent indiqué sur le site internet du musée). Demander à l'accueil le plan (gratuit) du musée : sommaire mais pratique.

– En haute saison, attendez-vous à des queues de 2h à 4h ! ***Réservez*** pour y échapper, même si le délai d'attente peut être de plusieurs jours, voire de plusieurs semaines. Sinon, n'hésitez pas à vous présenter 15 à 20 mn avant l'ouverture des portes. Et même mieux, pour les détenteurs de la *Firenze Card,* il n'y a pas de queue à faire... normalement !

Pour la petite histoire

L'histoire de cet incroyable musée est indissociable de celle des Médicis. Dès le XVe s, Cosme l'Ancien, sous des dehors sévères et avares, se montra généreux envers les arts et encouragea des talents comme Donatello ou Filippo Lippi. C'était le début d'une longue tradition de mécénat, qui connut son apogée avec le fin politique Cosme Ier, puis l'esthète François Ier. Le premier confia à Vasari la création de l'académie de dessin et la construction du palais des Offices, le second transforma en musée (1581) les galeries de cet

LA VOIE PRINCIÈRE

Les Médicis habitaient au Palazzo Pitti, de l'autre côté de l'Arno, mais se rendaient chaque jour au Palazzo Vecchio et au palais des Offices où ils avaient concentré leurs administrations. Cosme Ier fit construire par Vasari un long couloir suspendu entre les deux sites. Pour égayer la promenade, les Médicis eurent bientôt l'idée d'y accrocher des peintures. Endommagé par les ravages de la Seconde Guerre mondiale et par un attentat terroriste en 1993, cet ensemble remarquable a désormais recouvré l'essentiel de son faste, mais il est malheureusement fermé au public...

immense bâtiment administratif. Réservée au départ à une élite, la galerie des Offices ne fut ouverte officiellement qu'en 1765.
Sans être exhaustif, voici les plus belles œuvres des Offices.

Second étage (début de la visite)

Galerie Est

En arrivant au second étage, avant d'entamer la visite à proprement parler, admirer les deux magnifiques chiens puis, à droite, les quelques belles pièces archéologiques (en particulier une frise romaine en provenance du forum d'Auguste et une tête de César). Portraits des Médicis au mur. Remarquer aussi le couple funéraire inséré sous une statue d'Hercule combattant un centaure. Fresques décoratives d'origine datant de 1560-1580. Vasari a dirigé le chantier et fut aidé par des Flamands dont on reconnaît la main dans les panneaux de paysages.
Au mur, le long de la galerie, lever la tête et regarder dans la frise, sous le plafond orné de grotesques, la série de peintures de rois et de princes italiens.
Passons maintenant à la visite des salles de la galerie Est ; une visite qui nous a semblé très didactique, car à la fois chronologique et par école.

Salle 2 : le Duecento (XIIIe s)
Les primitifs toscans, avec notamment les peintures des trois monstres sacrés du *Duecento* et du début du *Trecento* : la *Madone* de Cimabue, puis celle de Duccio (un Siennois) et enfin la *Madone d'Ognissanti* de Giotto, qui s'affranchit là du style byzantin ; toujours le fond or, mais les traits prennent vie (noter les touches de rouge sur les joues de Marie et la poitrine qui affleure sous le fin tissu). Ces trois tableaux restaurés forment un ensemble unique de cette période de l'art italien. Les voir ensemble permet d'appréhender l'émancipation progressive des peintres de cette époque vis-à-vis des codes picturaux immémoriaux de la manière byzantine. C'est un des fleurons des Offices.

Salle 3 : le Trecento siennois
XIVe s siennois. Superbe *Annonciation* de Simone Martini (remarquer le salut de l'Ange) et œuvres des frères Lorenzetti, Ambrogio et Pietro. En particulier, un des chefs-d'œuvre d'Ambrogio, la *Présentation au Temple*. Les figures sont toutes au même niveau : on peut dire qu'il a été l'un des précurseurs de la Renaissance, avec cet effet de perspective, et le bébé qui suce son doigt.

Salle 4 : le Trecento florentin
Le XIVe s toujours, mais à Florence avec les suiveurs de Giotto, parfois répétitifs (ce n'est toutefois pas vraiment le cas des œuvres présentées ici), à savoir Bernardo Daddi, Andrea Orcagna et Taddeo Gaddi. Observer le grand retable d'Andrea Orcagna sur la vie de saint Matthieu, arrondi pour épouser la forme d'un pilier (celui d'Orsanmichele), et la fantastique *Pietà* de Giottino (il s'appelait en fait Giotto di Maestro Stefano, mais on l'a surnommé ainsi pour le distinguer de Giotto), un chef-d'œuvre de sensibilité et de mise en scène. On retrouve ici Ambrogio Lorenzetti avec les panneaux du retable de la bienheureuse humilité et ceux sur la vie de Nicolas de Pietro.

Salles 5 et 6 : le gothique international et Lorenzo Monaco
Retable monumental magnifique aux couleurs admirables de Lorenzo Monaco, *Le Couronnement de la Vierge*.
Une mode de l'époque consistait pour les peintres à se représenter dans leurs œuvres. Pour les repérer, c'est assez simple : c'est toujours le personnage qui vous regarde droit dans les yeux ! Admirable *Couronnement de la Vierge* de Monaco réalisé par Monaco pour son propre monastère.

Salle 7 : la première moitié du Quattrocento et Gentile da Fabriano
Salle du début de la Renaissance. On introduisit derrière les personnages des paysages minutieusement peints, avec souvent plein de détails intéressants, en

particulier les scènes retraçant la vie dans les villes au Moyen Âge. C'est le cas de Gentile da Fabriano qui, dans son *Adoration des Mages,* se fit représenter derrière le 3e mage (l'homme avec le chapeau en velours rouge). Cette commande réalisée pour les Strozzi, une famille de banquiers très influente à Florence, fut traitée comme une miniature, avec une remarquable utilisation des ors : certains détails (préciosité des tissus) apparaissent même en relief pour souligner l'aisance et la générosité du mécène. Observez également le travail minutieux effectué sur *La thébaïde* de Fra Angelico. Étonnante *Madonna dell'Umiltà* de Masolino qui donne le sein.

Salle 8 : Filippo Lippi
Principalement des œuvres de Filippo Lippi, le maître de Botticelli, dont on peut admirer *Madone, Enfant et deux anges* et le *Couronnement de la Vierge,* où les essais de perspective ont fini par aplatir un peu la tête des anges ! Également un *Couronnement de la Vierge,* œuvre véritablement « rayonnante » de Fra Angelico (dit *il Beato*), qui reste fidèle aux fonds d'or tout en s'adaptant au nouveau style de l'époque. Une œuvre capitale : *La Bataille de San Romano* de Paolo Uccello, décrivant la victoire de Florence sur Sienne en 1432. Triptyque dont les autres parties sont au Louvre et à la National Gallery de Londres. Dommage que les trois ne soient pas réunis ! Observer le fantastique jeu de lignes et de perspective. Voir aussi *Sainte Anne et la Vierge à l'Enfant,* exécuté à deux mains par Masolino et Masaccio.

Salle 9 : les frères Pollaiolo
Superbes *Federico da Montefeltro* et *Battista Sforza* de Piero della Francesca (on dit que les cheveux blonds étaient très prisés à la Renaissance et que pour la teinture rien ne valait... l'urine). Ces portraits figurent, sans doute, parmi les dix chefs-d'œuvre des Offices. Les vertus présentées sont l'œuvre des Pollaiolo (d'autres vertus comme la Force de Botticelli, qui faisait parti de cette série sont actuellement en réserve). Les frères Pollaiolo, artistes polyvalents, étaient aussi des sculpteurs, ce qui se ressent. Également une série de portraits, en entrant.

Salles 10 et 11
Elles sont consacrées à ***Botticelli,*** avec les célèbres *Naissance de Vénus* et *Le Printemps. Le Printemps* lui tend un manteau. Ici, quasiment pas de profondeur. On est fasciné par les lignes voluptueuses des drapés, des courbes du manteau, la finesse ondoyante des cheveux. Composition dépourvue de perspective pour mieux mettre en valeur le rythme quasi musical des lignes et des couleurs. On n'avait jusqu'à présent jamais poussé aussi loin le raffinement pictural. Botticelli utilisa à fond la technique de son maître, Filippo Lippi, dans la recherche de la beauté idéale. En particulier dans le personnage de Flore distribuant ses fleurs et dans l'éblouissante technique du drapé des trois Grâces. Seule l'ondulation du tissu léger suggère le mouvement.
Également une fresque provenant de San Martino della Scala ; une *Annonciation* superbe. Remarquez la grâce exquise du mouvement de la Vierge.
Dans *La Naissance de Vénus* (salle 11), dont le thème est la naissance d'une nouvelle humanité, Zéphyr souffle sur la coquille portant une Vénus frêle et diaphane.
La Calomnie est une œuvre tardive de Botticelli, qui va, à cette époque, vers des proportions plus réduites et peint des sujets dramatiques sous l'influence de Savonarole, qui prônait un retour à une religion pure et dure (il a fini sur le bûcher !). Un chef-d'œuvre de Botticelli : *La Melagrana.* Également deux peintures sur bois où le peintre excelle dans la miniature, avec un beau portrait de Cosme l'Ancien, *La Madone des roses* et *L'Annonciation*.

Salle 12
À voir : le *Triptyque Portinari* d'Hugo Van der Goes, dont l'arrivée en Italie fut un choc pour les peintres du XVe s, qui découvrirent grâce à lui la peinture flamande et l'observation des détails réalistes (paysages, enfants, paysans) qui n'était pas, jusqu'alors, de tradition florentine.

Salle 18 : la tribune, les maniéristes

Après d'importants travaux de rénovation, on peut de nouveau admirer cette tribune de forme octogonale conçue par Buontalenti en 1582 pour le duc François Ier de Médicis. On ne peut plus y entrer, mais les œuvres sont bien visibles des ouvertures extérieures. Voulue par les Médicis, cette salle rassemblait la plus belle collection du musée, un cabinet secret... Cette salle magnifique a, d'ailleurs, toujours été considérée comme la plus belle du palais. Suite à de grands travaux, on retrouve, des siècles après, cet écrin toujours préservé et mis en valeur, même si le contenu a presque disparu. Les quatre éléments y sont représentés : le sol symbolise donc la terre ; les murs rouges, le feu ; les décorations nacrées et bleues, l'eau ; et les sortes de bulles sous la coupole (magnifique) qui sont en fait 6 000 coquillages venus de Naples, l'air. Superbe *Vénus des Médicis,* une des sculptures antiques achetée, à l'origine, au XVIIe s, par la famille Médicis pour leur villa à Rome. C'est Cosme III qui la rapatria aux Offices dans les années 1670. Voir également *Les Lutteurs,* remarquables dans leur représentation anatomique et leur mouvement, et le petit *Apollon.*

– Juste après la Tribune, admirez la *Madone à l'Enfant* d'Antonello da Messina ou encore l'*Histoire de la vie du Christ* par Andrea Mantegna.

UNE BEAUTÉ... IRRÉSISTIBLE

Les statues antiques de la salle 18 sont d'une qualité remarquable, en particulier la fameuse Vénus Médicis, *la pièce la plus importante de la collection des Médicis, original grec du IIe s av. J.-C. Elle symbolisait tellement la beauté parfaite que Napoléon la fit enlever pour l'exposer dans son projet de musée Napoléon à Paris. Après tout, pourquoi se gêner ! L'Histoire cependant en décida autrement, puisque, à la suite de sa défaite à Waterloo, ce dernier s'engagea dans le traité de paix à la remettre à sa place.*

Salles 19 à 23 : Renaissance italienne avec le Quattrocento vénitien et lombard

De Mantegna (salle 20), un triptyque sur *L'Adoration des Mages* avec un extraordinaire panneau central. Ceux qui connaissent ce tableau d'après des reproductions seront étonnés de sa petite taille (ce qui témoigne de la qualité de l'œuvre). Le côté minéral de l'œuvre de Mantegna est toujours étonnant ! Un magnifique *Compianto di Cristo* de Giovanni Bellini (en noir et blanc) et une *Allégorie* sacrée dont le sujet énigmatique n'est pas encore élucidé à ce jour. Cette pièce est l'occasion d'apprécier toute la singularité de l'école vénitienne (lumière chaude et dorée, paysages doux, beauté des femmes...)

Salle 21

Admirez la *Madonna col Bambino* de Giovanni Battista. Et pour la petite histoire, remarquez le paysage de grotesques dans cette salle. En effet, en 1944, suite à l'endommagement d'une partie des Offices, les restaurateurs ont réalisé un « faux » paysage en montrant le quartier en ruine aux abords du Ponte Vecchio, après les destructions allemandes de 1944.

Salle 22 : Quattrocento emilano-romagna

Beau portrait de Francesco Raibolini surnommé Il Francia.

Salle 23 : Quattrocento lombardo

Alessandro Araldi avec un beau portrait réussi de Beatrice d'Este avec sa coiffe (remarquez sa tresse qui est un postiche) et ses bijoux.

Salle 24 : dite « des miniatures »

Abrite des médaillons qu'on aperçoit au loin, car on ne peut pas accéder à la salle (barre métallique à l'entrée), ce qui en limite l'intérêt.

Galerie Ouest

De la loge, belle vue sur Florence, sur l'Arno et, bien sûr, le Ponte Vecchio. Et, au loin, la chiesa san Miniato qui veille sur la ville.

Salle 25

L'Annonciation délicate de Baldovinetti, où l'ange semble littéralement voler. Également de belles œuvres de Ghirlandaio dont un tondo pour la famille Tornabuoni datant de 1487. Aussi une très belle Madone à l'enfant.

Salles 26 à 32

Du Pérugin, le fameux *Francesco delle Opere,* de facture très moderne ; de Piero di Cosimo, *Andromède délivrée par Persée,* typique de ce peintre un peu hors norme et excentrique. Et puis Lorenzo di Credi, Lorenzo Costa, Francesco Francia, Filippino Lippi et Luca Signorelli avec la *Madone et Enfant.*

Le corridor Vasari

Prenez le temps d'admirer la vue sur l'Arno et le Ponte Vecchio. Le fameux corridor Vasari se trouve à gauche au début de la galerie Ouest. Il traverse l'Arno et permettait aux Médicis de rejoindre tranquillement leur demeure privée du Palazzo Pitti (il contient une célèbre collection de portraits et d'autoportraits qui ne se visite qu'exceptionnellement, et sur réservation : la demande est à faire auprès de la direction des *Firenze Musei*). Belle vue également sur les collines environnantes avec, au loin, l'église de San Miniato. Un tel panorama nous rappelle que le bâtiment des Offices a notamment été conçu pour contrôler la vue sur le fleuve.

Salle 33

Portraits grecs : collection des grands-ducs avec ces portraits de philosophes, d'athlètes, d'orateurs qui sont d'excellentes répliques de la période républicaine et impériale.

Salle 34

Le jardin de San Marco et les collections antiques. Dans ce jardin, Laurent le Magnifique avait rassemblé de célèbres statues antiques (impossible de savoir aujourd'hui quelles étaient les statues conservées dans ce jardin fréquenté par les jeunes artistes de l'époque, dont Michelangelo). Il s'agit ici d'une évocation. À noter, les frises de l'Ara Pacis (calques que Ferdinand de Médicis avait fait réaliser pour sa villa romaine).

Salle 35 : Michel-Ange et l'école florentine

Les peintures de ***Michel-Ange.*** Les visages sont moins figés, les femmes arborent quelques timides sourires. De Michel-Ange, *La Sainte Famille (Tondo Doni)* : là aussi, le sommet dans la perfection. Ce sont déjà les couleurs de la chapelle Sixtine. On y décèle la rigueur de Michel-Ange et son sens de la composition. Elle est organisée en plusieurs plans, allant vers la profondeur (au fond, les corps nus, presque flous, des hommes du temps du péché originel), tout en s'articulant autour d'un mouvement en spirale. À noter enfin qu'il s'agit de l'unique tableau de Michel-Ange exposé en dehors du Vatican. Offert aux Doni en cadeau de mariage, il fut racheté par les Médicis et exposé aux Offices dès 1580 !

Vestibulo di uscita *(vestibule de sortie)*

Belle *Hermaphrodite endormie* au fond de la pièce.

Salle 41 : fermée

Salle 42 : salle de Niobé

Salle du nom du groupe de sculptures de statues antiques retrouvé près de Rome. Ce groupe évoque un épisode de la mythologie, quand Arthémis et Apolon ont tué les sept filles et les sept fils de Niobé. Beaux effets de drapé.

Salle 43 : fermée

Salle 45

Portraits de Memling, *Adam et Ève* de Cranach, les deux *Vedute* de Venise, de Canaletto.

Ici s'achève la visite du second étage. Au fond du corridor, l'imposant *Porcellino* (porcelet) de Tacca, dont il existe une copie à la *Loggia del Mercato.*

Cafétéria : déco et mobilier contemporains pour un service rapide de boissons et *panini.* Une halte qui vaut surtout pour la superbe terrasse en surplomb avec vue sur le campanile, le Duomo, le Palazzo Vecchio et, au loin, la colline de Fiesole.

Premier étage

Salles bleues (sale blu) *: salles 46 à 55*
Salles dédiées aux peintres étrangers du XVIe au XVIIIe s, on y retrouve notamment les peintres flamands, hollandais, espagnols et français. Admirer le bel autoportrait de Jean-Étienne Lyotard. De Chardin, *Jeune fille tenant un volant et une raquette* ou encore son *Petit joueur de carte.* Côté espagnol, deux portraits par Goya, une nature morte de Vélazquez ou son autoportrait le mettant bien en valeur ! Et, côté hollandais, un bel autoportrait de Rembrandt ainsi que des portraits de Van Dick.

Salle 56 : marbres grecs (marmi ellenistici)
Les œuvres exposées offrent un bon aperçu de la sculpture du IVe au IIe s av. J.-C., dont la fameuse statue du petit garçon à l'épine *(Spinario),* réplique de la statue en bronze conservée au Capitole à Rome. On trouve aussi une copie au Palazzo Vecchio.

DUOMO

Salles rouges (sale rosse del Cinquecento) *consacrées au XVIe s florentin : salles 57 à 66*
Dernières salles ouvertes au public consacrées aux artistes toscans de renom comme Andrea del Sarto, Bacchiacca, Rosso Fiorentino, Pontormo, Bronzino (un des plus grands portraitistes de l'histoire de la peinture), Rafaello (Raphaël) regroupant plus de 50 tableaux et une dizaine de sculptures. Admirer une belle *Madone aux harpies* d'Andrea del Sarto (salle 58), qui doit son nom aux sculptures visibles sur le piédestal de la Vierge. Au sujet de ce peintre, on disait qu'il ne connaissait pas l'erreur. Entre maniérisme et académisme (il fut le maître des grands maniéristes florentins, Pontormo et Rosso) : perfection de la composition et, outre le jeu complexe des courbes, on notera aussi celui des couleurs. Tranchant avec la sobriété générale, éclatent le rouge et le jaune de la robe de la Vierge et le rouge du manteau de saint Jean. Dans la salle 62 (souvent fermée), portrait célèbre de Laurent de Médicis par Vasari. Portraits de Pontormo (salle 61) dont celui de Come l'ancien de Médicis, qui fut, donc, l'élève d'Andrea del Sarto. Admirer également le talent de son compère Rosso Fiorentino dans la *Vierge à l'Enfant entourée de saints.* Superbe Beccafumi *(Sainte Famille),* le troisième grand maniériste, moins connu car siennois et non florentin...
De Raphaël : *Autoportrait, La Madonna del Cardellino* (au chardonneret), *Léon X, Jules II...* Intéressant de noter, dans le portrait de Léon X, cette diagonale figurée par le bord de la table, puis le bras du pape, relayé par la main du cardinal de droite. Cela donne au tableau une dynamique très moderne. Également un portrait du nain Morgante de Bronzino, un tableau à double facette, pour évoquer toute l'épaisseur de la chair.

Salles 74 à 78 : peinture vénitienne
On y trouve la célèbre *Vierge au long cou* du ***Parmesan.*** Il y travailla 6 ans. Chef-d'œuvre du maniérisme italien : trait précieux, teint de peau artificiel, coiffures recherchées, composition et poses élégantes, silhouettes étirées... Mais l'œuvre est restée inachevée ! À droite du tableau, à côté de saint Jérôme tenant un rouleau, on aperçoit le pied isolé d'un saint qui n'a jamais été peint. ***Œuvres vénitiennes*** du XVIe s dont *L'Annonciation, Sainte Famille avec sainte Barbe* et *Martyre de sainte Justine de Véronèse.* Portraits de Jacopo Tintoretto (dit « le Tintoret ») et *Le Concert* de Bassano.

Salle 79 : Léonard de Vinci
Œuvres de ***Léonard de Vinci*** dont on découvre *L'Adoration des Mages.* Cette toile est très intéressante : comme elle est inachevée, on saisit la façon de travailler de l'artiste et on apprend comment les volumes s'intègrent les uns aux autres. Également de Léonard de Vinci, la très célèbre *Annonciation.* Penser qu'il n'avait que 17 ans quand il exécuta ce chef-d'œuvre ! Noter l'utilisation géniale de la lumière sur les visages et les chevelures. On dit que son maître, Andrea del Verrochio, aurait renoncé à la peinture après avoir constaté son talent. Le *Baptême du Christ,* œuvre de Verrocchio et Léonard de Vinci, permet d'apprécier la main de Léonard dans les deux anges et le paysage du fond où l'on commence à voir ce que sera le célèbre *sfumato* de Vinci.
Admirables *Pietà* et *Crucifixion* du Pérugin, le maître de Raphaël. De Luca Signorelli, *Crucifixion* et une *Trinité.*

Salle 83 : salle Titien
Orgie d'œuvres de ***Titien,*** dont la *Vénus d'Urbino,* d'un érotisme troublant. La femme est belle, et ce n'est plus un péché de la peindre nue. L'étau de la religion commence à se relâcher. Remarquer l'opulence et les couleurs chaudes des fleurs. Et également des portraits dont un cavalier de Malte, le pape Sixte IV ou encore ceux des ducs d'Urbino, les parents du commanditaire de la Vénus.
Avant d'accéder aux salles du Caravage, prendre le temps d'admirer *Le Vase Médicis.* Il s'agit d'un vase venant de la propriété des Médicis à Rome. Plusieurs fois abîmé et recollé. Il a été restauré en 1993, après l'attentat à la bombe des Offices, et en 2012. Également un beau bronze d'Ammannati.

Salles jaunes (pas très réussies) consacrées au Caravage et à ses disciples : salles 90 à 93
Les dernières salles accueillent les chefs-d'œuvre du Caravage, comme la célèbre *Tête de Méduse,* peinte sur un bouclier et représentée le regard baissé puisqu'elle a le pouvoir de pétrifier qui la fixe dans les yeux, ou le fameux *Bacchus* à la sensualité à fleur de peau. L'artiste, à peine âgé de 20 ans, n'avait pas craint de scandaliser ses pairs avec l'attitude équivoque du jeune dieu. Moins ambiguë mais éprouvante, la scène du *Sacrifice d'Isaac* bouleverse par le réalisme des visages d'Abraham et de son fils, fidèles reflets de l'angoisse et de l'horreur. Admirer le travail des ombres dans *Le Concert,* où le Caravage emploie sa fameuse technique du clair-obscur. Superbe utilisation de la lumière artificielle (souvent une bougie) également chez Gherardo delle Notti.

Piazza della Signoria *(zoom détachable D4)* **:** c'était le cœur palpitant de la cité. Toute l'histoire de Florence se résume en cette place. Elle fut le lieu des rassemblements populaires, des révolutions, le cadre des supplices, le décor de fêtes somptueuses. D'un côté, elle est dominée par le majestueux Palazzo Vecchio et, de l'autre, par la Loggia dei Lanzi.
– ***La Loggia dei Lanzi :*** plusieurs statues d'un intérêt majeur en font un véritable musée en plein air. On y découvre, entre autres, le fantastique *Persée,* en bronze, de Benvenuto Cellini, et l'*Enlèvement d'une Sabine* de Giambologna (Jean de Bologne, grand sculpteur du XVIIe s), œuvre maniériste qui préfigure déjà le baroque. Admirer la délicate représentation des mains sur les fesses de la Sabine. Remarquer

SOUS ÉTROITE SURVEILLANCE

Lanzi *vient de* lanzichenecchi. *Les lansquenets étaient des soldats allemands employés par les Médicis pour surveiller le Palazzo Vecchio, l'équivalent en quelque sorte des gardes suisses du Vatican à Rome. Quand les grands-ducs se sentirent en sécurité, ils renvoyèrent les soldats et remplirent la Loggia de statues.*

aussi les deux lions, de part et d'autre de l'entrée de la loggia : celui de droite, quand vous faites face à la loggia, est un original antique, celui de gauche est une copie de la Renaissance.

De gauche à droite en faisant face au Palazzo Vecchio

– ***La statue équestre de Cosme Ier de Médicis*** (réalisée entre 1587 et 1594). Encore une œuvre de Giambologna. Impressionnante par ses mesures parfaites.
– ***Judith et Holopherne de Donatello :*** l'original est à l'intérieur du Palazzo Vecchio. Ce fut la seconde statue mise en place devant le Palazzo par Savonarole, qui l'emprunta à la collection privée des Médicis. Il considéra à l'époque que Judith libérant le peuple juif du tyran Holopherne symbolisait le peuple florentin se libérant du joug des Médicis.
– ***La fontaine de Neptune :*** on doit le *Neptune* à Ammannati et la fontaine, avec ses nymphes, à Giambologna (encore lui !). L'ensemble fut réalisé dans les années 1560. Déjà, les peintres n'hésitaient pas à chanter les louanges du corps humain, mais leurs œuvres étaient réservées à quelques privilégiés. Là, pour la première fois, la nudité descend dans la rue. C'est aussi le cas avec la fontaine de Jacopo della Quercia sur la place de Sienne, un ensemble sculptural novateur qui sera en partie à l'origine de la représentation classique des fontaines italiennes (Trevi à Rome, par exemple). En revanche, si l'ensemble est harmonieux, la représentation de *Neptune* fut, à l'époque, considérée comme très médiocre. Ammannati essuya les sarcasmes de Michel-Ange qui, chaque fois qu'il passait devant, soupirait : « Quel gâchis de beau marbre ! »
– ***Le Marzocco de Donatello :*** l'original est au musée du Bargello. Ce lion symbolise le courage des Florentins face à l'ennemi. Remarquer sous sa patte droite le blason de Florence avec sa fleur de lys rouge.
– ***David de Michel-Ange :*** ce marbre est encore une copie (décidément !). Ses dimensions sont d'ailleurs réduites. Les plus curieux ne manqueront pas d'aller admirer l'original à la Galleria dell'Accademia.
– ***Hercule et Cacus de Bandinelli*** (XVIe s) **:** devant l'entrée du Palazzo Vecchio. Représente avec une certaine brutalité Hercule tuant Cacus.

Le soir, la *piazza* est particulièrement agréable avec son animation et les lumières jouant sur la pierre jaune.

Palazzo Vecchio et son musée *(zoom détachable D4)* **:** *piazza della Signoria. ☎ 055-276-82-24. Entrée : 10 € (14 € avec la Torre di Arnolfo ; 18 € avec le parcours archéologique, la Torre di Arnolfo et le chemin de ronde). Avr-sept, tlj 9h-23h (14h jeu) ; oct-mars, tlj 9h-19h (14h jeu). Tablette interactive : 5 €.*

Ce palais-forteresse sévère, édifié à la fin du XIIIe s sur les ruines des demeures gibelines rasées par les guelfes, servit dans un premier temps de siège au gouvernement des prieurs, avant que les Médicis n'y emménagent. Il devint le siège du pouvoir florentin quand Cosme de Médicis vint s'y installer avec Eleonore de Tolède ; ils en firent leur résidence principale. Ils en furent toutefois dépossédés un temps par Savonarole, qui s'en empara pour y installer le siège de son éphémère république florentine. Au XVIe s, lorsque les Médicis s'installèrent au « nouveau » Palazzo Pitti, l'édifice prit le surnom de *Palazzo Vecchio* (palais Vieux). Bien plus tard, au moment de l'unification italienne (1865-1871), le palais servit un court moment de siège à la Chambre des députés. À l'intérieur, très belle cour à arcades ornées de stucs, avec la fontaine décorée du petit génie ailé de Verrocchio.

LE PREMIER TAG ?

Cherchez sur le mur du Palazzo, juste derrière Hercule et Cacus, *un graffiti représentant une tête de profil. Il s'agirait d'un graffiti original du XVe ou XVIe s qui, selon la petite histoire, serait de la main de Michel-Ange, mais réalisé de dos... Quel talent !*

DUOMO

– Sous-sol : ***Percoroso archeologico-Scavi del Teatro Romano*** *(possibilité de le visiter sans le Palazzo Vecchio : 4 €).* Ouvert depuis peu ; les archéologues ont découvert toute une zone remontant à l'époque romaine. Il s'agit ici des fondations du théâtre de l'ancien palais.
– La visite débute par la ***sala dei Cinquecento,*** salle immense avec un extraordinaire plafond à caissons peints. Créée à l'origine par Savonarole pour accueillir le Conseil de la République, elle fut utilisée par la suite comme salle d'audience par les Médicis. C'est pourquoi tous les thèmes choisis pour la décoration glorifient les Médicis (sur le médaillon du plafond, Cosme s'est même fait représenter en empereur romain !). Aux murs, fresques de Vasari racontant l'histoire de la ville et très belles statues du XVIe s représentant les travaux d'Hercule. Seule celle de la *Victoire sur Sienne* (en face de l'entrée) est de Michel-Ange (admirable mouvement du personnage principal, le « Génie » dominant la force brutale). À droite en entrant dans la salle, jeter un coup d'œil au *studiolo* de François Ier de Médicis : superbes fresques de Vasari et de ses collaborateurs, mais surtout magnifiques petits bronzes dans les niches (malheureusement difficiles à voir) par Jean de Bologne et Ammannati, notamment.
Avant de monter à l'étage, observer les très beaux plafonds des appartements de Léon X et les fresques.
– Ensuite, succession de salles et appartements aux plafonds et parois richement ornés de peintures maniéristes, et présentant de nombreuses œuvres (on ne sait plus quoi regarder, des salles ou des couloirs !) : sculptures sur bois polychromes, primitifs religieux dont la *Madonna dell'Umiltà* de Rossello di Jacopo Franchi. Petites sculptures d'Andrea Della Robbia, adorable *Madonna e Bambino* de Masaccio et magnifique *Nativité* d'Antoniazzo Romano (XVe s).
Une fois à l'étage, vers la gauche, les salles ont moins d'intérêt (on passe toutefois devant un adorable *Chérubin au dauphin,* de Verrochio) ; néanmoins, depuis la terrasse dite « de Saturne », belle vue sur l'église de San Miniato et les collines environnantes.
On repasse alors au-dessus de la *sala dei Cinquecento* qu'on peut admirer à loisir pour visiter l'autre partie des appartements beaucoup plus intéressante (sur la droite).
Parmi les salles les plus marquantes :
– ***Chapelle d'Eleonore,*** ornée de fresques de Bronzino, réalisées à l'origine pour des cadeaux officiels. Magnifique *Déposition* de belle facture maniériste ! Orgie de plafonds peints et dorés, notamment dans la salle qui porte l'inscription « Florentia ».
– Les trois salles suivantes (Sabines, Esther et Pénélope) valent surtout pour leurs plafonds.
– ***Chapelle des Prieurs,*** décorée de peintures en fausse mosaïque. C'est là que Savonarole passa sa dernière nuit avant d'être supplicié.
– ***Sala delle Udienze*** *(salle des audiences)* **:** les prieurs y recevaient les citoyens de la ville. Plafond assez outrageusement chargé. Fresques admirables d'une fraîcheur éclatante par Francesco Salviati, à notre avis un maniériste de plus grand talent que Vasari (notamment celle de la *Pesée des trésors de guerre*).
– ***Salle du Lys :*** juste en entrant, remarquable porte de marbre sculptée par Benedetto da Maiano (notamment le délicat *Saint Jean-Baptiste*) ; la salle abrite aussi l'une des plus grandes œuvres de Florence, le groupe *Judith et Holopherne,* sculpture en bronze de Donatello. Celle-ci trôna de 1494 à 1980 devant le Palazzo Vecchio, avant de partir en restauration, sérieusement victime des ravages du temps. Aux murs, à l'opposé de la porte de marbre, magnifiques fresques de Ghirlandaio. De cette salle également, belle vue sur le campanile, le Duomo et l'église de la Badia.
– ***Salle des Cartes*** avec des globes terrestres impressionnants.
– On termine par plusieurs salles abritant la collection Loeser. Vaut surtout pour la deuxième pièce avec un bel ange de Tino di Camaino, une superbe *Vierge à*

l'Enfant de Pietro Lorenzetti et une *Madone à l'Enfant* d'Alonso Berruguete. Dans la dernière salle également, belle série de panneaux du Pontormo.

Torre di Arnolfo *(zoom détachable D4)* **:** *entrée 4 € (10 € avec le chemin de ronde ; 14 € avec la visite du Palazzo Vecchio ; 18 € les 4 sites ; mêmes horaires pour les 2 musées). Attention, visite annulée en cas de pluie.* Elle permet une vue panoramique à 360° sur la ville et la campagne avoisinante. Les escaliers sont assez faciles et larges d'accès. Attention, nombre de visiteurs limité.

Museo Gucci *(zoom détachable D4)* **:** *piazza della Signoria, 10. ☎ 055-29-00-17. ● gucci.com ● Tlj 10h-20h. Entrée : 7 €.*
Situé sur la piazza della Signoria, le musée ne pouvait rêver rien de mieux que cette place emblématique ! Installé dans le sobre Palazzo della Mercanzia, il laisse apparaître les vestiges d'un vieux palais Renaissance. Également une boutique, un bar-restaurant et une librairie. *À savoir :* les salles sont renouvelées tous les 6 mois environ, mais on retrouve à chaque fois les thèmes évoqués, seuls les objets changent.
On a l'impression de visiter une boutique plutôt qu'un musée, mais cet endroit nous a agréablement surpris par le personnel accueillant et professionnel. Si vous avez un peu (beaucoup !) d'économies, une petite boutique destinée à la vente de sacs et de ceintures se trouve au rez-de-chaussée du palais.
À l'origine, Guccio Gucci n'était que simple groom dans un hôtel chic de Londres. Côtoyant la jeune bourgeoisie du début du XXe s, il eut l'idée en rentrant en Italie de créer une première série d'articles de voyages... On connaît la suite !
Sur deux étages, le musée invite les visiteurs à parcourir huit salles thématiques, symboles de la marque Gucci. On retrouve, par exemple, la première valise datant de 1938 (originale et en excellent état), les ceintures en forme de fer à cheval (l'équitation étant la grande passion de Gucci), les créations de robes de soirée, le thème « Flora » cher à la princesse Grace Kelly, pour qui Guccio Gucci avait fait créer expressément un foulard à motifs floraux lors de sa venue dans la boutique de Milan : c'est devenu un must de la maison. Et, bien sûr, les sacs, grandes vedettes de la maison, tous fabriqués en Italie (les usines sont situées dans les environs de Florence).
D'autre part, vous y trouverez deux salles réservées aux expos temporaires (qui changent elles aussi tous les 6 mois) de la collection de François Pinault (qui possède la maison Gucci).

Orsanmichele *(zoom détachable D4)* **:** *via Arte della Lana, entre la piazza della Repubblica et la piazza della Signoria. Tlj 10h-17h. 1er étage ouv lun ap-m et permet de voir les sculptures originales exposées (celles qui ornent actuellement l'église à l'extérieur sont des copies).*
Orsanmichele est une abréviation d'*Orto di San Michele,* signifiant le « potager de saint Michel ». À l'origine, c'était la halle au blé, ce qui explique que le pavement n'est ni en marbre ni en matière précieuse. Les arcades étaient à l'époque ouvertes : l'architecte Arnolfo di Cambio avait construit une couverture en bois et en brique pour abriter les étals du marché des céréales. Un incendie détruisit partiellement le bâtiment et la légende raconte qu'il ne resta qu'un pilier sur lequel figurait une peinture de la Vierge. Les Florentins crurent à un miracle et s'arrêtèrent dans ce bâtiment

LA HALLE AUX MIRACLES

Lors de la peste de 1348, les Florentins se réunirent au marché et implorèrent la Vierge de faire cesser l'épidémie... ce qui arriva ! Pour la remercier, ils commandèrent à Bernardo Daddi, élève de Giotto, un magnifique retable représentant la Vierge à l'Enfant en majesté. Les fidèles furent de plus en plus nombreux à remplir l'église d'ex-voto, rendant inaccessible l'accès à l'étage. On construisit alors un passage surélevé entre l'ancien grenier à blé et le Palazzo dell'Arte di Lana, toujours visible aujourd'hui.

pour prier. Le lieu connut un tel succès qu'il fallut consacrer le bâtiment au XIVe s... Ce qui explique la forme peu habituelle de cette église (à deux nefs !). En revanche, une fois l'église consacrée au rez-de-chaussée, l'étage supérieur resta dédié au stockage du grain !
À l'extérieur, on perça des niches tout autour, ornées de statues réalisées par les plus grands artistes de l'époque et commandées par les grandes corporations. Chaque guilde de la ville avait été chargée de la réalisation d'une statue de son saint patron, si bien que ce bâtiment présente l'un des ensembles sculpturaux les plus importants et surtout les plus représentatifs de l'évolution stylistique. Via dei Calzaiuoli, on peut voir *Saint Jean-Baptiste* de Ghiberti (celui du baptistère), *Saint Thomas* (patron du tribunal des marchands) de Verrocchio, *Saint Luc* (patron des juges) de Jean de Bologne. Via Orsanmichele, on trouve *Saint Pierre* (protecteur des bouchers) et *Saint Marc* (patron des drapiers) de Donatello. Via dell'Arte della Lana, superbe représentation dans le marbre du labeur des maréchaux-ferrants par Nanni di Banco.
À l'intérieur, les peintures du plafond ont conservé leurs couleurs éclatantes. Admirable *ciborium-retable* d'Andrea Orcagna, du XIVe s. Les vitraux, représentant les miracles de la Vierge, sont intacts et comptent parmi les plus anciens de la ville. Un détail intéressant, les trous situés dans les colonnes de gauche permettaient la livraison du blé directement du 1er étage au consommateur. Il est probable que le fait d'avoir consacré le rez-de-chaussée permettait de limiter les convoitises et la fraude...

Ponte Vecchio *(zoom détachable D4)* **:** il porte bien son nom, c'est le plus ancien de la ville (il existait déjà avant le Xe s). Pas difficile, cela dit, puisque l'armée allemande a fait sauter tous les autres le 4 août 1944 pour de nébuleuses questions stratégiques. Il est resté, à peu de chose près, tel qu'il était en 1345, date à laquelle il fut reconstruit et enrichi de boutiques et de maisons qui lui donnent son caractère bien particulier. À cette époque, bouchers et poissonniers occupaient les lieux, mais la famille Médicis, ne supportant plus l'odeur insoutenable de ces commerces, les fit partir pour laisser place aux bijoutiers qui sont encore là aujourd'hui. Les maisonnettes étaient louées par l'État, qui en récoltait une coquette somme. Le corridor au-dessus des maisons, qui relie les Offices au palais Pitti, date en revanche du XVIe s. Si vous voulez bien le voir, passez-y le matin tôt (vers 7h-8h) ou le soir pour éviter la foule. Dans la journée, on le voit beaucoup mieux des autres ponts !

Chiesa Badia Fiorentina *(église de la Badia Fiorentina ; zoom détachable D4)* **:** *près du Bargello. L'entrée se fait sur le côté, via Dante Alighieri. Horaires très restreints : lun 15h-18h slt.* À gauche en entrant, un sublime chef-d'œuvre de Filippino Lippi, *L'Apparition de la Vierge à saint Bernard*. La scène est proche d'un tableau de Botticelli avec l'élégance de l'enfant (regarder ses mains...). Sculptures du plafond splendides. Il a fallu 27 ans pour les réaliser. Œuvres sculptées de Mino da Fiesole (1464-1470). Les fresques du chœur, en trompe l'œil, sont de G. D. Ferretti (1733-1734). Demandez gentiment à la personne de l'entrée si vous pouvez pousser la porte de droite à côté de l'autel. Vous découvrirez un petit cloître charmant, le « cloître des orangers », qui faisait partie autrefois d'un couvent bénédictin. Vous pouvez admirer (mais la majeure partie est abîmée) les fresques de la vie de saint Benoît.

Chiesa Santa Maria dei Ricci *(zoom détachable D3)* **:** *via del Corso. ☎ 055-28-93-67. Concerts classiques presque tlj à 21h15 ; concert d'orgue sam à 18h. La vente des billets commence 1h avt le début du concert.* Voici un excellent moyen de profiter de la beauté de cet amour de petite église qui cultive une mise en lumière géniale. Ce qui marque d'abord, c'est l'absence de retable. À la place, un délire baroque où des angelots plus dorés les uns que les autres nagent dans une mer de nuages argentés. On sent vraiment que quelqu'un s'est ingénié à mettre en valeur la décoration. Ici, un rai de lumière fend la pénombre pour atterrir sur une petite statuette timide ; là, dans son alcôve damassée de velours bordeaux, un christ fait de l'œil à un gisant d'une blancheur luisante. Remarquer d'ailleurs les proportions étranges de ce dernier : ses membres inférieurs et sa tête sont manifestement disproportionnés par rapport au thorax.

Loggia del Mercato Nuovo (zoom détachable D4) **:** *via Porta Rossa.* Édifiée au XVIe s, avec hautes arcades et pilastres d'angle. Célèbre pour sa *fontaine du Porcelet (del Porcellino)* de Pietro Tacca, un artiste du XVIIe s, sanglier de bronze très expressif. Lui caresser le groin porte bonheur, paraît-il ! Et mieux encore, si vous voulez revenir un jour à Florence, il vous suffit de glisser une pièce sur sa langue et qu'elle retombe dans les rainures de la fontaine. Une reproduction en bronze est également conservée aux Offices.

Museo Galileo (musée Galilée ; zoom détachable D4) **:** *piazza dei Giudici, 1. ☎ 055-26-53-11. • museogalileo.it • Tlj 9h30-18h (13h mar). Entrée : 9 €.* Installé depuis 1930 dans l'un des plus vieux édifices de Florence (le *Palazzo Castellani*), ce musée (anciennement *Museo di Storia della Scienza*) a été rénové en 2010 et abrite désormais l'une des plus riches collections d'instruments scientifiques du monde. La qualité des pièces témoigne de la passion des grands de Florence pour le monde des sciences, en particulier sous le règne du grand-duc Ferdinand au XVIIe s. Protecteur de Galilée, cet érudit atypique en était même arrivé à négliger les affaires courantes de l'État !

Pas moins de 1 500 pièces datées du XVe au XIXe s sont exposées de manière didactique, réparties par thèmes. On y voit, par exemple, la lentille du télescope avec lequel Galilée découvrit les satellites de Jupiter, ainsi qu'un globe de verre contenant... un doigt de l'illustre savant. Un peu plus loin, amusez-vous avec ce portrait d'homme qui, réfléchi dans un miroir, vous montre une femme ! Et toutes sortes d'instruments savants délicatement ciselés jalonnent le parcours, sérieux comme ces beaux compas et ces cadrans solaires, surprenants comme cette lunette en ivoire pour dame... assortie d'un poudrier ! Les remarquables globes terrestres et les subtils mécanismes à mesurer le temps précèdent quelques salles plus éprouvantes, consacrées à la chirurgie et à l'obstétrique.

– *Meridiana Monumentale :* située sur la piazza dei Giudici et visible de tous, elle a été conçue en 2007 par les designers Luise Schnabel et Filippo Camerota. L'ombre projetée par la boule en verre indique à la fois l'heure réelle de la journée et la période de l'année, et la ligne transversale définit la course du Soleil dans l'année. Belle réussite associant verre et alliage, et se mariant très bien avec le Palazzo Castellani.

Oratorio dei Buonomini di San Martino (zoom détachable D4) **:** *en face de la Casa di Dante. Tlj sf dim et ven ap-m 10h-12h, 15h-17h.* Fondé en 1441 par la confrérie des *Buonomini* (les « hommes bons »), dirigée par San Martino, qui venait en aide aux « démunis mais dignes ». Lorsque l'ordre manquait cruellement d'argent, une bougie était allumée devant la porte, signifiant « nous en sommes réduits à cette petite lueur ». La charité du voisinage jouait alors son rôle. On les aidait en leur donnant de l'argent, à manger, en leur prodiguant les soins dont ils avaient besoin. Fresques d'origine du XVe s, remarquablement conservées, représentant la vie de San Martino (dont on voit le portrait au-dessus de la porte extérieure).

QUARTIER DE SANTA CROCE

Un vieux quartier historique (encore un !) avec ses petites rues entrelacées, ses petits commerces de proximité et surtout sa magnifique basilique. La basilica di Santa Croce renferme des trésors, notamment les tombeaux des personnages qui ont illustré l'histoire artistique et politique italienne : Michel-Ange, Ghiberti, Machiavel, Rossini, Galilée... Un quartier aux multiples facettes qu'il faut découvrir en prenant son temps. N'hésitez pas à faire un saut au Museo del Bargello, un musée aux collections incroyables de sculptures, encore trop méconnu. Il suffit de vous aventurer (et de vous perdre) dans les ruelles de ce quartier populaire pour tomber sous le charme.

Où dormir ?

Prix moyens

■ ***Hotel Dali*** *(zoom détachable E3,* ***63****) : via dell'Oriuolo, 17. ☎ 055-234-07-06. • hoteldali@tin.it • hoteldali.com • Congés : 2 sem en janv. Doubles sans ou avec salle d'eau 60-90 €. Parking. Réduc de 10 % janv-fév sur présentation de ce guide.* On aime cette petite pension sans histoire tenue par un couple charmant. Une dizaine de chambres agréables, bien tenues dans l'ensemble. L'atout de l'endroit ? C'est évidemment le parking privé gratuit dans la cour de l'immeuble. Une aubaine à Florence ! Accueil souriant.

■ ***Hotel Bavaria*** *(zoom détachable E3,* ***68****) : borgo degli Albizi, 26. ☎ 055-234-03-13. • info@hotelbavariafirenze.it • hotelbavariafirenze.it • Doubles sans ou avec salle d'eau privée 78-95 €.* Les impressionnantes hauteurs sous plafond, les traces de fresques émergeant ici ou là du crépi et la taille atypique des chambres entretiennent l'atmosphère Renaissance du Palazzo Ramirez datant du XVIe s. Beaucoup de caractère, mais si l'établissement est dans l'ensemble bien tenu, on aimerait que les équipements (tuyauteries notamment) soient rénovés...

De chic à plus chic

■ ***Hotel Balestri*** *(zoom détachable D4,* ***35****) : piazza Mentana, 7. ☎ 055-21-47-43. • info@hotel-balestri.it • hotel-balestri.it • Doubles à partir de 110 €. Parking.* Bel et imposant édifice du XIXe s, bénéficiant d'une situation privilégiée sur les berges de l'Arno. Les chambres (une cinquantaine), dont une bonne partie ont été rénovées, sont confortables et lumineuses. Celles donnant sur le fleuve avec les balcons sont évidemment un poil plus chères... mais tellement plus agréables ! Accueil professionnel.

■ ***Residenza d'Epoca Verdi*** *(plan détachable E4,* ***69****) : via Giuseppe Verdi, 5. ☎ 055-23-47-962. • info@residenzaepocaverdi.it • residenzaepocaverdi.it • Interphone sur rue, escalier en pierre, puis, au 1er étage, ascenseur jusqu'au 3e. Résa indispensable en hte saison. Doubles avec douche et w-c ou bains 100-120 €.* 8 chambres seulement, à la déco chaleureuse (mobilier peint, épais rideaux, sols en terre cuite, tissus de choix sur les lits) et aux jolies salles de bains modernes. Préférez celles donnant sur l'arrière du théâtre, plus calmes et à la déco plus typique. L'accueil, s'il est discret, est éminemment gentil. On s'y sent bien, comme dans une maison d'hôtes. Une adresse vraiment charmante.

B & B Le Stanze di Santa Croce *(plan détachable E4, **75**) : via delle Pinzochere, 6. 347-25-93-010. • info@lestanzedisantacroce.com • lestanzedisantacroce.com • Double 160 €, avec petit déj. Parking 21-29 €/j.* Maria Angela, originaire des Pouilles, a posé ses valises à deux pas de la piazza Santa Croce dans cette belle maison qu'elle a entièrement rénovée depuis. Les chambres sont gaies et colorées, à l'image de la joyeuse propriétaire. Le petit déjeuner (fait maison), servi sur la terrasse fleurie, est vraiment copieux. Excellente cuisinière, Maria Angela propose également des cours de cuisine (elle adore ça !) et même de faire le marché avec elle ! Plus qu'un *B & B*, une atmosphère unique. Une de nos adresses préférées dans le quartier.

Où manger ?

Sur le pouce et très bon marché

Pizzicheria Guadagni *(zoom détachable E4, **222**) : via Isola delle Stinche, 4 r. ☎ 055-239-86-42. Tlj sf dim 8h-20h. Panino 5 €.* Petite épicerie familiale qui tient bon malgré les restos hyper touristiques du quartier. Pour un *panino,* il suffit de demander qu'on vous le prépare à votre goût. Vous choisissez parmi les bocaux d'*antipasti,* les fromages parfumés et les jambons appétissants, tranchés sous vos yeux. Accueil serviable. Une bonne petite adresse pas chère et rapide.

Salumeria Verdi – Pino's Sandwiches *(plan détachable E4, **109**) : via Giuseppe Verdi, 36 r. ☎ 055-24-45-17. • info@pozzodivino.com • Tlj sf dim 9h-21h. Congés : août. Repas 7-9 €. Réduc de 10 % sur l'achat d'une bouteille de vin sur présentation de ce guide.* Idéale pour les petits budgets (c'est le repaire des étudiants de la ville), cette traditionnelle charcuterie-fromagerie plus connue sous le prénom de son sympathique propriétaire, Pino, propose *primi* (les lasagnes sont excellentes), *secondi* et *panini* à des prix défiant toute concurrence. Parfait pour une pause à n'importe quel moment de la journée, mais attention à l'attente à l'heure du déjeuner.

Vespé Café *(plan détachable E4, **200**) : via Ghibellina, 76. ☎ 055-388-0062. Tlj 9h (10h w-e)-15h ; brunch dim. Congés : août.* Un lieu voulu par deux copines, l'une italienne, l'autre canadienne. Ça donne quoi ? Un endroit très sympathique et très agréable à tous moments de la journée, du petit déjeuner hyper *healthy* et vitaminé aux plats vegan et salades itou le midi. Et l'accueil ? Extra !

De prix moyens à plus chic

Fishing Lab Alle Murate *(zoom détachable D3-4, **121**) : via del Proconsolo, 16 r. ☎ 055-24-06-18. • info@fischinglab.it • Tlj 11h-minuit. Compter 25 €.* Un lieu original entièrement dédié aux poissons dans l'ancien restaurant chic de la ville (d'ailleurs, vous pouvez toujours admirez au 1er étage le plafond voûté avec les fresques représentant Dante). Ici, le poison est dans tous ses états : cru, cuit, cuisiné dans la tradition ou version « *street fish* », au comptoir ou à table, le tout servi par une équipe jeune et dynamique. La reconversion du très chic *Alle Murate* a bien pris ! Bon vent !

Ristorante-pizzeria I Ghibellini *(plan détachable E3, **112**) : piazza San Pier Maggiore, 8-10 r (angle borgo degli Albizi et via Palmieri). ☎ 055-21-44-24. Tlj sf dim. Plats 6-10 € ; repas env 20 €.* Difficile de rater cette grosse pizzeria de quartier qui a pris ses aises sur une bonne partie de la place. Sa terrasse aux beaux jours est très appréciée. Pour les grosses chaleurs, un grand espace rafraîchissant au sous-sol. Ce n'est pas un grand rendez-vous culinaire, mais les pizzas croustillantes à pâte fine (une cinquantaine) ou quelques plats classiques auront raison de votre estomac affamé.

Osteria de' Pazzi *(plan détachable E4, **235**) : via dei Lavatoi, 3 r (à l'angle de la via Verdi). ☎ 055-23-44-880. • osteriadeipazzi@legalmail.it • Tlj. Repas 20-25 € ; menu le midi 16 €.* Une *osteria* populaire où les gens du quartier se retrouvent à la bonne franquette autour d'une succulente *bistecca* ou d'un copieux plat de pâtes. La déco ne vaut pas tripette, le service peut parfois être un peu rude. Le principal ? C'est qu'on y mange drôlement bien !

Il Gatto e la Volpe *(zoom détachable E4, **110**) : via Ghibellina, 151 r. ☎ 055-28-92-64. • osteriadelgattoelavolpe@yahoo.it • Tlj 12h-23h30. Repas 10-25 €. Digestif offert sur présentation de ce guide.* Dans une *trattoria* de quartier animée par les nombreux étudiants qui s'y pressent, copieux plats de pâtes pour caler les gros appétits. Idéal pour faire des rencontres et dîner entre amis, avec un niveau sonore généralement élevé. Accueil jeune et souriant.

Libreria Brac *(zoom détachable D4, **220**) : via dei Vagellai, 18 r. ☎ 055-094-48-77. • info@libreriabrac.net • Dans une petite rue très discrète non loin de la basilica Santa Croce. Tlj 12h-20h ; brunch dim. Fermé à Noël. Résa conseillée pour le dîner. Repas 12-20 €.* Ambiance zen, même dans le service (stressés s'abstenir). Aux beaux jours, on s'assoit dans les fauteuils moelleux du patio ou on pioche un livre d'art dans l'espace librairie tout en sirotant un thé. Pour les adeptes de la cuisine bio et végétarienne, chacun y trouvera son compte. Une bonne petite adresse au cadre relaxant.

Chic

Ristorante Gastone *(zoom détachable E4, **237**) : via Matteo Palmieri, 24. ☎ 055-26-38-763. • info@gastonefirenze.it • Tlj sf dim 12h-15h, 19h-23h. Compter 15 € le midi, 35 € le soir.* Un cadre élégant, un brin chic, pour passer un bon moment sans pour autant vider son portefeuille. Le midi, on se régale de belles salades mélangées ou de carpaccios. Le soir, c'est plus cher : la carte prend une tournure gastro avec un beau (et bon) choix de poissons. Belle carte des vins aussi. Service agréable et efficace.

Osteria del Caffè Italiano *(zoom détachable E4, **223**) : via Isola delle Stinche, 11 r. ☎ 055-29-90-80. • edoardo@caffeitaliano.it • Tlj sf lun. Repas complet env 30 € ; menu dégustation 50 €. Apéritif maison offert sur présentation de ce guide.* Une institution florentine bien dans son jus avec son carrelage d'époque et ses belles boiseries. On s'y attable pour de solides plats traditionnels typiquement toscans comme la salade de tripes, la *pappa al pomodoro,* les *fagioli bianchi* ou encore la *bistecca alla fiorentina.* Cohabitent également une pizzeria qui propose quelques pizzas napolitaines et le *Ristorante Sud,* donnant sur la via della Vigna Vecchia, qui offre une large place à la cuisine de la Campanie. Bref, un resto « trois-en-un » ! Attention à ne pas vous tromper de porte !

Où boire un bon café ? Où déguster de bonnes pâtisseries ?

Ditta Artigianale *(zoom détachable D-E4, **161**) : via dei Neri, 33. ☎ 055-274-15-41. • info@dittaartigianale.it • Tlj 8h-22h (minuit ven-sam).* Le meilleur café de la ville est ici ! Le chef s'est illustré dans une diatribe violente contre les cafetiers italiens ! Ici, il est fait dans les règles de l'art... un vrai délice. Dans une déco épurée et *arty*-vintage, on peut aussi déjeuner le midi. Et en plus, l'accueil est chaleureux. Que demander de plus ? *Autre adresse juste à côté du Ponte Vecchio, via dello Sprone, 5 r.*

Biobistro Miso di Riso *(zoom détachable E3, **107**) : borgo degli Albizi, 54 r. ☎ 055-265-40-94. Tlj sf lun-mar. Congés : 3 sem en janv et 2 sem en* *nov. Réduc de 10 % sur l'addition nov-mars sur présentation de ce guide.* Un endroit comme beaucoup d'autres qui fleurissent en ce moment à Florence. Un concept bio-végéto-culinaire entouré de chlorophylle, de mobilier coloré et dépareillé. Ateliers couture ou cuisine (c'est selon), de la déco à vendre et, accessoirement, de quoi se sustenter. Bien pour une pause thé entre deux visites.

Où savourer de bonnes glaces ?

Vestri *(plan détachable E3,* ***163****)* **:** *borgo degli Albizi, 11 r. ☎ 055-234-03-74. Lun-sam 10h30-20h. Congés : août.* Petite maison du chocolat qui a eu la bonne idée d'adapter ses recettes aux glaces artisanales : peu de parfums mais souvent originaux (celui au piment est divin) et toujours délicieux. Celle au chocolat à l'orange est succulente, mais les habitués en basse saison viennent aussi faire la queue pour y siroter le chocolat chaud maison, un vrai nectar concentré.

Rivareno *(zoom détachable E3,* ***176****)* **:** *borgo degli Albizi, 46 r. ☎ 055-011-80-39. • info@riverano.com • Tlj 11h-22h.* Cette chaîne de glaciers née près de Turin certifie sans colorant artificiel et sans graisses hydrogénées la fabrication de ses glaces. On y découvre des parfums raffinés comme la noisette de Cuneo, la pistache sicilienne ou encore le sublimissime gianduja-bacio ! Pour les plus téméraires, tentez les glaces du mois aux associations parfois farfelues.

Où boire un verre ? Où sortir ?

Dondino *(plan détachable E4,* ***108****)* **:** *piazza Santa Croce, 6 r. ☎ 055-234-26-10.* Un petit bar qui d'extérieur ne paie pas de mine, mais une fois à l'intérieur on est conquis par l'ambiance et la gentillesse des serveurs. Et en plus les cocktails sont fameux.

Moyo *(zoom détachable E4,* ***190****)* **:** *via dei Benci, 23 r. ☎ 055-247-97-38. • info@moyo.it • Tlj 8h30-3h. Aperitivo 10 €.* Ce vaste bar qui s'anime dès la fin de l'après-midi propose un *aperitivo* copieux. Sièges à hauts dossiers formant un « M », chandeliers et lustre de style. Et quand le trop-plein déborde largement sur la placette, l'ambiance festive, jusqu'à une heure avancée de la nuit, plaira aux oiseaux de nuits. Les DJs aux platines y sont probablement pour quelque chose !

À voir

Museo del Bargello *(zoom détachable D4)* **:** *via del Proconsolo, 4. ☎ 055-238-86-06. Tlj 8h15-17h. Fermé 1er, 3e et 5e lun du mois, ainsi que 2e et 4e dim du mois. Salle des petits bronzes (fermeture temporaire) et salle d'armes fermée l'ap-m. Entrée : 4 € (7 € lors d'expos temporaires) ; réduc.*

Le Musée national de sculpture est installé depuis 1865 dans un très beau palais (appelé aussi *Palazzo del Podestà*). Édifice à l'aspect sévère du début du XIIIe s, dominé par une tour crénelée de près de 60 m de haut. D'abord palais du Podestat (qui garantissait la liberté du peuple), il devint tribunal, prison et lieu de tortures au crépuscule de la démocratie florentine (fin XVIe s). C'est une des visites les plus agréables de Florence, et les chefs-d'œuvre y sont nombreux. C'est l'occasion de parcourir et de comprendre l'évolution de la sculpture florentine.

Cour du rez-de-chaussée

– Dans la cour, à l'élégante architecture, œuvres de Bartolomeo Ammannati et adorable *Petit Pêcheur* en bronze (1877) de Vincenzo Gemito. *Canon de San Paolo* (1638) très ouvragé et orné de la tête de saint Paul, presque une œuvre d'art. Il faut s'imaginer que, aux XIIIe et XIVe s, la cour était dévolue aux exécutions. Regardez dans l'angle de l'escalier les anneaux qui servaient aux pendaisons. D'ailleurs Léonard de Vinci les a immortalisés lors de la conjuration des Pazzi (événement majeur qui opposa cette famille aux Médicis), où Francesco di Pazzi fut pendu nu.

La visite commence par le 1er étage, de manière chronologique

– ***Salle Donatello :*** c'est, avec la salle dédiée à Michel-Ange, le must du Bargello : superbe volume pour des œuvres majeures de Donatello en particulier, dont le célèbre *David,* en bronze. C'est la première sculpture nue en ronde bosse. Elle a été commandée par Cosme de Médicis en 1140 pour décorer son palais. Il s'en dégage une féminité incroyable (on pourrait penser que le bassin est celui d'une jeune fille). En 2007, la restauration de la statue a fait apparaître de l'or. Certaines parties du corps en étaient pourvues (cheveux). Quant au *David* en marbre (une œuvre de jeunesse), il devait être placé sur les contreforts du Duomo, mais il n'était pas assez colossal pour le clergé. Vous trouverez aussi l'original du *Saint Georges* d'Orsanmichele, avec son fameux bas-relief où saint Georges délivre la princesse et terrasse le dragon (effet de relief écrasé, *stiacciato*). Attardez-vous sur le *Amore-Attis* de Donatello, souvent oublié. Remarquez sa ceinture, ornée de pavots (emblème de la famille Bartolini) recouverts de minuscules fragments d'or. Et, enfin, le *Marzocco* (l'original) de Donatello, la copie étant sur la piazza della Signora, au pied du Palazzo Vecchio. C'est l'emblème de la ville.

– Également les panneaux de bronze qui servirent au concours pour les portes du baptistère, par Ghiberti et Brunelleschi : la vivacité, la fluidité et la qualité de la mise en scène de Ghiberti sautent aux yeux, le *Sacrifice d'Isaac* de Brunelleschi a une interprétation plus forte, plus rigide... Magnifiques coffres peints. Dans cette salle également, les sculptures des Florentins de la première moitié du Quattrocento valent le détour (Michelozzo, Della Robbia, Agostino di Duccio...). Et de belles sculptures siennoises, par Vecchietta notamment.

– ***Salle Carrand :*** elle rassemble la collection éclectique d'un riche donateur français de Lyon. Petites peintures flamandes du XVe s, dont de remarquables miniatures de Koffermans rappelant un peu les créatures fantastiques de Jérôme Bosch. Sinon, bel éventail de bijoux, émaux, merveilles de l'art limousin, serrures et marteaux de porte ouvragés, ou encore cette *Annonciation* et *Présentation au Temple* du maître de la légende de sainte Catherine, les *Grotesques* d'Alessandro Allori et des objets religieux. Avant de quitter la salle, profitez-en pour jeter un coup d'œil à l'ancienne chapelle, dont les fresques admirables de Giotto datent du milieu du XIVe s. C'est ici qu'on faisait méditer les condamnés à mort. On pouvait même payer sa place pour les voir !

– La visite continue en principe par la ***salle des ivoires*** : remarquable collection de petits ivoires ciselés (superbes diptyques), reliquaires, crosses d'évêque, coffrets sculptés. Prendre le temps de découvrir la qualité extrême de ces pièces pour la plupart d'origine française. Également statuaire de bois polychrome : *Madone de la Miséricorde* (XIVe s), art de l'Ombrie.

– ***Salle de la céramique polychrome et des beaux objets,*** dite aussi « *salle islamique* » : olifant en ivoire sicilien du XIe s, tapis et tissus anciens, casques turcs du XVe s. Lever la tête pour découvrir le plafond à caissons.

– ***Salle du Trecento :*** art florentin des XIIIe et XIVe s. Surtout Tino de Camaino, dont on remarquera *La Vierge et l'Enfant* (au torticolis). Également des œuvres de Simone di Francesco Talenti et une belle Madone de la Miséricorde avec le peuple se protégeant sous Marie.

– Les salles de sculpture médiévale contiennent théoriquement de magnifiques œuvres de Tino di Camaino, Arnolfo di Cambio... Elles sont le plus souvent dédiées aux expositions temporaires et les œuvres sont alors transférées au 1er étage (salle du Trecento).

Deuxième étage (ouvert slt lors d'expo temporaire)

– ***Salle de Luca et Andrea Della Robbia,*** ainsi que ***de Buglioni,*** qui furent les grands représentants de la terre cuite émaillée. Explosion de couleurs et de charme !

– Splendide ***salle d'armes*** *(fermée l'ap-m)* : selles en os et ivoire ciselés, mousquets et arbalètes incrustés de nacre, or et ivoire. Armures, armes perses et turques du XVe au XVIIe s.
– ***Salle Verrocchio :*** on y admire le superbe *David* de Verrocchio, dont la moue amusée due à la jeunesse le différencie du *David* de Donatello (au 1er étage), plus pensif, accomplissant sa tâche sans gloriole. À voir aussi, de Verrocchio, la magnifique et sobre *Dame au bouquet.* Également des œuvres charmantes de Mino de Fiesole, Agostino di Duccio, Benedetto da Maiano...
– ***Salle des petits bronzes*** *(fermée l'ap-m)* **:** la présentation est un peu surchargée. On y trouve pourtant de magnifiques bronzes d'artistes célèbres (Jean de Bologne, Pollaiolo...), qui méritent le détour mais dont on ne profite malheureusement pas, car ils sont noyés dans la masse.
– ***Loggia :*** nombre d'œuvres du bestiaire à plumes de Giambologna et le *Jason* de Pietro Francavilla, d'une grande finesse. Dans les salles de la verrerie et de la céramique : *Madone à l'Enfant* de Sansovino. Intéressante série de faïences de Castelli du XVIe s, avec des bleus remarquables.

Après la visite de l'étage, descendre au rez-de-chaussée
– ***Salle du Cinquecento :*** absolument magnifique mais à découvrir en dernier, après la visite de l'étage, pour des raisons chronologiques. On y découvre des œuvres de jeunesse de Michel-Ange, dont *Bacchus,* sa première sculpture importante qu'il n'a pas terminée. En effet, il s'est rendu compte qu'il travaillait pour l'ennemi des Médicis, le cardinal Ridolfi. *Madone avec Jésus et saint Jean,* mais aussi des compositions plus tardives comme *David,* ou le buste de *Brutus.* Également un buste de *Cosme Ier* de Benvenuto Cellini (œuvre extrêmement maîtrisée), *Mercure* de Giambologna (Jean de Bologne) et sculptures de Bandinelli, Ammannati, Vincenzo Danti, Tribolo, Jacopo Sansovino (le *Bacchus,* en particulier), Francavilla, Rustici.

SANTA CROCE

Piazza di Santa Croce *(plan détachable E4)* **:** vaste place très caractéristique de la ville, bordée de palais aux élégants encorbellements, et au fond de laquelle s'élève le plus intéressant des édifices religieux de Florence, la *basilica di Santa Croce.* L'un des palais de cet ensemble remarquable, le *Palazzo dell'Antella,* présente des traces de jolies fresques.
À l'époque médiévale, c'est dans cet espace, alors hors les murs, que les Florentins se rassemblaient pour écouter les prédicateurs franciscains, pour participer aux fêtes populaires et pour assister aux différentes joutes princières. On y jouait notamment au fameux *calcio,* jeu de ballon local des plus viril, qui oppose les quatre quartiers d'origine de la cité depuis le XVIe s. Et comme les Transalpins avaient déjà la passion du ballon rond, le siège de Charles Quint en 1530 n'empêcha pas les équipes de s'affronter sous la mitraille !

Basilica di Santa Croce e Museo dell'Opera *(plan détachable E4)* **:** *piazza di Santa Croce, 16. ☎ 055-246-61-05. Tlj 9h30 (14h dim et j. fériés)-17h30. Entrée : 8 €. Audioguide en français : 4 €. Plan en français disponible à l'accueil (1 €). Tenue décente obligatoire. Le mat, arrivez avt l'arrivée massive des touristes en visite organisée.*
Santa Croce fut construite pour l'ordre des Franciscains à la fin du XIIIe s, mais la façade en marbre blanc de style néogothique (totalement rajeunie pour le jubilé) date du XIXe s. Santa Croce doit également son immense célébrité aux nombreux personnages illustres qui y sont enterrés et en font un véritable panthéon toscan, voire italien.
À l'intérieur, entrer par la porte latérale de l'église et démarrer la visite par le portail principal pour mieux apprécier les volumes. L'église est très large, de style simple et rigoureux, et coiffée d'une magnifique charpente de bois pour se conformer à la tradition des ordres mendiants. Dès l'entrée, l'une des deux statues qui, dit-on, inspirèrent à Bartholdi sa statue de la Liberté de New York. Au sol, nombreuses belles dalles funéraires en marbre, protégées par des cordons du piétinement des visiteurs. Dans le bas-côté droit (face au chœur), on rencontre d'abord le

tombeau de Michel-Ange (par Vasari, qui a sculpté le buste de l'artiste à partir de son masque mortuaire), puis le cénotaphe de Dante (il est enterré à Ravenne). On trouve ensuite le tombeau du poète Alfieri (par Canova), la belle chaire du XVe s sculptée par Benedetto da Maiano, le tombeau de Machiavel et celui de Rossini. Le bas-côté gauche abrite pour sa part celui de Galilée (belles fresques du XIVe s autour), de Marconi (l'inventeur de la radio), la pierre funéraire de Lorenzo Ghiberti (auteur des portes du baptistère) et les plaques commémoratives de Léonard de Vinci (enterré à Amboise). Toujours dans ce bas-côté gauche, un beau monument funéraire de Carlo Marsuppini par Desiderio da Settignano.

– ***Le transept gauche*** est réservé à la prière, donc difficilement accessible. Belles fresques de Bernardo Daddi inspirées de Giotto dans la chapelle juste avant. Enfin, remarquer l'*Assomption* de Giotto et l'intéressant retable en terre cuite émaillée de Giovanni Della Robbia (quelle famille !).

– Sur l'autel du ***chœur principal*** (interdit au public), grand polyptyque du XIVe s représentant la Vierge, les saints et les Pères de l'Église, immense crucifix peint par le maître de Figline (élève de Giotto, encore un !). Superbes fresques du chœur, illustrant le cycle de la croix d'après la *Légende dorée* de Jacques de Voragine, par Agnolo Gaddi (fils de Taddeo).

– ***Le transept droit :*** tout de suite à droite du chœur, les célèbres chapelles Bardi et Perruzi, couvertes de fresques de Giotto. Dans la première chapelle, *Scènes de la vie de saint François.* Noter comme les personnages prennent du relief. Sur la voûte, les symboliques de la Pauvreté, de la Chasteté et de l'Obéissance, vertus qui caractérisent l'ordre franciscain. Dans la chapelle voisine, *Scènes de la vie de saint Jean-Baptiste* (toujours par Giotto).

Au fond, à droite du transept droit, *chapelle Castellani* (scènes de la vie de plusieurs saints par Agnolo Gaddi), *Baroncelli-Giugni* (fresques superbes de la *Vie de la Vierge* par Taddeo Gaddi en 1332, un des élèves les plus doués de Giotto) et une 3e chapelle, celle de Buenaparte où repose Julie Clary, épouse de Joseph Bonaparte qui fut roi de Naples. Au fond du transept droit, un couloir mène au corridor. Dans la sacristie, superbe *Crucifixion* suspendue de Cimabue et les *Scènes de la vie de la Vierge* par Giovanni da Milano dans la petite chapelle Rinuccini. À côté, vous pouvez aussi visiter l'*école du Cuir,* où l'on peut encore voir les artisans travailler, et la chapelle Bardi. À noter, au fond du couloir de l'école, une délicieuse *Annonciation* à fresque.

Depuis la nef, un autre passage débouche sur un *cloître* du XIVe s flanqué de la fameuse et somptueuse *chapelle des Pazzi,* de style Renaissance, construite par Brunelleschi (l'auteur du dôme de la cathédrale). Intérieur d'une très grande austérité, décoré de médaillons en terre cuite de Luca Della Robbia figurant les apôtres et les évangélistes. Élégance, sobriété, force et équilibre, cette chapelle incarne parfaitement le miracle du Quattrocento florentin.

À gauche en sortant de la chapelle, un autre *cloître,* dessiné également par Brunelleschi. Enfin, l'ancien réfectoire abrite le ***Museo dell'Opera.*** On y trouve nombre d'œuvres qui décorèrent autrefois l'église. Dans les salles de gauche, quelques sculptures d'un des plus grands sculpteurs du XIVe s, le Siennois Tino di Camaino. On entre ensuite dans la ***salle des vitraux.*** Juste en entrant, une superbe *Vierge allaitante* (anonyme – mais quel talent !) et, au fond de la salle, le célèbre triptyque *Baroncelli* de Giotto. Dans la salle suivante, belle fresque de Domenico Veneziano représentant saint François et saint Jean-Baptiste. Magnifique *Saint Louis de Toulouse* par Donatello. Enfin, au fond, vestiges d'une fresque d'Orcagna évoquant *L'Enfer et le Triomphe de la mort,* et immense *Arbre de vie* et la *Cène* de Taddeo Gaddi.

Museo della Fondazione Horne *(zoom détachable E4) : via dei Benci, 6. ☎ 055-24-46-61. Tlj sf dim et j. fériés 9h-13h (vente des billets jusqu'à 12h). Entrée : 7 €. Les œuvres sont décrites de haut en bas et de gauche à droite en entrant dans les pièces. Pour vous faciliter la visite, nous vous indiquons les numéros des œuvres que nous avons particulièrement remarquées.*

Occupe le petit *Palazzo degli Alberti,* une belle demeure patricienne caractéristique de la première Renaissance florentine, construite au XVe s pour de riches marchands d'étoffes. Ensuite, il est passé entre les mains de la famille Corsini pendant la Renaissance avant d'être racheté en 1911 par un esthète londonien installé à Florence, Herbert Percy Horne. À la fois dessinateur, lettré, historien d'art, il rachète les œuvres de Bardini (voir plus loin dans le quartier de San Spirito). Il achète principalement des objets du quotidien qui pourraient prendre place dans son palais. Il veut surtout reconstruire une histoire sociale. Il est mort juste avant de s'installer dans ce palais. Ce musée méconnu présente une collection qui regroupe de magnifiques peintures, œuvres des meilleurs maîtres italiens.

– Au 1er étage, dans la grande salle, remarquer, parmi les œuvres exposées, la petite *Sainte Catherine d'Alexandrie* (nº 51) de Luca Signorelli, une *Sainte Famille* siennoise, de belles petites crucifixions dans l'armoire en verre, un beau berceau en bois marqueté ainsi qu'un *Saint Jérôme* (nº 31) par Piero di Cosimo et trois saints par Lorenzetti. Également un retable de Carnesecchi qui relate la vie (assez horrible) de saint Julien. Dans la petite salle à droite en entrant, magnifique *tondo* (sorte de tableau de forme circulaire généralement placé au-dessus d'une cheminée) de Beccafumi ainsi qu'un magnifique coffre de mariage peint qui représente le thème du Grand Pardon, très apprécié dans les chambres à coucher ! Dans la petite salle du fond à droite, le superbe *Saint Stéphane* (nº 52) de Giotto, tableau devenu l'emblème du musée. On y trouve aussi, entre autres œuvres remarquables, *La Femme de Loth* (nº 7), de Francesco Furini, une *Sainte Famille* de Lorenzo di Credi, un buste de Giambologna en terre cuite sur la table, représentant Vénus au bain (celle représentée en bronze est au musée du Bargello), un superbe Beccafumi (nº 79) entouré de deux très beaux christs de Boccacano et d'Orioli. Enfin, un beau buste d'une Vierge en bois du XVe s.

– Au 2e étage, dans la petite salle, juste à droite en entrant, des instruments de calcul et des couverts d'époque. Dans la salle de gauche, sur le mur de droite en entrant, *Tobias, Raphaël et saint Jérôme,* de Neri di Bicci, et une copie du portrait du duc Federico da Montefeltre (nº 87) par Piero della Francesca (l'original est aux Offices). Dans la salle principale, ne pas rater le petit Christ de Filippo Lippi (caché dans une vitrine d'angle au fond à gauche, avec juste en dessous un petit coffre pour collectionneur de pièces) et l'admirable diptyque de Simone Martini (très belle *Vierge à l'Enfant* sous verre). Toujours de Lippi, *La Reine Vasti quittant le Palais* (nº 41), tout à fait admirable. Avant de quitter la maison, admirez les belles portes en bois achetées par le propriétaire en Ombrie et regardez les élégants chapiteaux sculptés de la cour intérieure. Une visite reposante, loin des foules...

SANTA CROCE

Casa Vasari *(zoom détachable E4)* **:** *borgo Santa Croce, 8. ☎ 055-24-46-61. Visite sur résa (en collaboration avec la Fondazione Horne).* À l'occasion des 500 ans de la naissance de Vasari, la ville de Florence a ouvert au public la maison de Vasari où il a vécu et où il est mort. Ensuite, le palais a été abandonné. Seule la grande salle qui lui servait d'atelier est encore visible. Hormis la partie basse datant du XIXe s, tout est resté d'origine. Les héritiers ont tout emporté, ne laissant que la cheminée ! D'ailleurs, au-dessus, portrait de Vasari avec les emblèmes de sa famille. Aux quatre coins de la pièce, allégorie des arts majeurs avec la peinture, la poésie, la sculpture et l'architecture. Vous pouvez voir la représentation de Vasari sur le mur de droite en entrant, on le voit derrière son tableau. Sur les murs, série de médaillons avec tous les artistes de l'époque. À vous de deviner ! Michel-Ange, Léonard de Vinci, Masaccio, Cimabue, Giotto, Raphaël, Donatello, Rosso...

Museo di casa Buonarroti *(plan détachable E4)* **:** *via Ghibellina, 70. ☎ 055-24-17-52. Tlj sf mar 10h-17h. Fermé 1er janv, dim de Pâques et à Noël. Entrée : 6,50 €.* Il s'agit de la maison de Michel-Ange, ou plutôt de celle qu'il avait achetée, car il n'y résida guère. Au XVIIe s, son petit-neveu, Michel-Ange le Jeune, décida de la dédier au génie de son grand-oncle. On y trouve des œuvres de jeunesse de l'artiste, dont la célèbre *Vierge à l'escalier* et la *Bataille des centaures.* La maison expose aussi, par roulement, quelques-uns de ses croquis. À ce propos, Vasari raconte que Michel-Ange, peu avant sa mort, détruisit bon nombre de ses ébauches et brouillons, de peur que la postérité ne découvrît que son geste n'était pas toujours... parfait.

QUARTIER DE SANT'AMBROGIO

La charmante église a donné son nom au quartier et au marché de la piazza Ghiberti. Ce dernier, qu'on appelle familièrement « le mercato Sant'Ambrogio », fait saliver devant la profusion de saucissons, fromages, fruits, fleurs, viandes, bocaux de légumes séchés, sans oublier les poissons (pêchés du jour dans la mer Ligure toute proche). Qui résisterait ? Moins connu que son grand rival – le mercato San Lorenzo –, c'est cependant le rendez-vous des Florentins avisés et des visiteurs gourmets.
Le quartier se transforme à la tombée de la nuit en un lieu branché et festif... allez donc musarder du côté de la piazza Sant'Ambrogio où quelques cafés font l'animation du coin. Et que dire de ces petites adresses, situées à deux pas du centre, qu'on se transmet de bouche à oreille ? On y mange divinement bien !

Où dormir ?

Institution religieuse

Istituto Oblate dell'Assunzione *(plan détachable E3, **22**) : borgo Pinti, 15. ☎ 055-248-05-82. • sroblateborgopinti@virgilio.it • Couvre-feu à minuit. Résa indispensable car minuscule. Double avec bains 90 €. CB refusées.* Derrière une entrée discrète, un couvent tout à fait recommandable : belles chambres de 1 à 4 personnes, très propres (salle d'eau impeccable) et équipées du téléphone et d'un poste Internet. Certaines donnent sur un grand jardin intérieur accessible aux résidents. Évidemment, atmosphère très tranquille, à l'inverse de la rue souvent bruyante... Accueil en toute simplicité et gentillesse.

De prix moyens à chic

Hotel Bodoni *(plan détachable E3, **16**) : via Martini del Popolo, 27. ☎ 055-24-07-41. • hotelbodoni.it • Doubles 75-117 €. Réduc de 10 % sur le prix de la chambre sur présentation de ce guide.* Un de nos meilleurs rapports qualité-prix du quartier, situé au dernier étage d'un immeuble moderne. On est tout de suite conquis par l'accueil chaleureux du personnel ainsi que par la terrasse (qui se transforme en solarium en été) avec sa vue magnifique sur la ville. Et, pour couronner le tout, un solide petit déjeuner (compris) ! Les chambres sont très simples, mais c'est propre et fonctionnel. Un bon plan, vraiment !

Hotel Cardinal of Florence *(plan détachable E3, **67**) : borgo Pinti, 5. ☎ 055-246-64-50. • helpdesk@hotelcardinalofflorence.com • hotelcardinalofflorence.com • Doubles à partir de 80 €.* Un hôtel bien situé, au 3e étage, très propre et fonctionnel. Toutes les chambres sont climatisées et certaines bénéficient même de la vue sur le Duomo. Accueil pro et en français.

B & B Palazzo Galletti *(plan détachable E3, **73**) : via Sant'Egidio, 12. ☎ 055-390-57-50. • info@palazzogalletti.it • palazzogalletti.it • Doubles 100-170 € ; suites 170-230 €.* Situé au 1er étage d'un ancien palais restauré, ce *B & B* porte le label *Residenza d'Epoca,* avec une dizaine de chambres dont 4 suites (ne confondez pas avec la structure pour étudiants au 3e étage, qui n'a strictement rien à voir). Aménagées avec goût, elles mixent judicieusement modernité et meubles anciens, fresques d'origine (surtout celles des suites « Cerere » et « Giove »), sols en *terracotta*. Aux murs, accrochage de peintures contemporaines. Toutes bénéficient de la clim et d'un petit balcon donnant sur une cour intérieure paisible. Petit déj servi dans une jolie salle voûtée du XVIe s ! Le petit plus : le délicieux spa au sous-sol du palais (indépendant de l'hôtel mais accessible aux clients) ; idéal après avoir arpenté le pavé florentin toute une journée. Accueil dynamique de la pétillante Francesca.

Firenze Suite (*plan détachable E3*, **14**) : *via Nuova De Caccini, 25 (à l'angle de la via della Pergola).* ☎ *055-20-01-730.* • *info@suite.firenze.it* • *suite.firenze.it* • *Doubles 100-140 € selon saison ; suite 200 €.* Un peu de tranquillité et de luxe à prix raisonnable ? L'accueil adorable du jeune couple aura raison de votre choix. Ils ont rénové cet ancien palais pour le rendre cosy et chaleureux. C'est charmant. Les chambres sont immenses, toutes décorées différemment et avec goût ! Pas de salle de petit déj mais on vous l'apporte dans votre chambre. Également 2 suites avec petite terrasse et kitchenette qui conviendront aux familles. Une très belle adresse de charme.

Plus chic

The J and J Historic House Hotel (*plan détachable F3*, **82**) : *via di Mezzo, 20.* ☎ *055-26-312.* • *info@jandjhotel.net* • *jandjhotel.net* • *Doubles 210-280 €, voire plus pour les suites (à partir de 160 € en basse saison). Possibilité de parking sur demande.* Historique, cet hôtel l'est bien, puisqu'il est installé dans un couvent construit au XVIe s. Mais si l'architecture d'ensemble, les quelques fresques d'origine et le cloître intérieur laissent clairement entrevoir ce riche passé, les chambres, elles, n'ont rien de monacal. Plus ou moins vastes (tout est question de prix !), richement et subtilement meublées, aux éclairages savamment étudiés, elles sont dotées de tout le confort moderne. Certaines bénéficient même d'une terrasse privative et d'un mobilier en fer forgé. Salle du petit déjeuner très jolie avec son plafond en ogive. Ici règne un calme parfait. Une adresse idéale pour convoler...

Hotel Mona Lisa (*plan détachable E3*, **84**) : *borgo Pinti, 27.* ☎ *055-247-97-51.* • *info@monalisa.it* • *monalisa.it* • *Doubles à partir de 160 €.* Ce magnifique hôtel niché dans un beau palais du XVe s conviendra aux clients soucieux de leur confort. Belles chambres douillettes dans un bel écrin de verdure, le tout à une enjambée du Duomo. Un charme discret certain, mais à un certain prix tout de même...

Où manger ?

Marché

Mercato Sant'Ambrogio (*plan détachable F4*) : *piazza Ghiberti. Lun-sam 7h-14h.* Au nord-est de Santa Croce, un quartier animé et plein de charme. Marché populaire très complet, dont les étals débordent largement la petite halle du XIXe s. *Alimentari, frutta, verdura, fiori...* et tutti quanti ! Plus intime et nettement plus florentin que son grand rival de San Lorenzo. À la sortie, pause *espresso* recommandée à la terrasse du *Cibreo Caffè*.

Supermarché

Supermercato Conad (*plan détachable E3*) : *via Pietrapiana. En face de la poste principale (angle avec la via dei Martiri del Popolo). Tlj 8h-21h (20h dim).* L'un des plus grands et des plus pratiques supermarchés du centre de Florence. On vous l'indique car c'est un bon plan pour ne pas trop se ruiner. Le rayon traiteur propose un large éventail de charcuteries toscanes, de fromages et d'*antipasti*. Bien pratique pour préparer un pique-nique improvisé. Vous pouvez leur demander de vous les emballer sous vide, ce qui les rend plus facilement transportables.

Sur le pouce

Semel *(plan détachable F3,* ***213****) : piazza Lorenzo Ghiberti, 44 r. Lun-sam 12h-15h. Panino 5 €.* Grand comme un mouchoir de poche, *Semel* met à l'honneur la *Semela,* petit pain rond que Marco accommode de plusieurs façons. Les plus téméraires avaleront des *panini* aux viandes de sanglier, de cerf ou encore de lapin. Les timides se rabattront sur le *panino* végétarien (*pecorino,* miel et céleri) ou sur celui aux anchois marinés. Pour se ravitailler, Marco n'a qu'à traverser la rue : tout provient du marché Sant'Ambrogio, juste en face.

La Divina Pizza *(plan détachable E-F4,* ***241****) : via Borgo Allegri, 50 r. ☎ 055-234-74-98. • divina@ladivinapizza.it • Tlj sf dim 11h-23h30.* Un local exigu et quelques tabourets pour déguster des pizzas déclinées à (presque) l'infini qui ont empiété désormais le trottoir avec un comptoir et 3 chaises ! Servie *al taglio* ou entière, la pâte à pizza est épaisse grâce à une levure naturelle que Graziano laisse reposer 24h. Les garnitures changent en fonction des saisons (encore un bon point !).

Bon marché

Da Rocco *(plan détachable F4,* ***108****) : sous la halle du mercato Sant'Ambrogio. Tlj sf dim, jusqu'à 14h30. Congés : 15 j. en août. Plat env 4 € ; repas complet env 15 €.* Une tranche de vie pour le prix d'un plat de pâtes ! Chez ce petit traiteur escorté de quelques tables, les habitués viennent autant pour le spectacle du marché que pour les assiettes bien pleines. Cuisine toute simple de bistrot (lasagne, *panna cotta*), sans tambour ni trompette, mais qui nourrit son homme et dont le menu change tous les jours. Et puis c'est communautaire... Il manque un ingrédient ? On interpelle l'étalage voisin. Parfait pour tâter l'atmosphère florentine à moindres frais.

Acasamia *(plan détachable F4,* ***212****) : piazza Ghiberti, 5 r. ☎ 055-263-82-23. • info@pizzaecarboneacasamia.it • Tlj. Pizzas à partir de 4 € (le soir slt).* On vient pour les excellentes pizzas fines et croustillantes, déclinées en quelques dizaines de variétés. Repaire de Florentins avec une salle tout en longueur et de grandes tablées pour sympathiser avec ses voisins. Certes, c'est bruyant, mais que les pizzas sont bonnes ! Également des pizzas à emporter. Le soir, c'est souvent plein comme un œuf, armez-vous de patience. Minuscule terrasse. Service survolté et accueil jovial.

Il Pizzaiuolo *(plan détachable F3,* ***111****) : via dei Macci, 113 r. ☎ 055-29-46-77. ♿ Tlj sf dim. Congés : 1 sem en août et période de Noël. Pizzas 6-10 €.* Le royaume de la pizza ! Le ton est donné : dialecte local et carte des vins n'alignant que des flacons du sud de la Botte, et on se régale de pizzas à pâte épaisse, façon napolitaine. Service bourru, mais, à voir les files d'attente, ce n'est pas vraiment un obstacle à sa popularité.

Prix moyens

Acquacotta *(plan détachable E3,* ***119****) : via dei Pilastri, 51. ☎ 055-24-29-07. • acquacottafirenze@gmail.com • Tlj sf lun. Repas 25-30 €.* Ne vous fiez pas aux épais rideaux des vitrines : c'est l'une des meilleures adresses typiques du quartier, tenue par des femmes ! Son nom vient d'une spécialité toscane : l'*acquacotta,* soupe de légumes servie avec du pain grillé et un œuf poché. Dans l'assiette, excellents plats élaborés avec des produits locaux de première qualité. Tout est fait maison, même le pain. Conseils avisés et accueil tout en gentillesse. Une très bonne adresse.

Santarpia *(plan détachable F4,* ***251****) : largo Pietro-Annigoni, 9/C. ☎ 055-24-58-29. • info@santarpia.biz • Ts les soirs sf mar. Résa plus que conseillée. Pizzas à partir de 9 €. Compter 20-25 € pour un repas complet.* La dernière pizzeria en vue qui fait courir les Florentins jusqu'ici, dans ce coin excentré du quartier Sant'Ambrogio. Vous dégusterez la pizza napolitaine, la vraie ! Giovanni Santarpia travaille avec le sourire et avec agilité sa pâte à pizza qu'il agrémente de produits AOC et bio en direct de la Campanie, le royaume des pizzas. Pizzas savoureuses et accueil extra. Courez-y !

Ristorante Le Carceri *(plan détachable F4,* ***125****) : piazza Madonna della Neve, 3. ☎ 055-247-93-27. • info@ristorantelecarceri.it • Pizzas à partir de 8 € (le soir slt).* Dans les anciennes prisons de Florence entièrement réhabilitées se cache une adresse insoupçonnable, celle d'un *ristorante* aux pizzas généreuses et aux pâtes savoureuses, accommodées de mille manières... Service rapide et charmant. Idéal avec des enfants, qui peuvent galoper sans danger dans la cour.

De chic à plus chic

Teatro del Sale *(plan détachable F3,* ***114****) : via dei Macci, 111 r. ☎ 055-200-14-92. • info@teatrodelsale.com • Tlj sf dim-lun. Congés : août. Résa conseillée le soir. Après s'être acquitté de la carte de membre valable 1 an (5 €), le petit déj (5,50 €), le déj (25 €) et le dîner (35 €) sont déclinés sous forme de buffet (boissons comprises).* Le dernier-né de *Cibreo* (le 4e du nom) fait dans le conceptuel. Un ancien garage à motos transformé en une épicerie fine, un resto et une salle de spectacle. Buffet excellent et copieux. L'épicerie aligne une sélection des meilleurs anchois, huiles d'olive ou miels du marché. Tous les soirs, un spectacle (une pièce de théâtre, un concert, des lectures). Attention, il faut impérativement arriver tôt le soir (avant 19h30 pour dîner), car le spectacle commence à 21h30. À partir de cette heure, le buffet n'est plus servi.

Touch Ristorante *(plan détachable E3,* ***227****) : via Fiesolana, 18 r. ☎ 055-24-66-150. • info@touchflorence.com • Tlj sf dim. Repas env 30 €.* Voici une adresse originale et surtout très tendance avec un menu interactif à l'aide d'une tablette. Un serveur vient toutefois prendre commande (un peu d'humanité quand même !). Une adresse pour des clients adeptes de la cuisine fusion. Jolie présentation des plats, mais on aimerait en avoir un peu plus dans l'assiette. Accueil cordial.

Trattoria Il Cibreo *(plan détachable F3,* ***111****) : via dei Macci, 122 r. ☎ 055-234-11-00. • cibreo.fi@tin.it • Tlj sf dim-lun. Congés : 1re sem de janv et août. Pas de résa : venir tôt ou tard. Repas env 35 €.* À ne pas confondre avec le resto du même nom (voir plus loin), beaucoup plus cher. Toutefois, ce bistrot classique estampillé *slow food* bénéficie des mêmes cuisines que son illustre voisin ! Qualité et fraîcheur des produits garanties, pour une cuisine de terroir de bon ton privilégiant les spécialités toscanes. Très bons desserts. Assez cher et service peu aimable, ce qui n'aide malheureusement pas à faire passer la douloureuse.

Très chic

Ristorante Il Cibreo *(plan détachable F3,* ***111****) : via Andrea del Verrocchio, 8 r. ☎ 055-234-11-00. • cibreo.fi@tin.it • Tlj sf dim-lun. Congés : 1re sem de janv et août. Repas complet env 75 €.* L'un des grands classiques du circuit gastronomique florentin. Tables espacées et meubles anciens en bois vernis confèrent à la salle une atmosphère intime, idéale pour apprécier les spécialités du pays transcendées par le talent du chef. Belle carte des vins, avec quelques incursions parmi les domaines français et même du Nouveau Monde.

Où savourer de bonnes glaces ?
Où déguster de bonnes pâtisseries ?

Gelateria Il Gallo Ghiottone *(plan détachable F4,* ***167****) : via dei Macci, 75 r.* Minuscule boutique mais excellentes glaces aux parfums classiques. Réputé dans le quartier. D'ailleurs, il n'y a qu'à voir la queue aux beaux jours...

Dolci e Dolcezze *(plan détachable F4,* ***170****) : piazza Cesare Beccaria, 8 r.*

☎ 055-234-54-58. *À l'est du quartier de Sant'Ambrogio. Mar-sam 8h30-19h30, dim 9h-13h. Congés : août.* Cette coquette boutique vaut le déplacement à elle seule. Elle figure en bonne place sur le carnet d'adresses des becs sucrés florentins, c'est l'une des meilleures pâtisseries en ville, qui fournit d'excellentes tartes au chocolat. Dommage qu'elle soit si excentrée.

Où boire un verre en écoutant de la musique ?

Caffè Sant'Ambrogio *(plan détachable F3,* ***194****) : piazza Sant'Ambrogio, 7 r.* ☎ *055-247-72-77. • caffesantambrogio@libero.it •* Tranquille dans la journée, on peut se sustenter d'une salade ou d'un plat de pâtes en terrasse. Le soir, après un *aperitivo* de choc, chaude ambiance sur fond de musique *trendy.* Le flot d'oiseaux de nuit déborde alors sur la mignonne petite place de Sant'Ambrogio... jusque très tard dans la nuit.

Caffè Letterario Le Murate *(plan détachable F4,* ***236****) : piazza delle Murate.* ☎ *055-23-46-872. • caffe letterario@lemurate.it • Tlj 9h (11h dim)-1h ; brunch dim et j. fériés 11h-15h.* Aperitivo *(18h30-21h30) 7,50 €.* Un café littéraire reconnu qui accueille régulièrement des débats thématiques ou philosophiques ainsi que des émissions de radio. Il se transforme aussi en lieu de concerts de musique live et bar pour étudiants. Ne ratez pas le copieux *aperitivo*... fameux ! La terrasse au milieu de l'ancienne prison est très agréable à l'heure estivale. Accueil jeune et parfois débordé.

Plaz *(plan détachable F3,* ***238****) : via Pietrapiana, 36/38 r.* ☎ *055-24-20-81. Tlj 7h30-2h.* Aperitivo *(11h-23h) 8-10 €. Couvert et apéritif offerts sur présentation de ce guide.* Cette adresse nous a surtout plu pour son emplacement. Quel bonheur de siroter son apéro à l'ombre des arcades de la piazza Ciompi désormais piétonne ! Petite collation pour dépanner. Quelques concerts de musique live de temps en temps.

Cibreo Caffè *(plan détachable F3-4,* ***181****) : via Andrea del Verrocchio, 5 r.* ☎ *055-234-58-53. Tlj sf lun 8h-minuit. Congés : août.* Autrefois, c'était une pharmacie, d'où le magnifique comptoir en bois. Le reste des boiseries et le plafond à caissons proviennent d'églises. Une réussite esthétique qui confère à ce tout petit café beaucoup de chaleur, d'autant que l'endroit est généralement bondé... mais la terrasse en saison permet de doubler sa superficie ! Pour boire un verre ou picorer parmi les mets délicats des cuisines du *Cibreo* (attention, presque aussi cher que le *Ristorante*).

Jazz Club *(plan détachable E3,* ***196****) : via Nuova de' Caccini, 3 r (à l'angle du borgo Pinti).* ☎ *055-247-97-00. • casinomarchese@hotmail.com • Tlj sf dim 21h30-1h30 ; concert vers 22h30. Entrée : 10 € (prix de la carte de membre valable 1 an).* Cette adresse bien cachée, à l'abri des regards, en sous-sol, réunit dans sa petite salle conviviale tous les amateurs de jazz du canton depuis une vingtaine d'années. Concerts de bonne tenue tous les soirs, jam-session le mardi.

Rex *(plan détachable E3,* ***197****) : via Fiesolana, 23-25 r.* ☎ *055-248-03-31. • info@rexcafe.it • Tlj 18h-3h. Soirées thématiques.* Un feu d'artifice de couleurs vives, reflétées par des mosaïques de verre ou de céramique, le tout rythmé de luminaires design. Très *bohemian chic* tout ça ! Bons cocktails qui délient les langues d'une clientèle jeune, bruyante et cosmopolite. Plantureux *aperitivo.* Concerts certains soirs.

À voir

Sinagoga e Museo di Storia e Arte Ebraici *(synagogue et musée d'Histoire et d'Art hébraïques ; plan détachable F3) : via Luigi-Carlo Farini, 6.* ☎ *055-234-66-54. Tlj sf sam et j. fériés 10h-17h30 (15h ven). Entrée : 6,50 €.* C'est la plus grande synagogue d'Italie et l'une des plus belles, construite à la fin du XIXe s dans une sorte de style mozarabe, avec des lignes élégantes. Belle façade où alternent marbres blanc, rose et rouge (que l'on retrouve au sol à l'intérieur), surmontée d'un dôme de couleur verte, le cuivre d'origine ayant viré de couleur, qui tranche bien avec l'ensemble. L'intérieur entièrement peint, avec une coupole superbe, rappelle les formes et les volumes byzantins. Un guide pourra vous expliquer (gratuitement) les traditions hébraïques, avec pièces à l'appui, dans le petit musée à l'étage.

Chiesa Sant'Ambrogio *(plan détachable F3)* **:** *piazza Sant'Ambrogio.* Un des sites les plus anciens de la ville, situé à deux pas du marché Sant'Ambrogio. Un premier édifice remonterait au VIIe s, érigé à la place d'une chapelle d'un ancien couvent. Plusieurs fois reconstruite à partir du XVe s, l'église a sa forme définitive depuis la fin du XIXe s. Sa façade, elle aussi maintes fois remaniée, ne présente pas grand intérêt. Les fidèles sont particulièrement attachés à cette église : un miracle sauva la ville de la peste de 1340 grâce à un mystérieux calice rempli de sang séché. À l'intérieur, elle se présente sous une forme rectangulaire, avec une seule nef. Dans la ***chapelle du Miracle,*** beau tabernacle en marbre réalisé par le sculpteur Mino da Fiesole, qui repose ici, ainsi que Verrocchio, un des maîtres de Léonard de Vinci. Dans cette même chapelle, superbe fresque de Cosimo Rosseli qui retrace le miracle du calice.

QUARTIER DE SAN MARCO

C'est un quartier à la fois central et étonnamment tranquille, loin du brouhaha du centre tout proche. C'est aussi ici que se nichent quelques merveilles de l'art toscan. On découvre avec ravissement le couvent de San Marco et ses fresques merveilleuses de Fra Angelico, on se presse à l'Accademia pour admirer le sculptural *David* de Michel-Ange... Également un petit bijou : le Palazzo Medici Riccardi, qui renferme deux trésors, la fresque du *Cortège des Rois mages* de Gozzoli et la *Vierge à l'Enfant* de Lippi. Et puis, surtout, promenez-vous le nez en l'air, vous tomberez forcément sous le charme d'un détail architectural, d'une statue antique, du palais décrépi d'une riche famille florentine. Un quartier qu'on apprend à connaître... et où l'on revient... forcément !

Où dormir ?

Auberge de jeunesse

■ ***Ostello della gioventù Villa Camerata*** *(hors plan détachable par G1,* ***66****) : viale Augusto Righi, 4.* ☎ *055-60-14-51.* • *hihostels.com* • *Bus nº 17 (direction Coverciano) depuis la gare S. M. Novella ou la pl. du Duomo (l'auberge est à 4 km au nord-est). Tlj 7h-minuit (couvre-feu négociable pour les petits groupes). Chambres fermées 10h-14h. Résa indispensable et carte des AJ requise (ou prévoir un petit supplément). Nuit en dortoir 4-10 lits 20 €, double 35 €, petit déj compris. CB refusées.* 💻 La plus grande AJ de la ville, avec près de 350 places. Excentrée mais située dans un immense jardin à l'italienne planté d'espèces rares et de quelques vignes. Le bâtiment vaut le détour à lui tout seul avec sa façade ocre du XVᵉ s et son vaste portique... Beaucoup de charme, même si les dortoirs se révèlent sans surprise et d'une simplicité toute fonctionnelle.

Bon marché

■ ***Ostello Gallo d'Oro*** *(plan détachable E1,* ***25****) : via Cavour, 104.* ☎ *055-552-29-64.* • *info@ostellogallodoro.com* • *ostellogallodoro.com* • *Au 1ᵉʳ étage. Lit en dortoir env 30 € ; doubles avec douche et w-c 55-85 €.* 💻 📶 Petite structure conviviale parfaitement tenue. Des chambres avec sanitaires propres, une salle à manger où l'on peut se préparer quelques petits plats. L'esprit d'une AJ, mais le confort d'un petit hôtel ! En été, apéro festif 4 fois par semaine sur la terrasse ou le salon de l'auberge. Sans doute l'un des meilleurs rapports qualité-prix du centre-ville, à une vingtaine de minutes à pied du Duomo.

Prix moyens

■ ***B & B Il Giglio d'Oro*** *(hors plan détachable par G1,* ***65****) : via Pacinotti, 11.* ☎ *055-011-27-39.* 📱 *347-484-30-98.* • *info@ilgigliodoro.eu* • *ilgigliodoro.eu* • *Au nord-est du centre-ville. Doubles 70-130 € selon saison.* 📶 Un havre de tranquillité joliment arrangé par Edoardo et Célia. Petit jardin d'intérieur où il fait bon prendre son petit déj aux beaux jours ou se reposer après une journée de visite (les chaises longues sont si tentantes, ma foi !). Bonne literie et déco cosy (boutis, carrelage d'époque, rocking-chairs). C'est propre, et l'accueil des proprios saura rendre votre séjour agréable. *B & B* excentré, certes, mais immersion assurée.

Hotel Europa *(plan détachable D2,* ***61****) : via Cavour, 14. ☎ 055-239-67-15. • firenze@webhoteleuropa.com • webhoteleuropa.com • En face de l'office de tourisme. Doubles 80-160 € selon confort et saison ; suites 100-150 € selon période. Parking payant (cher).* L'*Hotel Europa* cumule le deux en un ! Au 2e étage, des chambres récentes joliment décorées et donnant, pour la plupart, sur de charmants petits jardins verdoyants à l'arrière. Certaines sont pourvues de terrasse privative avec vue sur le Duomo. Au 1er étage, les suites dans la grande tradition florentine : hauts plafonds, tentures, portes épaisses, meubles peints, peintures à fresque du XVIIIe s... le tout donnant sur un jardin intérieur et le Duomo. Jolie salle de lecture. Une bien belle adresse, calme et centrale. Pour la petite anecdote, elle était aussi, il y a bien longtemps, la demeure du compositeur Franz Liszt...

SAN MARCO

De prix moyens à plus chic

Residenza Johlea *(plan détachable E1,* ***36****) : via San Gallo, 76. ☎ 055-463-32-92 (préciser le nom de l'hôtel, car 4 autres hôtels font partie du même groupe). • johlea@johanna.it • johanna.it • Pas très loin de la piazza della Libertà. Réception 8h30-20h. Doubles 90-120 €.* Cette adresse intime a tout de la chambre d'hôtes : intérieur cossu, déco raffinée et atmosphère chaleureuse. Petits gâteaux et thé servis à toute heure de la journée. Un des meilleurs rapports qualité-prix et un accueil des plus charmant complètent ce tableau idyllique.

Antica Dimora Johlea *(plan détachable E1,* ***36****) : via San Gallo, 80. ☎ 055-463-32-92. • anticajohlea@johanna.it • johanna.it • Superbes doubles 100-180 €.* Gérée par le même propriétaire que la précédente adresse mais avec des chambres d'une gamme supérieure. Au dernier étage d'un palais du XIXe s, cette délicieuse demeure florentine offre de belles chambres avec de beaux espaces, dont certaines avec lit à baldaquin. Le privilège de cette adresse : la très jolie terrasse sur le toit, où l'on peut prendre le petit déjeuner en profitant de la vue sur la coupole du Duomo. L'ambiance cosy et l'accueil affable incitent à y revenir. Excellent rapport qualité-prix.

Antica Dimora Firenze *(plan détachable D-E1-2,* ***37****) : via San Gallo, 72. ☎ 055-462-72-96. • info@anticadimorafirenze.it • johanna.it • Chambres 90-160 €.* Même direction que les 2 précédentes adresses et autant de charme. Avec ses lits à baldaquin et ses meubles de style, cette adresse discrète promet à ses hôtes un séjour de charme à la florentine. Rien n'est laissé au hasard, à l'image du thé servi dans le petit salon au retour d'une promenade. Luxe, calme et volupté...

Mr My Resort *(plan détachable D1,* ***59****) : via delle Ruote, 14 a. ☎ 055-28-39-55. • info@mrflorence.it • mrflorence.it • Doubles 80-140 € selon saison.* Un repaire pour les adeptes du confort et du chic. Les 5 chambres sont toutes aussi mignonnes les unes que les autres (avec une petite préférence pour « Il Chiostro » avec son petit bout de terrasse). Tout a été pensé par Giuseppe et Cristina, les maîtres des lieux. Le top : le spa au sous-sol. Idéal pour découvrir Florence à 2. Les proprios ont aussi le *Relais Grand Tour* (voir la rubrique « Où dormir ? » dans le quartier de San Lorenzo). Les petits déjeuners (compris) se prennent au bar *Nabucco,* tout à côté. Une adresse pour amoureux exclusivement !

Hotel Royal *(plan détachable D1,* ***41****) : via delle Ruote, 50-54. ☎ 055-48-32-87. • info@hotelroyalfirenze.it • hotelroyalfirenze.com • Doubles 160-250 €. Parking.* Un véritable havre de paix non loin du bouillonnant quartier de la gare. Cet îlot résidentiel réjouira les amateurs de calme et de tranquillité. Magnifique endroit où le temps semble s'être arrêté. Jardin séculaire et piscine. Les chambres confortables et spacieuses ont été décorées avec goût et respect de la tradition toscane. On regrette seulement que l'accès à la piscine soit payant *(8 €/j.).* Accueil professionnel.

Très chic

Hotel California *(plan détachable D3,* ***72****) : via Ricasoli, 28-30. ☎ 055-28-27-53 ou 055-28-34-99. • hotelcalifornia@inwind.it • californiaflorence.it • ♿ À partir de 80-350 € (ça grimpe très vite en hte saison !) selon confort et saison, petit déj-buffet inclus. Possibilité de parking payant (25-38 €/24h). 💻 📶 (payants). Apéritif offert et réduc de 10 % sur présentation de ce guide, non cumulable avec d'autres offres.* Un hôtel aux parties communes très « Renaissance » avec fresques, bas-reliefs et tutti quanti ! Les chambres, même si elles sont coquettes – certaines disposent même d'un jacuzzi et ont un balcon avec vue sur le dôme du Duomo (les nos 122 et 123) –, n'ont pas le lustre des parties communes. La cerise sur le gâteau, c'est sans conteste sa terrasse très calme dissimulée parmi les toits, idéale pour le petit déj.

Où manger ?

Sur le pouce

Vecchio Forno *(plan détachable D2,* ***116****) : à l'angle de la via Gallo et de la via Guelfa. ☎ 055-265-40-69. • vecchiofornofirenze@gmail.com • Lun-sam 7h30-20h.* Titillé par la bonne odeur du pain chaud, vous succomberez aux variétés de pains, mais aussi aux délicieux *panini* et *pizze* à la coupe. Goûtez au *pan de rameirino* (le pain des Rameaux, mais qu'on boulotte toute l'année). Idéal quand on ne veut pas perdre trop de temps à la pause déjeuner.

SandwiChic *(plan détachable D2,* ***116****) : via san Gallo, 3 r. Tlj 11h-21h. • info@sandwichic.it •* Ici, tous les produits sont estampillés « locavore », plutôt un bon signe. D'ailleurs, ça ne trompe pas. De nombreux habitués viennent rejoindre la file le midi pour savourer un panino de leur choix et bien fourni avec fromage, jambon et *tutti quanti* ! Un comptoir et quelques tabourets pour les plus chanceux. Un bon plan tout à côté de l'Accademia.

Pugi *(plan détachable D-E2,* ***214****) : piazza San Marco, 9 b. ☎ 055-28-09-81. • info@focacceria-pugi.it • ♿ Lun-sam 7h45-20h. Congés : 3 sem en août.* 📶 Cette institution florentine a pignon sur rue depuis 1925. Les *focacce* sont délicieuses et les parts de *pizze* déclinées en une vingtaine de variétés régalent les habitués depuis des générations. Les ingrédients varient selon les saisons, c'est plutôt bon signe. Le midi, il faudra pousser du coude pour dégotter un bout de table. Spécialité : le *Pugine,* pain à base de fruits secs et d'abricots. Accueil enjoué et service rapide. Autres adresses un peu partout dans Florence.

Bar Brunellesco *(plan détachable E3,* ***155****) : via degli Alfani, 69 r. Lun-sam 7h-19h.* Un petit bar qui ne paie pas de mine, mais pratique, à deux pas du centre. On peut y déjeuner d'un plat de pâtes ou, pour les pressés, d'un *panino* le midi, mais aussi boire un petit café ou un jus de fruits frais à tout heure, accoudé au comptoir ou sur la petite terrasse. Pratique, sympa et pas cher.

Bon marché

Trattoria Tibero *(plan détachable D1,* ***226****) : via delle Ruote, 26. ☎ 055-384-12-66. Tlj sf dim. Plat du jour 8 € ; plat de pâtes 7 € le midi slt.* Une *trattoria* qui plaît beaucoup à ceux qui travaillent dans le quartier. Jolie terrasse à l'abri des regards où il fait bon se relaxer en avalant le menu du jour. Cuisine typique où l'on retrouve toutes les spécialités toscanes. Le soir, c'est nettement plus cher. Service agréable et attentif.

Il Vegetariano *(plan détachable*

D1, **92**) : *via delle Ruote, 30 r.* ☎ *055-47-50-30.* • *ilvegetariano@gmail.com* • *♿ À 2 mn de la piazza dell'Indipendenza, en remontant la via San Zanobi. Mar-ven midi et soir, w-e le soir slt. Congés : Pâques, août et Noël. Carte 15-25 €. CB refusées.* Une fois passé les vitraux, on découvre une petite salle façon bistrot, qui donne dans une salle conviviale avec tables en bois, vitrines chargées de bocaux remplis d'épices, grosses poutres en bois et fresque sur l'un des murs, le tout débouchant dans une petite cour ombragée, charmante dès le printemps venu. Sur le tableau noir, les plats du jour : tartes aux légumes, couscous végétariens, pâtes, aubergines farcies, soufflés, quiches, soupes traditionnelles... Très bon pain et savoureuses pâtisseries. Sans aucun doute, le meilleur végétarien de la ville !

Bars à vins *(enoteche)*

Fratelli Zanobini (plan détachable C-D2, **141**) : *via Sant'Antonino, 47 r.* ☎ *055-239-68-50. Tlj sf dim 8h-14h, 15h30-20h.* Caviste réputé, avec un petit comptoir pour les dégustations, usé par des générations de connaisseurs. C'est d'ailleurs un des plus anciens magasins de la ville, avec 3 000 étiquettes (en comptant les mousseux, les spiritueux et les vins français !). Vous y trouverez à coup sûr les crus que vous avez goûtés au restaurant et que vous souhaitez rapporter chez vous. Bons conseils. On s'y désaltère, mais, pour caler une petite faim, il faudra repasser !

La Mescita (plan détachable E2, **104**) : *via degli Alfani, 70 r.* ☎ *338-992-26-40. Tlj 11h-15h30. Congés : 3 sem en août. Plat env 16 €. CB refusées.* Minuscule débit de boissons à l'ancienne (depuis 1927 !) laissé dans son jus avec du carrelage aux murs et quelques tables en bois. Idéal pour se sustenter d'une petite restauration ou du plat toscan du jour (tripes le lundi, *lampredotto* le mardi, *porchetta* le mercredi, etc.), et, surtout, pour boire un petit coup ! L'endroit est vite envahi par les nombreux étudiants des facs voisines, il faut savoir jouer des coudes ! Accueil convivial des patrons.

Où savourer de bonnes glaces ?

Arà (plan détachable D2, **162**) : *via degli Alfani. Tlj 10h-22h (horaires restreints en hiver).* À deux pas de l'Accademia, ce glacier sicilien est une vraie bonne nouvelle. Gentillesse de l'accueil et délicats parfums, voilà les points forts de cet excellent glacier, sans compter les *cannoli,* ces petits gâteaux typiquement siciliens (faits maison aussi)... un délice ! *Autre adresse au 1er étage du marché central.*

Le Parigine (plan détachable D3, **174**) : *via dei Servi, 41 r.* ☎ *055-239-84-70. Tlj 11h-23h.* *Les Parisiennes* est une spécialité de biscuit fourré de crème glacée, l'ancêtre de la gaufrette en quelque sorte... Pour ceux qui préfèrent les glaces classiques, pas de crainte, il suffit de piocher parmi les fruits de saison et les parfums naturels (chocolat, pistache, vanille).

Où boire un verre en écoutant de la musique ?

Kitsch 2 (plan détachable D2, **203**) : *via Antonio Gramsci, 1.* ☎ *055-234-38-90.* • *info@kitsch.it* • *Tlj 18h30-23h. Aperitivo 10 €.* Serveurs dynamiques, programmation de concerts de musique, clientèle jeune et active... on retrouve ici tous les bons ingrédients pour passer une excellente soirée. À commencer par le plantureux buffet de l'*aperitivo* (vraiment excellent), où la jeunesse florentine et quelques touristes égarés se pressent... Enfin un endroit animé dans un quartier plutôt calme.

À voir

Palazzo Medici Riccardi *(plan détachable D3) : via Cavour, 3. ☎ 055-276-03-40. Tlj sf mer 8h30-19h. Entrée : 7 € ; réduc. Attention, visite de la chapelle par groupe de 7 pers max, pour une durée de 10 mn.*
Aujourd'hui palais provincial, voué à un rôle administratif, cet édifice construit pour les Médicis au XVe s (puis vendu aux Riccardi) abrite une splendeur méconnue, la fresque du ***Cortège des Rois mages*** par Benozzo Gozzoli, cachée à l'étage dans la chapelle comme pour se protéger des regards extérieurs. Joyau de la peinture italienne réalisé à partir de 1459, cette composition éclatante de couleurs illustre le cheminement des Rois mages vers la grotte de Bethléem ; elle subit dès la fin du XVIIe s une première altération : vous remarquerez le décrochement du mur ouest, qui coupe les fresques de Balthazar et Melchior.
Cosme l'Ancien a choisi ce thème parce qu'il parrainait la confrérie des Mages, lesquels symbolisaient à l'époque « les parfaits vassaux du Grand Roi », c'est-à-dire de Dieu. Ils étaient également vénérés comme saints patrons des rois et des chevaliers : se placer sous leur protection n'était donc pas un acte anodin... D'autant moins que l'une des curiosités de la fresque, outre sa beauté, est de reprendre la symbolique des trois âges des rois, qui se lit le dos tourné à l'autel : sur votre gauche, Gaspar, le mage enfant ; face à l'autel, Balthazar, le mage adulte, et sur votre droite, Melchior, le vieux mage. Ces âges rappellent aussi l'histoire de la famille de Médicis : on reconnaît dans la suite de Gaspar les portraits de Piero et Carlo, fils de Cosme, mais aussi Cosme lui-même âgé, ainsi que le très jeune Lorenzo (futur Laurent le Magnifique)... L'artiste s'est également plu à faire figurer des Florentins contemporains du commanditaire dans la procession : noter la finesse et la précision de ces visages, comparés au modelé beaucoup plus classique (mais tout aussi délicat) des visages des anges en adoration, représentés sur les murs de l'abside. Les détails fourmillent, mais, pour en savoir plus, un ingénieux système vidéo (le système *Point At*) installé au rez-de-chaussée livre tous les secrets de cette œuvre remarquable. Il s'agit pour le visiteur de choisir la langue désirée et ensuite de pointer le doigt sur la représentation des fresques de la chapelle des Mages. On choisit le personnage désiré et on écoute le commentaire (clair et explicatif) sur l'interprétation dudit personnage.
À voir également, au 2e étage du palais, la très délicate ***Vierge à l'Enfant*** de Filippo Lippi. Passer derrière le tableau, la tête d'homme dessinée à l'arrière est également attribuée à Lippi. Mais aussi : la salle des Quatre Saisons, tendue de tapisseries, où se réunit le Conseil provincial. Ensuite, la galerie baroque décorée avec l'***Apothéose des Médicis*** par Luca Giordano, un chef-d'œuvre qui fourmille de détails et de scènes mythologiques. Admirer également les glaces peintes ornées de putti (angelots) et la bibliothèque *Riccardiana* (qui abrite de belles boiseries et qui est toujours en activité).

Galleria dell'Accademia *(galerie de l'Académie ; plan détachable D-E2) : via Ricasoli, 60. ☎ 055-29-48-83. Au nord du Duomo. Tlj sf lun 8h15-18h50. Fermé 1er janv, 1er mai et 25 déc. Résa conseillée (+ 4 €). Entrée : 8 € (12,50 € avec l'expo temporaire) ; réduc. Loc d'audioguide en français : 5,50 € (8 € les 2).*
L'un des incontournables du circuit artistique florentin. Dans la 1re salle, qui présente au centre une copie en plâtre de l'*Enlèvement d'une Sabine* de Jean de Bologne (visible dans la Loggia de la piazza della Signoria), l'éclairage est franchement décevant, mais on y découvre de superbes peintures.
Sur le mur de droite, en entrant dans la 1re salle, deux grands tableaux du Pérugin, une *Assomption* et une *Descente de la Croix*, un touchant diptyque de Lippi représentant Marie-Madeleine et saint Jean-Baptiste vieillissants, et deux beaux prophètes de Fra Bartolomeo. Sur le mur du fond, un grand tableau de Giovanni Antonio Sogliani avec des *Dottore* de l'Église discutant pour savoir si la Vierge est exempte du péché originel. Également un magnifique *tondo* représentant une *Vierge à l'Enfant* par Franciabigio. Des toiles florentines du XVe s. Sur le mur

d'entrée (il faut se retourner, donc), deux tableaux attribués à Botticelli tout à fait charmants (*Madone de la mer* et *Vierge à l'Enfant et saints*) et deux *Annonciation* intéressantes par le Pérugin et Bicci. Et si vous aimez la musique poussez jusqu'à la salle à l'extrême gauche, il s'agit du petit ***Museo degli Instrumenti Musicali*** avec des violoncelles, violons ainsi qu'un piano d'Anton Gabbiani. Ici est rassemblée toute la collection lorraine, grande influence musicale à Florence après la fin de la dynastie Médicis. Un peu partout des écrans tactiles pour vous sensibiliser à la musique. Puis revenez sur vos pas et vous entrez alors dans la salle abritant des œuvres majeures de Michel-Ange. Ne ratez pas les statues inachevées des *Captifs* ou *Esclaves,* et une belle *Pietà* d'Andrea del Sarto, où le Christ est très touchant dans la mort. Juste avant le *David,* à gauche, se trouve la *Vénus et l'Amour* de Pontormo (vers 1532), peint sur un dessin préparatoire de Michel-Ange.

Mais, bien sûr, le célèbre ***David*** reste l'œuvre phare qui justifie les longues heures d'attente. Ce formidable athlète de 5,5 t et de 5,17 m de haut subjugue le visiteur par l'intensité de son regard et ses proportions apparemment parfaites. En réalité, Michel-Ange s'est permis des libertés avec l'anatomie réelle afin, et c'est là tout le paradoxe, de mieux rendre compte de la réalité : regarder les mains, énormes mais pourtant parfaites... C'est d'ailleurs en partie l'essence même du mouvement maniériste qui reproduisit sans fin les postures inventées par Michel-Ange (notamment à la chapelle Sixtine du Vatican). Regarder le réalisme des dessins de la peau : on distingue même les veines sur les pieds. On ne peut résister à l'envie de vous encourager à tourner autour de ce *David* pour voir ses fesses ! Il ornait autrefois la piazza della Signoria jusqu'en 1873, où il est aujourd'hui remplacé par une copie. Avec *Judith et Holopherne* de Donatello, le *David* symbolisait le combat perpétuel contre la tyrannie et pour la liberté, combat que la petite cité-État de Florence mena à de nombreuses reprises. Mais ce *David*-là, avec son air calme et détendu (il n'a pas, comme souvent, le pied posé, triomphant, sur la tête coupée de Goliath), montre plus encore la victoire de l'intelligence sur la brutalité.

À droite du *David,* des tableaux maniéristes avec *Allegoria della Fortezza* de Maso da San Friano. À gauche du *David,* on a surtout aimé la *Déposition* du Bronzino et celle de Pieri.

Au fond, la salle des statues de plâtre du XIXe s, destinées à l'étude (d'où les nombreux trous pour le calcul des lignes et perspectives). On passe alors dans trois salles dédiées aux primitifs (fin XIIe-début XIVe s) : dans la salle du *Duecento,* un *Arbre de Vie* de Pacino di Bonaguida, dont il faut s'approcher pour admirer tous les détails, ainsi qu'une *Crucifixion* d'un peintre florentin où la position du Christ est inhabituelle ; dans la salle des disciples de Giotto, quelques belles pièces de Bernardo Daddi (*Crucifixion* remarquable et *Couronnement de la Vierge*) et de Taddeo Gaddi (*Histoire du Christ* et *Saint François d'Assise*). Enfin, dans la salle Orcagna, admirer un triptyque de la *Trinité* de Nardo di Cione, et le *Couronnement de la Vierge* de Jacopo di Cione ; un triptyque montre la *Vision de saint Bernard* par le maître de la chapelle Rinucini, Matteo di Pacino.

À l'étage, quatre salles. Dans la première, un fabuleux *Christ en pitié* de Giovanni da Milano. Dans la deuxième, un ensemble exceptionnel de tableaux florentins des XIVe et XVe s avec un polyptyque de Giovanni del Biondo *(Annonciation),* tandis qu'un groupe d'œuvres de Lorenzo Monaco, dont un *Crucifix,* un *Christ avec les instruments de la Passion* et une *Annonciation,* peuvent être vues dans la 3e salle. La dernière abrite, entre autres, des peintures en provenance du tabernacle du couvent de Santa Lucia.

★★★ 👨‍👧 ***Museo di San Marco*** *(plan détachable D-E2)* **:** *piazza San Marco, 1. ☎ 055-238-86-08. Tlj 8h15-13h50 (16h50 w-e et j. fériés). Fermé 1er, 3e et 5e dim et 2e et 4e lun de chaque mois. Entrée : 4 € (7 € avec l'expo temporaire).*

Fra Angelico, de son vrai nom Guidolino di Pietro, commença à peindre au couvent de San Marco vers 1440, sur la demande de Cosme de Médicis. Ce moine utilisait son art pour traduire sa foi, à l'abri du monde extérieur. Il en résulte une œuvre plutôt sobre mais pleine de lumière et de béatitude, dont il retirera d'ailleurs le

surnom de Beato Angelico. Ses anges en particulier sont remarquables par leur légèreté. Le pape Jean-Paul II l'a canonisé en 1984 : il est ainsi devenu le saint patron des artistes.
On y trouve la majeure partie des œuvres de Fra Angelico, ce moine qui exécuta des fresques dans tout le monastère pour exprimer son amour de Dieu. Il s'agit en fait d'un ancien couvent dominicain du XIIIe s, reconstruit en 1438 sur décision de Cosme l'Ancien. Celui-ci en confia l'architecture à Michelozzo (voir notamment la bibliothèque au 1er étage), qui travailla en si étroite collaboration avec Fra Angelico que, à peine les murs construits, le peintre commença les fresques. On en compte à peu près une centaine. Outre Fra Angelico, Savonarole, saint Antonin et Fra Bartolomeo y résidèrent.
On accède d'abord au cloître du couvent, décoré de fresques des XVIe et XVIIe s. De là, on visite les différentes salles.
– On commence à droite par l'*Hospice des pèlerins* : une profusion de chefs-d'œuvre de Fra Angelico, un régal pour les yeux ! Très belle *Déposition,* dégageant une grande sérénité (en contraste d'ailleurs avec l'événement). Équilibre de la composition, douceur des tons, extrême finesse de la chevelure de Marie-Madeleine. L'homme au bonnet bleu, à gauche de Jésus, n'est autre que Michelozzo, l'architecte du couvent. Dans *Le Jugement dernier,* on découvre plutôt un manichéisme sublime : à gauche, les anges font la ronde dans un délicieux jardin nimbé de lumière, où les bons se congratulent, tandis qu'à droite les méchants mijotent dans des chaudrons (certains en sont même réduits à avaler des crapauds et des scorpions).
Nombreux et somptueux retables. Un remarquable cycle sur le thème de la vie du Christ. Ravissant petit *Couronnement de la Vierge* pour le tabernacle de Santa Maria Novella. Sur celui de Linaioli (1433), *Adoration des Mages* et *Martyre de saint Marc.*
– *Le Grand Réfectoire et la salle de Fra Bartolomeo :* dans le Grand Réfectoire, au fond, *Cène miraculeuse de saint Dominique* par Sogliani (XVIe s) et, sur les murs, des peintures inégales. Noter la *Déposition* de Suor Plautilla Nelli (regarder également le réalisme des yeux rougis !) et *Vierge trônant et saints* et *Vierge à l'Enfant* par Fra Paolino. Dans la salle de gauche, uniquement des œuvres de Fra Bartolomeo, disciple de Savonarole, d'un classicisme qui influencera Raphaël, *Visages* et *Madone et Enfant avec sainte Anne* (œuvre inachevée).
– *La salle du Chapitre :* superbe *Crucifixion,* où Fra Angelico a réussi à exprimer l'idée d'expiation et de rédemption.
– En allant vers le Petit Réfectoire et l'escalier qui monte au 1er étage, quelques belles toiles caravagesques.
– *Le Petit Réfectoire (Cenacolo) : Cène* exécutée par Ghirlandaio (en face de la petite librairie). La présence du chat dans ce tableau montre une symbolique négative. Étonnant également ce saint Jean qui dort sur la table. *Pietà* de Luca Della Robbia. Dans le corridor des cellules, petite expo lapidaire et plusieurs consoles en bois.

Premier étage

Toutes les cellules ont été décorées de scènes des Évangiles par Fra Angelico (ou par ses élèves sur un dessin du maître). Peintes de 1437 à 1445, comme s'il y avait représenté aussi son âme. En haut de l'escalier, le premier choc, une très belle *Annonciation* (attention au syndrome de Stendhal !). Commencer par la gauche. Vous entrez dans le premier couloir. Sur la gauche, le must, les cellules peintes de la main du maître (on aime surtout les cellules nos 1, 3, 5, 7, 9 et 10) ; sur la droite, les cellules peintes par ses disciples. Dans quelques cellules (nos 17 ou 22), vous pouvez apercevoir, sous le niveau du sol, par des jeux de miroir, des fresques du XIVe s du couvent précédent recouvertes par la construction actuelle de Michelozzo.
Au fond à droite, le couloir des novices, des cellules de moindre intérêt.
En continuant, on trouve les trois pièces utilisées par Savonarole (oratoire, cabinet de travail et cellule). Ce moine, dénonçant les mœurs dissolues des Médicis,

réussit à les chasser de la ville. Il instaura un régime tellement dur que le peuple s'insurgea, le pendit, puis le brûla sur la piazza della Signoria. On y trouve de belles petites fresques du XVIe s et, surtout, un tableau illustrant le supplice de Savonarole où l'on peut voir que les seules statues présentes à l'époque devant le Palazzo Vecchio étaient le *Marzocco* (lion assis) et *Judith et Holopherne,* de Donatello.
On retourne sur nos pas jusqu'à l'escalier pour voir les cellules de droite dites « du troisième couloir ». Elles sont plus tardives, plus narratives. En particulier, au fond à droite, remarquable *Adoration des Mages* par Benozzo Gozzoli, le plus talentueux des disciples de Fra Angelico, dans la cellule qu'occupa Cosme de Médicis (noter qu'il bénéficiait d'un duplex...).
Dans la bibliothèque réalisée par Michelozzo, sur la droite, double rangée de colonnes et arcades. Grands psautiers enluminés.

🎥 ***Chiesa San Marco*** *(plan détachable D-E2) : à côté du couvent. Tlj 7h30-12h30, 16h-18h30.* Date du XIIIe s mais fut souvent remaniée. Façade du XVIIIe s. Chœur abondamment couvert de fresques. Jolie mosaïque. Momie de San Antonino Pierozzi, fondateur du couvent (1389-1459), réformateur de l'ordre des Dominicains et archevêque de Florence.

🎥 ***Piazza della Santissima Annunziata*** *(plan détachable E2) : à deux pas de San Marco.* Très jolie place dessinée par Brunelleschi. Bordée par le *Spedale degli Innocenti* (hôpital des Innocents) de Brunelleschi avec son élégant portique et les médaillons d'Andrea Della Robbia, l'église Santissima Annunziata et la loge des Servites, de l'autre côté de la place par rapport à l'hôpital, réalisées par Antonio da Sangallo et Baccio d'Agnolo. Au centre, la statue de Ferdinand Ier de Médicis, œuvre tardive de Jean de Bologne (1608), aidé par Tacca, qui réalisa également les fontaines baroques.

🎥🎥 👨‍👧 ***Museo dello Spedale degli Innocenti*** *(plan détachable E2-3) : piazza della Santissima Annunziata, 12. ☎ 055-203-73-08. Tlj 10h-19h. Entrée : 7 € (10 € avec l'audioguide anglais/italien) ; réduc.*
Le musée a subi un sérieux lifting permettant ainsi l'ouverture de salles existantes (mais non visitables) et des activités pour les enfants. 1 500 m² répartis sur trois niveaux. De quoi vous occuper facilement quelques heures. La restauration a permis aussi celle de la façade avec la dizaine de médaillons aux putti (angelots) de l'artiste Andrea Della Robbia (1463), avec leur fameux fond bleu en terre cuite émaillée. Ils représentent majoritairement de jeunes enfants. Très belle cour intérieure avec, comme symbole répétitif, une échelle représentant l'hôpital (on retrouve ce signe pour l'hôpital Santa Maria della Scala à Sienne, qui s'occupait d'enfants aussi).
L'hôpital des Innocents est à proprement parler le premier édifice Renaissance de Florence. Construit à partir de 1419 par Brunelleschi, il était destiné à recueillir les enfants abandonnés. En 1421, c'est le premier orphelinat en Europe à ouvrir ses portes. L'architecte y a emprunté à la fois des éléments romans et des éléments antiques.
À l'entrée de l'hôpital, les mamans pouvaient abandonner leurs enfants et les déposer dans une roue entre les statues de Marie et Joseph. Au préalable, elles prenaient soin de couper une moitié de la médaille (alors accrochée au cou de leur petit), qu'elles gardaient précieusement, et l'autre moitié était récupérée par les sœurs autour du cou de l'enfant. La maman, en cas de remords, pouvait récupérer son enfant avec sa moitié de médaille facilement reconnaissable. Dans le parcours actuel, vitrine avec une émouvante série de médaillons, ainsi que certains témoignages de nourrices. À l'entresol, expo sur l'individualité et quelques réflexions sur l'enfance à l'époque (notamment sur le travail des enfants). À voir surtout, l'extraordinaire *Adoration des Mages* de Ghirlandaio, qui mit 4 ans à la réaliser (1480-1484) ; les rouges y sont sublimes. À l'arrière-plan, *Le Massacre des innocents* et de ravissants paysages. D'autres œuvres intéressantes, une *Vierge de la miséricorde* du Pontormo et une *Crucifixion* maniériste de Poppi

dans un magnifique cadre. Également un *Couronnement de la Vierge* de Lorenzo Monaco, un autre de Neri di Bicci, qui réalisa également *L'Annonciation.* Superbe *Vierge à l'Enfant* de Filippo Lippi et Botticelli.
Le musée abrite également le café littéraire *Caffè del Verone,* avec sa belle terrasse dominant la ville.

Chiesa Santissima Annunziata *(plan détachable E2)* **:** *piazza della Santissima Annunziata. ☎ 055-26-61-81. 16h-17h15.*
L'une des plus chères au cœur des Florentins. Œuvre de Michelozzo (qui reconstruisit également le couvent San Marco) en 1441. Ne pas manquer le cloître des vœux qui précède l'entrée dans l'église. Il contient des fresques importantes, certaines en mauvais état, d'un groupe de peintres florentins de la fin du XVe au début du XVIe s ; elles illustrent le travail et le cheminement de l'art pictural entre le sommet du trio Vinci/Michel-Ange/Raphaël et le maniérisme. À gauche de l'entrée se trouvent les fresques de la première époque ; en face, une nativité fin XVe s d'Alesso Baldovinetti, puis une fresque de Cosme Rosselli (également fin XVe s, les autres sont d'Andrea del Sarto, 24 ans à l'époque !).
En entrant, à gauche également, sous les centaines d'ex-voto, on distingue une *Annonciation* (du XIVe s), dont la légende dit que le visage de la Vierge fut terminé par des anges en 1252. Les fidèles lui vouent encore un culte, tant et si bien que les offices se déroulent souvent en direction de cette dernière et non vers le chœur. À droite, des fresques plus tardives : *Assomption* du Rosso, *Visitation* de Pontormo, *Mariage* de Franciabiagio, le reste par Andrea del Sarto. C'est à partir du cloître des vœux qu'on accède au cloître des morts (le plus souvent fermé au public) où se trouvent d'autres fresques qui racontent l'histoire de l'église. Mais une seule est vraiment digne d'intérêt : *La Vierge au sac* d'Andrea del Sarto (qui est d'ailleurs enterré dans cette église, comme Jean de Bologne ou Benvenuto Cellini). À l'intérieur, l'un des décors baroques les plus fous qu'on connaisse. Plafond or et argent outrageusement chargé, décor grandiloquent, fresques.
Au fond de cette chapelle, à droite, un beau christ d'Andrea del Sarto. Les chapelles de la nef et du transept sont inégales. Quelques beaux tableaux et fresques. À noter, un beau christ de Sangallo dans la seconde nef de droite et, dans le transept droit, une puissante *Pietà* de Bandinelli, qui s'est représenté dans les traits du vieillard soutenant le Christ. La sacristie et les absides derrière le chœur (qui contiennent quelques belles peintures) sont en général fermées au public.
Le réfectoire de Santa Apollonia peut également se visiter (horaires d'ouverture aléatoires). On peut y admirer de magnifiques fresques et, en particulier, une *Cène* et une *Crucifixion* par Andrea del Castagno, peintre typique du Quattrocento florentin (dessin précis, personnages sculpturaux, couleurs acidulées).

Museo dell'Opificio delle Pietre dure *(musée de la Manufacture des pierres dures ; plan détachable D-E2)* **:** *via degli Alfani, 78. ☎ 055-26-51-11. Lun-sam 8h15-14h. Entrée : 4 €.* Le travail des pierres dures *(pietre dure)* est un art d'une grande finesse qui rappelle la marqueterie sur bois. On l'appelle aussi « la mosaïque florentine ». Des pierres semi-précieuses comme l'onyx, l'obsidienne, la cornaline, l'agate ou le porphyre sont découpées, taillées puis incrustées dans des compositions aussi colorées que variées (bouquet de fleurs, nature morte, etc.). Pendant trois siècles, les artisans de l'*Opificio delle Pietre dure* eurent comme objectif de décorer les palais et les églises de Florence, en particulier le caveau des Médicis et la chapelle des Princes de l'église San Lorenzo. À présent, l'atelier est voué à la restauration, ainsi qu'au travail de la marqueterie de bois et de la majolique. Ce petit musée d'une dizaine de salles permet d'admirer quelques magnifiques exemples de composition de pierres dures, d'un étonnant réalisme et d'une remarquable finesse. Sur la mezzanine, présentation des outils et des sortes de pierres (ou d'essences pétrifiées) utilisés pour réaliser ces chefs-d'œuvre.

Museo archeologico *(plan détachable E2)* **:** *piazza della Santissima Annunziata, 9. ☎ 055-235-75. Tlj 8h30-19h (14h sam-lun). Fermé 2e et 4e dim de juil-août.*

Jardin abritant des tombes étrusques ouv sam slt. Entrée : 4 €. À l'entrée de la plupart des pièces, feuilles explicatives en français, indispensables pour éclairer votre lanterne. Un grand musée à la disposition aérée, qui présente de belles pièces, notamment étrusques, de l'âge du bronze à la période hellénistique. Collection de petites statuettes en bronze, sarcophages égyptiens, poteries, pierres sculptées, hiéroglyphes très bien conservés, vases grecs, statues romaines, etc. Parcours pas toujours très clair.

Museo Leonardo Da Vinci *(plan détachable D-E3)* **:** *via dei Servi, 66/68 r. ☎ 055-28-29-66. • mostredileonardo.com • Tlj 10h-19h (18h nov-mars). Entrée : 7 €.* Encore un musée sur Léonard comme il en existe beaucoup en Italie. Certes, mais celui-ci diffère quelque peu des autres : didactique, il est divisé en cinq thèmes, cinq salles pour l'eau, l'air, la terre, les mécanismes et le feu. Présentation des principales créations du maître. On a aimé le prototype du deltaplane ou encore la barque à pédales ! Au fond du musée, une petite salle présente les copies des tableaux les plus célèbres de Vinci *(Joconde, La Cène, l'Annonciation...).* Un bon moment pour petits et grands.

ON A VOLÉ LA JOCONDE !

1911. Coup de tonnerre. Aussitôt, on arrêta Apollinaire, et Picasso fut longuement interrogé. On retrouva le chef-d'œuvre rue du Vert-Bois, avec la signature de l'artiste. Les enquêteurs mirent un certain temps à se rendre compte que Léonard n'avait jamais signé son tableau. On retrouva l'authentique en 1913, dans un hôtel de Florence, volé par un vitrier italien qui travaillait dans le musée. Depuis, l'hôtel s'appelle Gioconda.

Cenacolo di Sant'Apollonia *(plan détachable D2)* **:** *via XXVII Aprile, 1. ☎ 055-238-86-07. Tlj 8h15-13h50 sf 2e et 4e lun du mois ainsi que 1er, 3e et 5e dim. Fermé 1er janv, 1er mai et 25 déc.* Couvent fondé au XIVe s, il fut consacré à sainte Apolline, chrétienne martyre morte en 236 qui se jeta dans les flammes pour échapper à ses bourreaux. On retiendra dans ce réfectoire l'œuvre la plus importante : la fresque d'Andrea del Castagno représentant la Cène (représentation commune à tous les réfectoires des monastères). Détail amusant : les deux fenêtres (réelles celles-ci) qui se fondent dans la fresque. Admirer également le décor entourant le dernier repas du Christ : le plafond aux formes géométriques, les tuiles rouges et les pavements muraux qui donnent de la profondeur à la fresque. La nappe blanche, quant à elle, donne plutôt l'impression d'un immense rectangle blanc et n'offre aucune perspective.

Giardini dei Semplici – Orto botanico *(plan détachable E2)* **:** *entrée par la via Pier Antonio Micheli, 3. Tlj sf mer 10h-19h (17h en hiver). Entrée : 6 € ; gratuit avec la* Firenze Card. Le jardin botanique, de plus de 2 ha, est une belle halte pour ceux que la botanique intéresse. Évidemment, l'entrée pour un jardin public semble chère, mais on y trouve plus de 9 000 variétés de plantes et une jolie fontaine centrale. Il fait partie du musée d'Histoire naturelle de Florence. C'est sous la houlette de Cosme Ier de Médicis que le jardin fut créé, en 1545. C'est à cette époque qu'il connut toute sa splendeur avec Giuseppe Casabona, qui fit apporter du monde entier des plantes rares. Au XVIIIe s, le botaniste Pier Antonio Micheli en fit son jardin d'études. Il fut enfin ouvert au public en 1864. Aujourd'hui, on peut toujours admirer les serres qui renferment de belles variétés de plantes exotiques (bananiers, caféiers, arbres des Voyageurs, un plan d'eau bordé de lierre et tout un parterre destiné aux plantes médicinales).

QUARTIER DE SAN LORENZO

• **À voir** ....131 • Chiesa San Lorenzo	• Biblioteca medicae Laurenziana	• Cappelle Medicee

San Lorenzo, c'est avant tout son marché central à deux pas de la gare, grouillant et coloré avec ses maraîchers et ses marchands de fruits qui s'interpellent, où les Florentins et les touristes aiment venir remplir leurs paniers de denrées alimentaires de toutes sortes. San Lorenzo, c'est aussi son église édifiée par Brunelleschi, l'une des plus importantes de Florence, et les chapelles construites par Michel-Ange qui renferment les tombeaux de la famille Médicis. San Lorenzo, c'est encore sa place avec son marché de peaux et cuirs, où le pire côtoie le meilleur et où le marchandage devient un art ! Certes, les amoureux de Florence peuvent trouver le quartier trop touristique à leur goût, mais ce dernier mérite tout de même qu'on y passe un peu de temps pour l'apprécier à sa juste valeur.

Où dormir ?

Auberge de jeunesse

Plus Florence (plan détachable D1, **62**) : *via Santa Caterina d'Alessandra, 15-17. ☎ 055-46-289-34. • info@plusflorence.com • plushostels.com • Compter 24 €/pers en dortoir et à partir de 45 € pour une chambre 2-4 lits.* Une AJ privée très fonctionnelle et d'une propreté irréprochable. Chambres spacieuses et joliment colorées (avec une mention spéciale pour celles des filles, aux murs parme). Ici, les *backpackers* de tous pays se retrouvent dans une ambiance conviviale, n'hésitant pas à se refiler moult conseils et bonnes petites adresses. Soirées thématiques. Bar, piscine intérieure et agréable terrasse sur le toit de l'immeuble, avec une vue imprenable sur la ville. Que demander de mieux ?

Prix moyens

Hotel Lorena (plan détachable C3, **34**) : *via Faenza, 1 (angle piazza Madonna). ☎ 055-28-27-85. • info@hotellorena.com • hotellorena.com • Fermeture 2h-6h (fêtards, passez votre chemin !). Doubles avec sdb 40-100 € selon affluence et saison ; petit déj 5 €.* Très bien situé, ce petit hôtel familial n'a rien d'extraordinaire, mais il dispose de chambres confortables, sans charme. Quelques privilégiées (les n°s 42 et 43) bénéficient d'une belle vue sur la piazza Madonna.

Hotel Accademia (plan détachable C3, **46**) : *via Faenza, 7. ☎ 055-29-34-51. • info@hotelaccademiafirenze.com • hotelaccademiafirenze.com • Doubles avec sdb 65-130 €.* L'entrée fait bonne impression, avec son escalier tout de velours rouge revêtu. Les chambres, reliées par un dédale de couloirs, sont confortables. Petite cour intérieure, salle pour le petit déj et espaces communs conviviaux (jeux de dames et d'échecs).

Hotel Giada (plan détachable D3, **43**) : *via del Canto dei Nelli, 2. ☎ 055-21-53-17 ou 79-80. • info@hotelgiada.com • hotelgiada.com • Doubles avec sdb 70-130 €.* Au cœur du marché San Lorenzo, un hôtel sans surprise qui a l'avantage d'être bien placé. Des chambres soignées avec tout le confort possible : que demander de plus ?

Tourist House Liberty (plan détachable D2, **60**) : *via XXVII Aprile, 9. ☎ 055-47-17-59. • libertyhouse@iol.it • touristhouseliberty.it • Doubles avec sanitaires privés 60-130 € (pour* *les plus grandes). En hte saison, séjour de 2 nuits min exigé.* Cet endroit confortable propose des chambres très agréables, lumineuses, bien arrangées (mobilier de style, tons chauds et harmonieux, jolies tentures, parquet...). Propreté irréprochable. Une bonne adresse.

Hotel Casci *(plan détachable D2,* ***70****) : via Cavour, 13. ☎ 055-21-16-86. • info@hotelcasci.com • hotelcasci.com • ♿ Au 2e étage (ascenseur). Doubles 75-150 € selon saison. Parking payant (22-27 €/j.).* Hôtel familial situé dans un palais du XVe s où vécut le compositeur Rossini. 2 chambres donnent sur un jardin et sont destinées en priorité aux jeunes couples en voyage de noces ! Accueil courtois (et en français) et chambres tout confort.

De chic à plus chic

Hotel Cellai *(plan détachable D2,* ***24****) : via XXVII Aprile, 14. ☎ 055-48-92-91. • hotelcellai.it • Doubles à partir de 140 €.* Ici, on a le souci du détail et de l'authenticité même dans les chambres. Les parties communes sont chaleureuses, l'atmosphère intime et conviviale, avec des objets et des meubles chinés avec passion. On a l'impression de voyager au XIXe s. Une adresse où tout n'est que luxe, calme et volupté... avec un accueil tout en gentillesse. On adore !

Hotel Burchianti *(zoom détachable C3,* ***38****) : via del Giglio, 8. ☎ 055-12-17-96. • info@hotelburchianti.it • hotelburchianti.it • Doubles 120-150 € selon saison.* Cette petite pension de charme, à l'abri des regards, occupe l'une de ces vieilles demeures qui fleurent bon la Florence d'antan, à peine la lourde porte entrouverte. Des meubles de style agrémentent les vastes chambres, toutes couvertes de fresques du XVIIe s (celle réservée aux jeunes mariés en lune de miel est particulièrement jolie). De quoi faire de beaux rêves ! En revanche, le confort est bien du XXIe s. Une escapade romantique ? Cette adresse est pour vous. Accueil en français, de surcroît.

Hotel dei Macchiaioli *(plan détachable D2,* ***39****) : via Cavour, 21. ☎ 055-264-81-53. • info@hoteldeimacchiaioli.com • hoteldeimacchiaioli.com • Double env 120 € (mais prix très fluctuant selon le remplissage). Parking payant.* Hôtel de standing niché dans le Palazzo Morrochi. Chambres spacieuses, décorées avec goût et avec tout le confort nécessaire. Coup de cœur pour la salle du petit déj décorée de fresques (autrefois le salon des peintres avant-gardistes toscans dans les années 1848, les fameux Macchiaioli). Idéalement placé et calme malgré la proximité de la via Cavour. Accueil serviable et personnel aux petits soins.

Très chic

Hotel Il Guelfo Bianco *(plan détachable D2,* ***74****) : via Cavour, 29. ☎ 055-28-83-30. • info@ilguelfobianco.it • ilguelfobianco.it • ♿ Doubles à partir de 99 € et pouvant aller jusqu'à... 250 € selon taille et saison, prima colazione comprise ; apparts 4 pers à partir de 150 €. Offres parfois plus intéressantes en réservant par Internet.* Un lieu de bon goût, qui restitue l'atmosphère médicéenne. Essai réussi pour les chambres supérieures, coiffées de plafonds à caissons ou voûtes rustiques et pourvues de beaux tapis et de mobilier de style. Évidemment équipées comme il se doit (coffre, minibar, salles de bains irréprochables...). En revanche, les chambres premier prix, bien que cossues et joliment décorées, ne se démarquent pas du classicisme bon teint des hôtels de standing. Pour les insomniaques, les chambres situées à l'arrière profitent d'une jolie vue sur les toits et échappent à toute nuisance sonore. Un mariage réussi de luxe et de charme...

Relais Grand Tour *(plan détachable D2,* ***44****) : via Santa Reparata, 2. ☎ 055-28-39-55. • info@florencegrandtour.com • florence.grandtour.com • Doubles à partir de 140 €. CB refusées.* Petite adresse douillette nichée dans un ancien théâtre du XVIIIe s. Les propriétaires ont su mettre en valeur les fresques, le carrelage ancien ou encore le plafond à caissons. Les noms attribuées aux chambres s'inspirent évidemment du théâtre (« Il Musicista », « La Cantante », « La Ballerina »...). Coup de cœur pour le patio mignon tout plein avec ses plantes vertes et son mobilier de jardin. Pour ceux qui recherchent le calme et la volupté, c'est l'adresse idéale ! Les proprios, très fiers de leur ville, n'hésiteront pas à vous donner moult conseils.

Où manger ?

Marché

Mercato centrale di San Lorenzo *(plan détachable C-D2) : via dell'Ariento. • mercatocentrale.it • Lun-sam 7h-14h.* Halles du XIXe s abritées par une charpente métallique. Un marché idéal comme introduction à la gastronomie locale. Au rez-de-chaussée, marché traditionnel avec moult charcuteries, boucheries, triperies, crémeries et épiceries à profusion. C'est très touristique et assez cher au demeurant, mais la qualité des produits n'a pas baissé et le choix est immense. Au 1er étage *(entrée par la via dell'Ariento ; tlj 10h-minuit)*, multiples comptoirs qui font le bonheur des petits et des grands ; il y en a pour tous les goûts ! Pizzas, poissons, glaces, *foccace*, vegan, viande, *enoteca*... Tous ces petits stands sont joliment présentés sous l'immense verrière du marché couvert. On n'y va pas pour un dîner en amoureux (bruyant), mais c'est bien pratique, assez rapide et pas trop cher. Idéal pour les familles. Également un comptoir *Eataly* (voir plus haut la rubrique « Où manger ? » dans le quartier du Duomo).

Sur le pouce

Focaccine Bondi *(plan détachable C2, **229**) : via dell'Ariento, 85 r. Panino 4 €.* Une adresse connue comme le loup blanc depuis des générations de Florentins. Ici pas de chichis, on commande sur l'ardoise les ingrédients qu'on veut intégrer dans son sandwich, et on repart avec son *panino*. Et basta ! Rapide, pas cher et très bon !

Pescheria Ultima Spiaggia *(plan détachable D2, **90**) : au rdc du marché de San Lorenzo. Mêmes horaires que le marché. Cornets de friture à partir de 7 €.* Allez voir ces poissonniers au travail : ça chante fort, ça parle haut. Le client choisit parmi les petits poissons de l'étal et, en moins de temps qu'il ne faut pour le dire, les voici jetés dans la friture. 5 mn après, c'est plié : on se régale d'un cornet de friture de poissons. C'est divinement bon, sauf que tout le monde a la même idée... Arrivez donc tôt !

Bon marché

Trattoria da Nerbone *(plan détachable D2, **90**) : à l'intérieur du mercato centrale di San Lorenzo. ☎ 339-648-02-51. Lun-sam 8h-15h slt. Congés : janv et 15 j. en août. Repas complet 10-15 €.* Indéboulonnable depuis 1872, cette gargote très populaire accueille les vieux habitués et les nombreux touristes sur quelques mètres carrés de comptoir et une poignée de tables en marbre. Côté plats, la maison propose de savoureuses spécialités (également à emporter). On y vient surtout pour ses tripes ou son *lampredo* (intestin de veau bouilli dans son jus et saupoudré de poivre). Et, pour faire passer le tout, un chianti au verre e *poi, il conto e basta !*

Osteria Pepò *(plan détachable D2, **122**) : via Rosina, 6 r. ☎ 055-28-32-59. • info@pepo.it • Juste à côté du mercato centrale. Repas 20-25 €. Apéritif offert sur présentation de ce guide.* Rustique et dépouillée à la fois, cette adresse nous a plu pour le service discret mais disponible, pour son choix de pâtes et ses délicieux desserts faits maison (*panna cotta*, crème caramel, *torta al cioccolato* et la *schiacciata con l'uva*, sorte de *focaccia* sucrée).

Trattoria Sergio Gozzi *(plan détachable D3, **98**) : piazza San Lorenzo, 8 r. ☎ 055-28-19-41. • trattoriasergiogozzi@tiscali.it • Ouv le midi slt.*

Congés : août. Repas env 20 €. Pas facile de dénicher cette *trattoria* familiale, dont l'entrée n'est guère visible. Joyeuse assemblée d'habitués et de touristes en goguette qui se mélangent dans un brouhaha bon enfant. Côté cuisine, c'est de la bonne tambouille toscane... à commencer par la copieuse *ribollita* (soupe de légumes et de pain), la *pappa al pomodoro* ou la *trippa alla fiorentina.* Et, pour finir, une petite trempette de *biscottini di Prato* à manger dans un verre de *vino santo* suffira amplement. Accueil bousculé mais toujours dans la bonne humeur.

La Cocotte *(plan détachable C-D2,* ***96****) : via Nazionale, 112 r. ☎ 055-28-31-14. Tlj 8h-minuit (1h ven-sam).* À toute heure, on vient ici boire un café et savourer quelques viennoiseries, en coup de vent pour un plat à emporter, s'asseoir au milieu des rayonnages de vins et d'épicerie fine, ou déguster un thé et quelques macarons à l'heure du goûter... Une adresse aux intonations françaises.

Trattoria Palle d'Oro *(plan détachable C2,* ***216****) : via Sant'Antonino, 43-45 r. ☎ 055-28-83-83. • trattoria palledoro@gmail.com • Tlj sf dim et j. fériés. Congés : 3 sem en août. Repas 15-30 €. Digestif offert sur présentation de ce guide.* Cette institution florentine a pignon sur rue depuis 1860... Touristes et Florentins s'y côtoient dans une atmosphère conviviale (quoiqu'un peu bruyante) et se régalent de solides plats toscans comme la *ribollita,* la *panzanella* ou encore les *ravioli al tartufo.* Pour les amateurs de tripes, petit stand de *panini* le midi à l'entrée du resto (attention, il y a souvent la queue). Service rapide et efficace.

Prix moyens

La Ménagère *(plan détachable D2,* ***228****) : via dei Ginori, 8 r. ☎ 055-075-06-00. • info@lamenagere.it • Tlj 7h-minuit ; resto 12h-23h.* Un bel endroit qui a gardé le nom de l'ancien établissement, un magasin où on vendait tout pour la cuisine ! Aujourd'hui, place au mobilier de bois et de béton, aux pierres apparentes et aux grands espaces laissant passer la lumière. Également un fleuriste et quelques objets déco à acheter. Côté papilles, on opte pour le bistrot le midi et pour la version plus chic sous la verrière avec des plats plus élaborés le soir.

Ristorante Le Fonticine *(plan détachable C2,* ***250****) : via Nazionale, 79 r. ☎ 055-282-21-06. • info@lefonticine.com •* La maison s'est fait connaître pour ses pâtes fraîches, sa viande grillée et sa bonne cave. Grande salle donnant sur le *corte* très sympa avec son sol pavé et les céramiques aux murs. Malgré un changement de main, la qualité et la bonne humeur sont toujours de mise et font de cette adresse une bonne étape culinaire dans le quartier.

Cipolla Rossa *(zoom détachable D3,* ***99****) : via dei Conti, 53 r. ☎ 055-21-42-10. • info@osteriacipollarossa.com • Tlj midi et soir. Compter 25-30 €. Apéritif maison offert sur présentation de ce guide.* Un établissement tout en longueur avec son mobilier en bois et ses murs colorés, qui propose une cuisine de qualité. Dans l'assiette, pâtes maison, savoureuse *bistecca alla fiorentina...* Une bonne adresse dans ce quartier peu fourni dans cette gamme de prix.

Ristorante Le Fate *(plan détachable D1,* ***234****) : via San Zanobi, 26 r. ☎ 055-384-19-98. • ristorantelefate@gmail.com • Tlj sf dim. Compter 30-35 € ; menu 25 €.* Pour ceux qui veulent vivre une expérience astrologico-gustative. Les menus sont élaborés selon une étude qui fait le parallèle entre l'alimentation et le signe astrologique. Évidemment, ce qui est amusant, c'est de prendre le plat qui correspond à chacun ! Ambiance détente avec des murs bleu profond et un ciel étoilé au plafond. À la fin du repas, si vous en avez envie, la patronne astrologue peut analyser votre choix gustatif.

Bar à vins *(enoteca)*

Casa del Vino *(plan détachable D2,* ***143****) : via dell'Ariento, 16 r. ☎ 055-21-56-09. Lun-ven 9h30-19h, sam 10h-15h (fermé sam mai-juil).*

Minuscule bar à vins qui donne sur le marché central, où l'on déguste debout (2 chaises et une table pour ceux qui auront de la chance !) un choix de charcuteries, *crostini* et *panini* du jour.

Où savourer de bonnes glaces ?
Où déguster de bons *cantuccini* ?

Le Botteghe di Leonardo *(plan détachable D3,* ***165****)* **:** *via dei Ginori, 21 r. ☎ 055-28-50-52. • firenzeginori@lebotteghedileonardo.it • Tlj 12h-23h.* Encore une adresse de *gelateria,* nous direz-vous ? Oui, mais celle-ci assure des glaces sans conservateurs, 100 % bio et avec des ingrédients soigneusement sélectionnés : variétés au chocolat Domori, noix du Piémont, citron d'Amalfi. Voilà les maîtres mots de ce glacier ! Les glaces au chocolat sont tout simplement divines.

Il Cantuccio di San Lorenzo *(plan détachable C2,* ***171****)* **:** *via sant'Antonino, 23 r. • info@ilcantucciodisanlorenzo.it • Tlj sf dim.* Une minuscule boutique dont l'odeur de biscuit chaud nous attire déjà depuis le bout de la rue ! Ici, tout est fait maison ; la famille Marini, d'une longue tradition de boulangers (depuis 1950), propose ses fameux *cantuccini,* les meilleurs de la ville à notre avis ! Également de délicieuses pâtisseries de tradition toscane. Rien ne vous empêche de faire une petite réserve dans vos valises...

À voir

Chiesa San Lorenzo *(plan détachable D3)* **:** *piazza San Lorenzo. ☎ 055-21-66-34. Lun-sam 10h-17h, dim et j. fériés 13h30-17h30 (fermé dim oct-mars). Entrée : 5 € (avec tablette interactive sans supplément de prix !). Billet combiné avec la bibliothèque Laurentienne : 7,50 €.*
L'une des églises les plus importantes de Florence, avec un décor intérieur à ne pas manquer. Édifiée en 1425 par Brunelleschi, l'auteur du dôme de la cathédrale (il faut dire que le commanditaire n'était autre que la famille Médicis). À sa mort, on prit d'autres architectes pour achever la façade (dont Michel-Ange), mais les problèmes techniques et les difficultés d'approvisionnement en marbre les arrêtèrent. À l'intérieur, plan de basilique à trois nefs. Décor de marbre froid et élégant tout à la fois, et impression d'équilibre et d'harmonie car toutes les proportions furent calculées mathématiquement.

– Dans la nef en entrant à droite, dans la seconde chapelle, un superbe *Mariage de la Vierge* par Rosso Fiorentino. Au centre de la nef, les deux ambons en bronze de Donatello (à gauche l'ambon de la Passion et à droite celui de la Résurrection ; payant : 1 €). Surtout, prenez le temps de regarder les détails, c'est fantastique. Il s'agit d'une œuvre majeure de la sculpture italienne, sorte de testament artistique d'un Donatello âgé et malade. Superbe fresque de Bronzino à gauche, juste avant le transept, figurant le *Martyre de saint Laurent.*

– *L'ancienne sacristie :* au fond du transept gauche. À ne pas rater. Association des immenses talents de Brunelleschi (architecte) et de Donatello (décorateur-sculpteur), c'est l'un des plus grands chefs-d'œuvre de la Renaissance. Admirables panneaux de bronze des portes de la sacristie. Tout de suite à gauche de l'entrée, sarcophage des fils de Cosme l'Ancien. Joli travail en porphyre et bronze de Verrocchio. Ce sarcophage est peint par Léonard de Vinci sur son *Annonciation* à la galerie des Offices. Au milieu de la sacristie, sarcophage en marbre blanc des parents de Cosme l'Ancien. Tout le reste est l'œuvre de Donatello : le petit lavabo dans la chapelle de gauche, la frise de chérubins, les médaillons qui cernent la coupole, les évangélistes dans les tympans, les bas-reliefs en terre cuite au-dessus des portes de bronze, le buste sur le meuble à droite de l'entrée. Entre

les portes de bronze, constellations qui représenteraient le ciel de Florence lors de l'arrivée de Renato d'Anjou dans la ville en 1427.
– Dans le transept, la première chapelle à gauche (dos au chœur) contient un autre chef-d'œuvre, l'*Annonciation* par Filippo Lippi, tandis que la première chapelle de droite (toujours dos au chœur) abrite une *Annonciation* sculptée en perspective avec un superbe *Christ mort* en dessous par Desiderio da Settignano (1461).
– Le *cloître* est en accès libre directement de l'extérieur, sur le côté de l'église. Par le cloître, accès à la crypte en entrant à droite ; Donatello y est enterré à côté de Cosme de Médicis, dont il était très proche. Au fond, petite salle où l'on peut voir sur des panneaux en bois de peuplier des dessins non terminés par Pontormo vers 1556. Pour ceux que ça intéresse, salle de reliquaires. Même entrée que la bibliothèque Laurentienne.

Biblioteca medicae Laurenziana *(bibliothèque Laurentienne ; plan détachable D3)* **:** *piazza San Lorenzo, 9. Tlj sf dim 9h30-13h30. Entrée : 3 € (billet combiné à 7,50 € avec la chiesa San Lorenzo). Accueille désormais des expos temporaires.* Créée par Cosme l'Ancien et enrichie par Laurent le Magnifique. Hors expos, on peut admirer le vestibule dessiné par Michel-Ange et achevé par Ammannati. À l'intérieur, des manuscrits de Virgile, des écrits de Pétrarque, des autographes de Léonard de Vinci, qui malheureusement ne se consultent pas.

Cappelle Medicee *(chapelles des Médicis ; plan détachable D3)* **:** *piazza Madonna degli Aldobrandini (derrière l'église San Lorenzo). ☎ 055-238-86-02. Tlj 8h15-17h. Fermé 1er, 3e et 5e lun du mois, ainsi que 2e et 4e dim. Entrée : 6 € ; 8 € avec l'expo temporaire (franchement cher vu les travaux à l'intérieur). Audioguide : env 4 €.*
Cette vaste chapelle abrite de nombreux tombeaux de la famille des Médicis. Sous une coupole, les sarcophages des grands-ducs (Ferdinand II et III, Cosme III et IV) en granit égyptien constituent un décor vraiment grandiose, d'un aspect funèbre impressionnant. Somptueux autel en marbre avec un travail minutieux de marqueterie. Quelques reliques dans la petite salle à gauche de l'autel.
Près de la sortie, un couloir mène à la chapelle funéraire qui abrite les tombeaux de Laurent et Julien de Médicis. Ils sont chacun représentés dans une niche au-dessus de leur tombeau. Ceux-ci sont ornés de statues couchées, personnifiant les différents moments du jour : l'Aurore et le Crépuscule pour Laurent, le Jour et la Nuit pour Julien. Réalisées à partir de 1525, ces œuvres font partie des plus beaux chefs-d'œuvre de Michel-Ange.
– Sous l'abside de l'*antica sacrestia* (ancienne sacristie), on a découvert en 1975 des dessins secrets de Michel-Ange. Le local ne se visite pas (l'humidité associée aux visiteurs dégraderait les esquisses), mais on peut regarder une vidéo intéressante située derrière le petit autel qui retrace le processus de restauration. Privé de son atelier car fâché avec les Médicis, Michel-Ange est accueilli en 1530 par le vicaire de l'église, qui l'autorisa à s'y réfugier quelques semaines... jusqu'à son retour sur la scène artistique, rappelé par le pape Clément VII. À son départ, on recouvrit la cave de crépi.

LA CACHETTE DE MICHEL-ANGE

Le peuple chassa les Médicis en 1527, et Michel-Ange soutint cette révolte. Quand ils revinrent en 1530, l'artiste se cacha 3 mois. Ce n'est qu'en 1975 (!) qu'on découvrit que son lieu secret était sous la sacrestia antica *de San Lorenzo (entrée derrière l'autel, sur la gauche). On y décela des esquisses au fusain dont il s'inspira pour la chapelle Sixtine. Vu la fragilité des dessins, on édifia une reproduction de la cachette, à côté.*

AUTOUR DE LA VIA DEI TORNABUONI

Avec ses magasins de luxe de créateurs italiens et internationaux, la via dei Tornabuoni est la rue chic par excellence. On se prend à rêver devant les vitrines installées dans des palais centenaires qui rivalisent de beauté par leur dimension et leur majesté, mais les prix vous ramèneront vite à la réalité ! Les calcéophiles pourront visiter le musée Ferragamo, installé dans le palais familial, le Palazzo Spini Ferroni. Les amateurs de vieilles pierres visiteront quant à eux le Palazzo Davanzati, à deux pas, bel exemple pour se rendre compte de la vie quotidienne d'une famille florentine florissante à la Renaissance. La via dei Tornabuoni est une promenade agréable, d'autant que la rue piétonne permet de faire les vitrines en toute tranquillité ! Elle vous permet surtout de rejoindre rapidement l'Oltrarno par le ponte Santa Trinità.

Où dormir ?

De prix moyens à chic

Hotel Abaco (zoom détachable C3, **32**) : *via dei Banchi, 1. ☎ 055-238-19-19. • abacohotel@tin.it • hotelabaco.it • Au 3e étage sans ascenseur. Double avec douche 85 € ; petit déj 5 €, inclus si paiement comptant.* Outre l'accueil de Bruno, le charmant propriétaire, on découvre des chambres pleines de personnalité, décorées avec goût et étonnamment confortables pour le prix (excellent double vitrage). Également un petit bar et un coin petit déj en vieux bois très convivial (dommage qu'il soit servi un peu tard). Plus qu'un hôtel, un lieu de séjour avec un personnel extra. Un bon rapport qualité-prix pour le quartier.

Hotel Cestelli (zoom détachable C4, **56**) : *borgo S. S. Apostoli, 25. ☎ 055-21-42-13. • info@hotelcestelli.com • hotelcestelli.com • Congés : 3 sem en janv et en août. Doubles 50-100 € selon saison ; pas de petit déj.* Au 1er étage d'un vieux palais, l'hôtel est idéalement situé, à deux pas de la piazza Santa Trinità. Il propose une petite dizaine de chambres hyper propres et bien aménagées. Certaines sont plus spacieuses que d'autres, n'hésitez pas à les demander lors de votre réservation. L'accueil d'Alessio, qui n'est pas avare de conseils sur sa ville, rendra votre séjour d'autant plus agréable. Un bon rapport qualité-prix si près du centre.

Hotel Davanzati (zoom détachable D4, **54**) : *via Porta Rossa, 5. ☎ 055-286-66-66. • info@hoteldavanzati.it • hoteldavanzati.com • Doubles 120-200 €.* Un hôtel familial d'une vingtaine de chambres tout confort. Le seul hic, ce sont les 25 marches à grimper pour arriver à la réception. À l'accueil, le petit-fils est charmant, comme tout le reste du personnel. Vu la situation, le rapport qualité-prix est imbattable !

Hotel Scoti (zoom détachable C4, **51**) : *via dei Tornabuoni, 7. ☎ 055-29-21-28. • hotelscoti@hotmail.com • hotelscoti.com • Doubles avec bains 105-115 € ; familiales 130-155 € ; petit déj 5 €.* Niché dans un vaste palais du XVIe s, le *Scoti* se divise en 2 structures d'à peine une dizaine de chambres. D'une part, l'*albergo,* avec des chambres parfaitement calmes, adaptées et avantageuses pour les familles. D'autre part, des chambres classées « *Residenza d'Epoca* » côté avenue, à la déco assez sobre, impeccables, spacieuses, parfaitement équipées et indépendantes. Un ensemble avec beaucoup de caractère et, en prime, un accueil absolument charmant.

Hotel Bretagna *(zoom détachable C4,* ***53****) :* *lungarno Corsini, 6. ☎ 055-28-96-18. • info@hotelbretagna.net • hotelbretagna.net • Doubles sans ou avec sdb 75-150 €, petit déj compris.* Sur les bords de l'Arno, un hôtel de taille moyenne, situé dans le Palazzo Gianfigliazzi (ancienne habitation de Louis Bonaparte). Les parties communes ont conservé le cachet de l'ancien, et les chambres confortables sont dotées de meubles chinés, certaines même avec jacuzzi. Demandez celles avec vue sur l'Arno.

Très chic

Floroom1 *(zoom détachable C3,* ***17****) :* *via del Sole, 2. ☎ 355-21-66-74. • floroom.com • Doubles à partir de 150 €.* Un appartement familial chic plutôt qu'un *B & B* classique. Une entrée discrète, à l'image des propriétaires, 5 belles chambres cosy, un style épuré dans les tons blancs et gris. Les familles ou les couples d'amis apprécieront ce petit cocon design. Pas donné au total, mais les prestations sont de qualité. *Autre adresse dans l'Oltrarno, via del Pavone, 7.*

Antica Torre di via dei Tornabuoni nº 1 *(zoom détachable C4,* ***40****) :* *via dei Tornabuoni, 1. ☎ 055-265-81-61. • info@tornabuoni1.com • tornabuoni1.com • Doubles 180-350 € (pour celle avec vue panoramique et terrasse privée). Parking payant.* Le Palazzo Gianfigliazzi est une maison-tour médiévale, l'une des dernières de la ville à être encore debout. Les 22 chambres ont été restaurées avec des matériaux nobles et possèdent bien sûr tout le confort du XXIe s ! Et que dire du toit-terrasse où l'on prend son petit déj ou un verre à toute heure de la journée ? Magique ! Les clients au portefeuille bien garni s'offriront la suite panoramique avec une vue imprenable à 360° sur la ville. Accueil très agréable. L'emplacement est idéal pour parcourir la ville. Un bel endroit, vraiment !

Où manger ?

Sur le pouce

Leopoldo Procacci *(zoom détachable C3,* ***85****) :* *via dei Tornabuoni, 64 r. ☎ 055-21-16-56. Lun-sam 10h-21h. Congés : août.* Cette boutique créée en 1885 a subi un lifting... et même si certains regrettent le carrelage à l'ancienne et les antiques étagères cirées, la sélection de produits est toujours excellente ! Perché sur des tabourets, on y consomme des mini-*panini* *(tartufati, salmone con salsa di rucola...)* avec un verre de vin. Résolument chic, comme les boutiques du quartier.

Amblé *(zoom détachable C-D4,* ***113****) :* *chiasso dei del Bene. ☎ 055-26-85-28. • info@amble.it • Tlj 10h (17h dim)-22h.* Non loin du Ponte Vecchio, dans un petit recoin, c'est ici qu'il faut venir vous faire préparer sous vos yeux un bon gros *panino* à votre convenance. On choisit son pain, ses ingrédients, on commande, et hop, vous voilà prêt à avaler votre sandwich ! Petite boutique vintage attenante, même le mobilier est à vendre. Aux beaux jours, on s'étale sur la petite place piétonne pour un verre.

Boulangerie del Rifrullo *(zoom détachable C3,* ***217****) :* *via de' Rondinelli, 24 r. ☎ 055-28-16-58. • boulangerie@ilrifrullo.com • Lun-ven 8h-20h, dim 12h-16h. Panino 5 €, salades à partir de 7 € ; brunch dim (12h30-15h30) 25 €.* À deux pas de la via dei Tornabuoni, ce simili-café new-yorkais mâtiné d'une *French touch* style néobistrot propose un bon choix de viennoiseries et de petits plats rapides. Pratique aussi pour avaler une salade entre deux visites.

Prix moyens

Ristorante La Spada *(plan détachable C3,* ***97****) :* *via della Spada, 62 r.*

☎ 055-21-87-57. • laspadaitalia@gmail.com • Tlj. Congés : sem de Noël. Menus 11 € le midi et 23-35 € le soir ; carte 30-35 €. Digestif offert sur présentation de ce guide. Rôtisserie à l'origine, c'est maintenant une *trattoria* avec ses 2 belles salles (la plus petite pour les amoureux ?) aux plats toscans roboratifs et bien ficelés. Côté *via del Sole,* la petite rôtisserie propose toujours de la vente à emporter avec ses poulets embrochés, ses légumes rissolés et ses plats de traiteur qui laissent présager de la qualité de la cuisine. Accueil souriant et personnel chaleureux. Une bonne adresse.

Il Borro Tuscan Bistro *(zoom détachable C4,* ***100****) : Lungarno Acciaiuoli, 80 r. ☎ 055-29-04-23. • firenze@ilborrotuscanbistro.it • Tlj 10h-22h. Repas 25-30 €.* À deux pas de la chic via dei Tornabuoni, ce bistrot chic est né sous les auspices de la famille Ferragamo. Après le luxe, la restauration ! C'est plutôt bien réussi ! Les plats sont joliment présentés, mettant à l'honneur les produits du terroir toscan. Propose également à la vente huile et vins de leur exploitation située dans les collines toscanes. Accueil pas du tout guindé, comme on pourrait le croire.

Mangiafoco *(zoom détachable C4,* ***101****) : borgo S. S. Apostoli, 26 r. ☎ 055-265-81-70. • mangiafococaffe@yahoo.it • Tlj sf dim. Repas env 25 €.* Ici, produits de qualité riment avec service attentionné ! C'est plutôt rare dans le quartier, et ça vaut la peine d'être souligné. On y retrouve les grands classiques de la Toscane à des prix doux. Une bonne adresse.

Obicà Mozzarella Bar *(zoom détachable C3,* ***91****) : Palazzo Tornabuoni, via dei Tornabuoni, 16. ☎ 055-277-35-26. • firenze@obika.it • Tlj 10h-23h ; brunch dim. Repas complet 25-30 €.* Littéralement, *Obicà* signifie en napolitain « on est là » ! Cette adresse, en effet, est bien là, nichée dans un magnifique palais florentin. La déco résolument design et volontairement épurée (acier trempé, verre poli) tranche avec les moelleuses et rondes mozzarellas, accommodées de mille façons. Évidemment, la *campana DOP* est fameuse, mais notre préférée, c'est la *stracciatella di burrata,* maxi calories mais extra ! Très agréable *cortile* aux beaux jours.

Chic

Bistro del Mare *(plan détachable C4,* ***172****) : lungarno Corsini, 4 r. ☎ 055-239-92-24. • info@bistrodelmare.it • Tlj sf lun. Repas env 35 €.* Un resto entièrement tourné vers à la mer, qui change de la traditionnelle *bistecca* ! Murs blancs, mobilier épuré rehaussé de quelques tableaux rouges aux murs, accueil courtois et attentionné, voilà pour l'ambiance. Et l'assiette dans tout ça ? Des pâtes bien accommodées, du poisson pêché du jour et des desserts succulents... Une adresse marine au bord de l'Arno que nous avons particulièrement appréciée.

Trattoria Gargani *(plan détachable C3,* ***89****) : via del Moro, 48 r. ☎ 055-239-88-98. Ouv ts les soirs. Congés : 2 sem fin août. Repas complet 35-40 €.* Derrière cette façade quelconque se trouve l'un des bons restos de viande de la ville. Les habitués viennent pour la *bistecca,* réputée tendre et savoureuse. La déco peut surprendre : l'un des fils, qui a repris l'affaire après le décès de son père, a gardé en état les pans des murs des 3 salles, toutes décorées par son père, peintre à ses heures.

Bar à vins *(enoteca)*

Cantinetta Antinori *(zoom détachable C3,* ***145****) : Palazzo Antinori, piazza Antinori, 3. ☎ 055-29-22-34. • cantinetta@antinori.it • Tlj sf sam et dim midi. Congés : août et à Noël. Antipasti et primi 20-25 €, secondi 25-30 €.* La maison *Antinori* se démarque par la qualité et la grande régularité de ses vins. Nichée dans le palais du comte, elle possède un savoir-faire immense, héritage de générations d'œnologues en poste depuis 1385. Son gigantesque domaine (dans le Chianti) produit aujourd'hui pas moins de 10 rouges : du Tignanello au Santa Cristina (entrée de gamme), en passant par le Tenute del Marchese, le Badia a Passignano ou le villa Antinori. Une dégustation à la *Cantinetta* fait partie des grands classiques florentins. Cuisine à l'avenant, à la fois traditionnelle et élégante, un peu chère tout de même. Service impeccable.

Où boire un verre ?

🍷 ***Caffè Giacosa – Roberto Cavalli*** *(zoom détachable C3,* ***207****)* **:** *via della Spada, 10 r. ☎ 055-277-63-28. • info@caffegiacosa.it • Tlj 7h30-20h30 ; brunch dim.* Café historique repris par le créateur florentin Roberto Cavalli. Il a ajouté sa touche perso avec ses célèbres imprimés animaliers, tout en gardant l'esprit du lieu. Petite restauration que l'on savoure le plus souvent debout (assis si on a de la chance !) ou à emporter. Quelques tables en terrasse avec chaises façon peaux de bête (léopard, guépard, zèbre : au choix !) pour boire un thé ou un cappuccino. Petite terrasse très prisée aux beaux jours. Chic et pas (trop) cher au final.

🍷 ***Rivalta Café*** *(zoom détachable C4,* ***191****)* **:** *lungarno Corsini, 14 r. ☎ 055-28-98-10. • info@rivaltacafe.it • Tlj 11h-3h.* Un lieu agréable à la déco minimaliste. On aime surtout sa petite terrasse donnant sur l'Arno, l'excellent rapport qualité-prix de l'*aperitivo* et son buffet gargantuesque. Le midi, on se régale de bons burgers ou d'une grosse salade. Très animé aux beaux jours quand le soleil se couche sur l'Arno...

🍷 ***Colle Bereto*** *(zoom détachable C3,* ***183****)* **:** *piazza degli Strozzi, 5 r. ☎ 055-28-31-56. Tlj 8h30-2h.* Les Florentins jeunes et moins jeunes viennent à l'heure de l'*aperitivo* profiter du plantureux buffet juste en face du Palazzo Strozzi. La musique s'intensifie au fur et à mesure de la soirée. Ambiance festive pour un melting-pot de tous âges. Bien plus calme en journée pour prendre un café...

À voir

Museo Marino Marini e capella Rucellai *(plan détachable C3)* **:** *piazza San Pancrazio. ☎ 055-21-94-32. Tlj sf mar, dim et j. fériés 10h-17h. Fermé en août. Entrée : 6 €.*

Situé dans l'ancienne église de San Pancrazio, ce musée éloigné des circuits touristiques étonne par sa muséographie, réalisée par les architectes Bruno Sacchi et Lorenzo Papi. On prend plaisir à admirer ces œuvres agréablement mises en valeur dans un espace clair et aéré, à la manière d'une promenade architecturale. À la mort de Marino Marini, en 1980, sa femme, Marina, a légué à la Ville de Florence la majorité de ses créations (dont la collection représente plus de 180 œuvres). Elles sont regroupées par thèmes et non par ordre chronologique, selon le souhait de l'artiste. Les architectes ont privilégié la lumière naturelle et l'espace. Belle mise en valeur des statues, qui devaient à l'origine être exposées en plein air.

Au centre du musée (dans l'ancienne abside), on peut admirer sa création la plus célèbre : *Il Cavaliere,* sculpté en 1957-1958. Certaines de ses sculptures se rapprochent de l'art étrusque. Il suffit de regarder les cavaliers et les statues réalisés dans les années 1950 pour s'en rendre compte. Les jongleurs font partie aussi de l'univers de Marini (admirer celui de l'escalier permettant d'accéder à la mezzanine). Quelques beaux portraits de peintures jalonnent également la visite. Un musée qui gagnerait à être connu.

– ***Chapelle Rucellai :*** *attenante au musée. Visite limitée à 25 pers.* Tombeau d'une famille noble avec l'emblème des Médicis. Notez l'encorbellement en marbre avec les insignes de Pierre et de Laurent de Médicis. À l'intérieur, scène de l'Annonciation avec deux anges agenouillés avec le geste de la foi.

Museo di Palazzo Davanzati – Museo dell'Antica Casa *(zoom détachable C-D4)* **:** *via Porta Rossa, 13. ☎ 055-238-86-10. Tlj 8h15-13h50. Fermé 1er, 3e et 5e lun du mois, ainsi que 2e et 4e dim du mois. Possibilité de visiter sur résa les 2e et 3e étages (le 1er étage est en visite libre). Entrée : 2 €.* Un bel exemple de demeure bourgeoise du XIVe s, à l'aspect sévère avec ses trois étages et sa loggia qu'on peut admirer de l'extérieur. Superbe *salla dei Pappagalli* avec ses rideaux en trompe l'œil. La *camera dei Pavoni* n'est pas en reste avec son magnifique plafond peint et sa fresque d'écussons représentant les familles Davizzi et Strozzi. Une petite salle est également consacrée à la dentelle (les propriétaires possédaient une manufacture). Mobilier, tapisserie, peinture : tout est d'époque. Une visite s'impose.

Palazzo Strozzi *(zoom détachable C3)* **:** *entre la piazza degli Strozzi et la via dei Tornabuoni. Tlj 9h-20h. Abrite des expos temporaires, prix selon expo. (dans le cortile).* Exemple typique de la puissance montante de certains Florentins qui voulaient, au XVe s, rivaliser avec les Médicis. Façade à bossages massifs. Très belle corniche. Sympa aussi pour se reposer les gambettes entre deux visites de la ville. Beau *cortile* où l'on peut s'asseoir.

Piazza Santa Trinità *(zoom détachable C4)* **:** ensemble architectural assez rare comprenant une colonne provenant des thermes de Caracalla (au centre de la place), puis l'église baroque *Santa Trinità,* le *Palazzo Bartolini-Salimbeni* du XVIe s (y pointent déjà des éléments de l'époque baroque), le *Palazzo Ferroni* (du XIIIe s, à l'allure de forteresse) et le *Palazzo Gianfigliazzi* (à côté de l'église).

Chiesa Santa Trinità *(zoom détachable C4)* **:** *☎ 055-21-69-12. Tlj 8h-12h, 16h-18h.* Très agréable et reposante. L'éclairage des œuvres est gratuit (à l'exception des fresques de Ghirlandaio). On entre dans l'église par le transept droit. À droite en entrant, les magnifiques fresques de Ghirlandaio. À gauche en entrant, également de magnifiques fresques de Lorenzo Monaco. Traverser l'église vers le transept gauche. Dans la chapelle de droite, le tombeau de Federighi (lui-même sculpteur) par Luca Della Robbia et, à gauche, une belle *Marie-Madeleine* par Desiderio da Settignano. Les chapelles à gauche de la nef (quand on fait face au chœur) contiennent de très belles fresques et peintures.

Museo Salvatore Ferragamo *(zoom détachable C4)* **:** *piazza Santa Trinità, 5. ☎ 055-336-04-56. Situé dans le sous-sol du Palazzo Ferroni. Tlj 10h-19h30. Entrée : 6 € (audioguide fourni gratuitement et en français). Petites expos temporaires.* Aficionados de chaussures made in Italy, voici un musée pour vous ! Ici, on retrace la vie et le travail du célèbre chausseur napolitain. À l'origine, il était parti rejoindre sa famille installée à Los Angeles, qui fabriquait à l'époque des... santiags ! Ces bottes ne lui plaisant guère, il commença alors à créer ses propres modèles. Par un heureux hasard, on eut besoin de lui sur un plateau de tournage, ce fut Greta Garbo, et la grande saga de l'histoire Ferragamo débuta ! Toutes les vedettes devinrent ses clientes (Audrey Hepburn, Ava Gardner...). Il déposa plus de 100 brevets. Quand il revint en Italie, c'est à Florence qu'il choisit de s'installer car c'est une ville qui reflète l'image de la beauté et, surtout, qui se trouve à proximité de tanneries. Ici sont exposés ses nombreux modèles phares portés par les vedettes d'Hollywood. L'invention de la célèbre chaussure compensée, en liège, c'est lui ! Brevetée en 1936 et copiée depuis dans le monde entier, sa fabrication n'aura plus de secret pour vous. Les chaussures, exposées par roulement, sont choisies parmi les 10 000 paires que conserve jalousement la famille Ferragamo (et on la comprend !). Le magasin se trouve juste au-dessus, donnant sur la luxueuse via dei Tornabuoni *(14 r ; ☎ 055-29-21-23 ; lun-sam 10h-19h30).* Tout le monde n'a pas les moyens de s'offrir les services du bottier des stars d'Hollywood, mais vous pouvez toujours y jeter un œil...

QUARTIER DE SANTA MARIA NOVELLA

On l'imagine grouillant et bruyant (Florence est l'un des axes ferroviaires les plus importants en Italie). Certes, il est populaire, mais certaines rues et place sont pleines de charme et de simplicité. La piazza Santa Maria Novella en est un bel exemple, surtout depuis qu'elle est interdite aux voitures et qu'elle a été entièrement repensée ! Les promeneurs prennent le temps de lézarder sur les bancs et d'admirer les palais qui bordent la place. À deux pas, poussez la visite de l'une des plus anciennes parfumeries du monde, fondée en 1612, l'Officina Profumo Farmaceutica di Santa Maria Novella. Le quartier est, avec sa large gamme d'hôtels toutes catégories, un endroit agréable et stratégique pour poser ses valises et rayonner dans la ville.

Où dormir ?

Auberge de jeunesse

Archi Rossi Hostel *(plan détachable C2,* ***26****) : via Faenza, 94 r. ☎ 055-29-08-04. • info@hostelarchirossi.com • hostelarchirossi.com • À 200 m de la gare ferroviaire. Réception 24h/24. Nuit en dortoir (4-9 lits) 21-28 €, petit déj léger compris ; 2 doubles 60-100 € selon saison.* Une AJ hyper active, envahie de groupes de jeunes occupés à refaire le monde ou à jouer aux cartes. Dortoirs basiques mais nickel. Des petits « plus » : lave-linge, énorme TV-vidéo et consigne gratuite. Également frigo et micro-ondes à disposition, petite restauration le soir (sauf samedi). Terrasse, jardin. Bref, que du bon...

Bon marché

Il Ghiro Guesthouse *(plan détachable C2,* ***33****) : via Faenza, 63. ☎ 055-28-20-86. • info@ilghiro.it • ilghiro.it • Réception 9h-18h. Compter 45-60 € avec douche et w-c communs, 70 € avec sdb privée ; triples. Accès parking (payant).* Cette petite adresse dégage un on-ne-sait-quoi de vaguement rebelle et anticonformiste avec ses affiches pour le forum international. Rien de révolutionnaire toutefois, mais une *guesthouse* fraternelle tenue par des jeunes, avec une cuisine équipée pour partager ses spécialités ! Chambres très fréquentables et propres (elles ne sont que 2 à se partager une salle d'eau commune). Accueil joyeux.

Albergo Paola *(plan détachable C2,* ***31****) : via Faenza, 56. ☎ 055-21-36-82. • infoalbergo@paola.com • albergopaola.com • Au 3e étage. Compter 20 €/pers en chambre de 6 ; double avec douche 70 €.* Un endroit qui tend plus vers une AJ qu'un hôtel. Il aligne une poignée de chambres au 3e étage (sans ascenseur) d'un immeuble très central. Les toilettes sont en commun, mais le niveau de confort est honnête. Mobilier gai et coloré. Une bonne option à prix doux, à deux pas du centre.

Prix moyens

Albergo Merlini *(plan détachable C2,* ***31****) : via Faenza, 56. ☎ 055-21-28-48. • info@hotelmerlini.it • hotelmerlini.it • Au 3e étage sans ascenseur du Palazzo Barbera. Fermeture des portes à 1h. Congés : août. Doubles à partir de*

80 € ; petit déj 6 €. Pension propre et bien tenue, située dans un palais du XVIIIe s, avec un brin de caractère pour les chambres avec vue sur le Duomo, le campanile et la chapelle médicéenne. Belle salle à manger. Les propriétaires sont hyper disponibles pour vous donner des infos pratiques sur la ville.

Hotel Pensione Elite *(plan détachable C3,* ***55****)* **:** *via della Scala, 12. ☎ 055-21-53-95. • hotelelitefi@libero.it • Au 2e étage. Doubles avec douche (w-c sur le palier) 75 €, avec sdb privée 90 €.* Sur 2 étages, une pension de taille moyenne sans prétention (qui porte donc assez mal son nom) mais qui propose des chambres tout à fait convenables et très bien tenues. Pas de fantaisie dans la déco, mais ce n'est pas pour ça qu'on est là. Accueil souriant et humour (communicatif) de la patronne.

Residenza Castiglioni *(zoom détachable C3,* ***38****)* **:** *via del Giglio, 8. ☎ 055-239-60-13. • info@residenzacastiglioni.com • residenzacastiglioni.com • Au 2e étage (ascenseur). Chambres 100-200 €. Réduc de 10 % sur le prix de la chambre sur présentation de ce guide.* La différence de prix se justifie par la présence ou l'absence de fresques peintes dans la chambre. À l'étage de la réception, chambres supérieures avec déco florentine plutôt réussie (bémol pour le carrelage pas raccord avec le reste). Au 3e étage, chambres plus modernes mais toutes avec un très bon confort. Coin salon-bar pour papoter avec les autres résidents ou avec l'intarissable patron. Une bonne adresse idéalement située.

Hotel Azzi *(plan détachable C2,* ***31****)* **:** *via Faenza, 56-58 r. ☎ 055-21-38-06. • info@hotelazzi.it • Doubles 80-120 € selon saison et standing, petit déj inclus ; également suite avec jacuzzi. Possibilité de parking.* Possède un cachet certain avec ses chambres meublées à l'ancienne, sa vue sur les toits, son atmosphère confinée. Matériaux écolos, belle bibliothèque fournie, salon avec cheminée, une terrasse et un petit sauna. Tranquillité et emplacement sont les 2 avantages de ce lieu.

Tourist House *(plan détachable C3,* ***50****)* **:** *via della Scala, 1. ☎ 055-26-86-75. • info@touristhouse.com • touristhouse.com • Doubles avec bains 50-120 €, petit déj compris.* Petite structure bien située, dont les chambres sont concentrées sur l'arrière du bâtiment ou autour d'une petite cour intérieure. Les durs de la feuille pourront toujours choisir une chambre côté rue pour profiter à plein de l'animation de la piazza di Santa Maria Novella ! Pour le reste : propre et sobre, et AC pour tout le monde.

Hotel Cosimo de Medici *(plan détachable C2,* ***45****)* **:** *largo Fratelli Alinari, 15. ☎ 055-21-10-66. • info@cosimodemedici.com • cosimodemedici.com • Au rdc à gauche dans le hall d'entrée de l'immeuble. Congés : déc. Doubles avec sdb à partir de 70 € (mais prohibitif lors de manifestations). Parking privé payant.* Accueil professionnel (et francophone). Les chambres avec leurs belles tentures, le mobilier design, les lumières tamisées... ont tout le confort adéquat. Petite cour intérieure en été pour le petit déj. Ambiance décontractée.

Bellevue House *(plan détachable C3,* ***52****)* **:** *via della Scala, 21. ☎ 055-260-89-32. • info@bellevuehouse.it • bellevuehouse.it • Doubles avec douche et w-c 80-150 € ; triples ; sans petit déj. Parking payant. Réduc de 10 % sur le prix de la chambre (min 2 nuits) sur présentation de ce guide.* Chambres situées au 3e et dernier étage. En cas d'arrivée fortuite, sonnez au 1er, où Antonio, le propriétaire, habite. Il s'agit d'un ancien palais, comme en témoigne la fresque tapissant la voûte de la cage d'escalier. Déco soignée, claire et accueillante pour quelques chambres confortables. Accueil sympathique, et en français de surcroît !

Très chic

Casa Howard Guest House *(plan détachable C3,* ***57****)* **:** *via della Scala, 18. ☎ 06-69-92-45-55 (à Rome). • info@casahoward.com • casahoward.com • Doubles 160-190 €.* Maison de charme ! Et quel charme... Massimiliano, le patron, a aménagé, avec son épouse, dans cette somptueuse demeure héritée de sa tante, une maison d'hôtes de 14 chambres à la déco de très bon goût mais pour le moins (d)étonnante. Subtil et audacieux mélange : lavabos en inox et fauteuils imitation zèbre côtoient rideaux en toile de Jouy et autres tissus baroques. On a un faible pour la « Terrace room » dotée d'une terrasse privative ! La « Library room », avec ses étagères remplies de livres, n'est pas mal non plus ! Parties communes (salon et terrasse intérieure) très agréables. Une adresse hors du commun où l'on résiderait volontiers plusieurs nuits...

Grand Hotel Minerva *(plan détachable C3,* ***48****) : piazza di Santa Maria Novella, 16. ☎ 055-272-30. • info@grandhotelminerva.com • grandhotelminerva.com • Doubles à partir de 200 €. Remise intéressante en fonction du remplissage.* Idéalement situé, à deux pas du cœur historique, cet hôtel imposant aligne des chambres élégantes et sobres dans les tons crème, et propose évidemment la panoplie complète des services attendus dans ce genre d'endroit... L'atout indéniable qui le différencie de ses homologues, c'est la piscine et la terrasse sur le toit avec un panorama sur le Duomo et le campanile.

J.K. Place *(plan détachable C3,* ***47****) : piazza di Santa Maria Novella, 7. ☎ 055-264-51-81. • jkplace@jkplace.com • jkplace.com • Chambres à partir de 300 € et jusqu'à... 1 000 € en hte saison pour une (superbe) suite.* Magnifique palais florentin à la déco résolument moderne, avec au final un résultat... bluffant. Chaque meuble a été pensé avec soin, les pièces communes sont chaleureuses, et le personnel est aux petits soins. Au dernier étage, somptueuse terrasse, idéal pour prendre un dernier verre. Pour les routards amoureux aux portefeuilles bien fournis.

Hotel Santa Maria Novella *(plan détachable C3,* ***49****) : sur la place du même nom, au nº 1. ☎ 055-27-18-40. • info@hotelsantamarianovella.it • hotelsantamarianovella.it • Compter 200-280 € pour 2.* Belles chambres joliment classiques et décorées dans un style florentin revisité. Salles de bains majestueuses en marbre, beaucoup de classe et confort douillet. Belle terrasse panoramique pour admirer les toits rouges de la ville et les plus beaux monuments. Sauna. Centre de fitness. Accueil très pro.

Où manger ?

Marché

Mercato delle Cascine *(hors plan détachable par A2) : viale Lincoln. Bus nº 17 c. Mar 8h-14h.* Le long de l'Arno, une profusion de stands proposant, entre autres, de l'alimentation et des vêtements. Un peu excentré mais ça vaut vraiment le coup. Beaucoup de Florentins s'y retrouvent pour faire de bonnes affaires.

Prix moyens

I Due G. *(plan détachable C2,* ***93****) : via B. Cennini, 6 r. ☎ 055-21-86-23. • abuba@libero.it • Tlj sf dim et j. fériés. Repas complet max 20 €.* Cantine de quartier qui se distingue par ses belles spécialités florentines (signalées clairement sur le menu) à prix doux et par ses desserts maison. L'accueil, quant à lui, pourrait être plus chaleureux.

Trattoria Guelfa *(plan détachable C2,* ***94****) : via Guelfa, 103 r. ☎ 055-21-33-06. Ouv tlj midi et soir. Congés : août et à Noël. Menus 15 € le midi et 20-25 € le soir. Apéritif offert sur présentation de ce guide.* Cadre plutôt hétéroclite : murs agrémentés de croquis humoristiques, bouteilles, vieilles marmites et calebasses. En travers de la pièce, une barre de bois où se cramponne un nounours sur une balançoire. Laissez-vous donc tenter par les *penne* aux cèpes, à la crème de truffe et au jambon toscan. Sinon, les sympathiques patrons prendront le temps de commenter (en français) la carte et de vous guider dans le choix des vins. Que du bon, on vous le dit !

Trattoria 13 Gobbi *(plan détachable C3,* ***225****) : via del Porcellana, 9 r. ☎ 055-28-40-15. Repas 20-25 €.* Une adresse qui a pignon sur rue depuis des années. Une bonne grosse tambouille, que les habitués et les nombreux touristes viennent déguster ici dans une atmosphère festive et bon enfant. On y retrouve les plats traditionnels toscans, notamment la *bistecca alla fiorentina.* Patron jovial et serveurs attentifs.

Pizzeria Centopoveri *(plan détachable C3,* ***224****) : via Palazzuolo, 31 r. ☎ 055-21-88-46. • info@centopoveri.it • ♿ Fermé pour les fêtes de Noël. Résa conseillée le soir. Repas complet 20-25 €. Café offert sur présentation de ce guide.* Une grande pizzeria de quartier où les autochtones ne se trompent pas en s'attablant régulièrement autour de pizzas croustillantes. Mention spéciale pour la pizza napolitaine bien épaisse et savoureuse. Également l'*osteria* (plus chère) du même nom juste à côté (c'est le même proprio), qui propose des plats typiquement toscans.

Trattoria Sostanza *(plan détachable C3,* ***95****) : via del Porcellana, 35 r. ☎ 055-21-26-91. Compter 20-25 €. CB refusées.* Devanture discrète et l'impression que rien n'a changé depuis des lustres : carrelage blanc et tables communes en marbre. Il vous faudra cependant réserver pour accéder à cette table typiquement florentine. Une référence où les habitués viennent déguster de la bonne tambouille dans une ambiance sans chichis ni tralala.

Où boire un verre ?

Reale piazza Stazione *(plan détachable C2,* ***239****) : via Valfonda, 50 (le long de la voie 16) ; ☎ 055-264-51-14. • info@realefirenze.it • Tlj 8h-1h.* Ce lieu a été entièrement rénové après des années de travaux pour en faire un bar branché et ouvert à tous, à toute heure de la journée (il est accessible de la place de la gare mais aussi de l'intérieur). La journée, il accueille les voyageurs de passage et, le soir, avec son comptoir doré et ses tabourets hauts, il invite les Florentins et touristes en quête d'originalité à boire un verre (de préférence une bière artisanale) lors de l'*aperitivo* bien fourni (tapas, salades). Aux beaux jours, on profite du cortile juste à côté.

Où savourer de bonnes glaces ?
Où déguster de bonnes pâtisseries ?

B-Ice *(plan détachable B3,* ***179****) : via Borgo Ognissanti, 150. Tlj 11h-minuit.* Glacier un peu excentré mais qui nous a emballés pour ses glaces artisanales aux parfums subtils et naturels (la fraise est excellente tout comme le sorbet au chocolat).

Forno Becagli *(plan détachable B3,* ***164****) : via Borgo Ognissanti, 92. ☎ 055-21-50-65. Lun-sam 8h-19h30.* Une boulangerie grande comme un mouchoir de poche, bien connue des habitants du quartier. Pains et viennoiseries italiennes régaleront les bouches sucrées et les petites faims. Et cette odeur qui vient vous chatouiller les narines...

Où danser ?

Tenax : *via Pratese, 46. ☎ 055-30-81-60 (infoline) ou 055-63-29-58. • tenax.org • Dans le secteur de l'aéroport. Juin-sept, tlj 22h-4h ; oct-mai, jeu-dim et lors de concerts à partir de 22h30. Prix de l'entrée variable en fonction de la notoriété des artistes mais assez élevé dans l'ensemble.* Une des boîtes les plus chic (il faut passer l'épreuve de la porte d'entrée !). Sa réputation a largement dépassé les frontières toscanes et draine une faune étudiante et post-étudiante qui vibre à l'unisson au rythme de la house et de la techno. Les DJs les plus célèbres s'y produisent régulièrement.

♫ ***Space Electronic*** *(plan détachable B3,* ***206****)* **:** *via Palazzuolo, 37. ☎ 055-29-30-82. À deux pas de la piazza della Stazione. Tlj sf dim 22h-3h (4h sam).* Grosse boîte (la plus grande de Florence, pouvant accueillir jusqu'à 800 personnes) sur 2 niveaux, où afflue une clientèle très jeune, principalement anglo-saxonne, qui ingurgite avidement la musique commerciale, house et hip-hop, assénée sans modération par les DJs. Karaoké au 1er niveau et *dance-floor* avec laser et écran vidéo à l'étage.

À voir

Chiesa Santa Maria Novella *(plan détachable C3)* **:** *piazza di Santa Maria Novella. ☎ 055-264-51-84. Avr-sept, lun-ven 9h (11h ven)-19h, sam 9h-17h30, dim 13h-17h30 ; oct-mars, lun-ven 9h (11h ven)-17h30. Entrée : 5 € (avec le musée ci-après ; billetterie fermée 45 mn avt).*

– On entre par le cloître des Morts, puis la chapelle de l'Annonciation avec l'emblème de Filippo Strozzi (sa veuve a payé ts les décors et les tombes des grandes familles présentes). Les détenteurs de la Firenze Card peuvent également entrer par la pl. de la Gare, au niveau de l'office de tourisme.

– Vous pouvez également visiter le grand cloître slt le 1er dim du mois.

Église édifiée par les Dominicains à partir du XIIIe s. Remarquable façade en marbre polychrome réalisée en 1470 par Alberti sous la demande de Rucellai. Sur la droite, l'ancien cimetière de la noblesse florentine. À l'intérieur de la chapelle Rucellai dans le transept gauche, fresques du Jugement Dernier inspirées de *La Divine Comédie* de Dante. Dans la nef centrale, au-dessus de l'entrée, une *Nativité* à fresque de Botticelli. Au milieu, un crucifix suspendu, peint par Giotto. Dans la nef à gauche (juste après la chaire en marbre peint magnifiquement sculptée), la *Sainte Trinité* de Masaccio (1424-1425), où l'artiste introduit un effet de trompe-l'œil (plafond à caissons, cadre en arc de triomphe) qui rappelle la structure intérieure de l'église elle-même. Les deux personnages agenouillés et priant, au premier plan, sont le commanditaire de l'œuvre et sa femme. Derrière le maître-autel, extraordinaires fresques de Domenico Ghirlandaio sur la vie de la Vierge et saint Jean-Baptiste. Sur le panneau en bas à gauche, c'est Ghirlandaio lui-même qui se montre (le doigt). Scènes d'extérieur et d'intérieur d'une fraîcheur réaliste, plongée unique dans le quotidien du XVe s florentin. À droite, chapelle de Filippo Strozzi et fresques de Filippino Lippi (finies en 1502), qui comptent parmi les plus étonnantes de l'artiste (*Vie de saint Philippe* à droite et *Vie de saint Jean l'Évangéliste* à gauche). À gauche du chœur, la chapelle Gondi avec un magnifique *Christ en croix* par Brunelleschi.

Dans la sacristie (vers le fond, à droite) : un lavabo tout en couleurs de Giovanni Della Robbia.

Museo di Santa Maria Novella *(plan détachable C3)* **:** *piazza della Stazione. ☎ 055-28-21-87. Mêmes horaires que l'église ci-dessus.*

On pénètre dans le *cloître vert* (ainsi nommé à cause des nuances vertes des terres de Sienne utilisées). Découvrir, à droite, la remarquable ***chapelle des Espagnols,*** recouverte de fresques au XIVe s par le Florentin Andrea Buonaiuto. C'est Éléonore, reine de Tolède, qui a choisi cette chapelle pour ses offices qu'on célébrait... en espagnol. La *Crucifixion* est à voir.

Les fresques restaurées sur le Déluge, désormais exposées dans le réfectoire, sont attribuées à Paolo Uccello. On y admire plusieurs scènes, dont celle avec la création d'animaux ou encore la création d'Ève.

Petit musée situé dans le réfectoire. Immense fresque à droite représentant la société civile d'un côté et les religieux de l'autre (Dominicains). Au plafond, prédication de saint Pierre de Vérone (premier martyr de l'ordre des Dominicains). Bustes-reliquaires (du XIVe s), tapisserie florentine très ancienne, fragments de fresques d'Andrea Orcagna, belle orfèvrerie religieuse, *Cène* d'Alessandro Allori, etc.

Museo del Novecento *(plan détachable C3)* **:** *piazza di Santa Maria Novella, 10. • museonovecento.it • Avr-sept, sam-mer 9h-18h, jeu 10h-14h, ven 10h-23h ; oct-mars, tlj 9h-18h (14h jeu). Entrée : 8,50 € (10 € avec l'expo temporaire).*
Dans l'ex-couvent Léopoldine, on a installé plus de 300 œuvres, représentant l'art italien du XXe s, divisées en quatre sections. Elles proviennent d'un fonds de la ville (institutions surtout) et du fonds privé Rosai (collectionneur toscan). Les œuvres (peintures et sculptures) sont réparties sur deux niveaux dans 15 salles thématiques. Elles sont présentées par rotation. C'est la raison pour laquelle nous n'indiquons pas d'œuvres précises. On y voit notamment celles d'Alberto Moretti, d'Emilio Vedova, d'Alberto Magnelli et du spécialiste de la lumière, Lucio Fontana. Au 2e niveau, les salles sont consacrées à la mode et au Maggio Musicale Fiorentino (incontournable festival de musique à Florence), où l'on peut écouter des morceaux d'opéras, de chants et autres sur des tablettes. Le parcours se termine avec une section consacrée au cinéma à Florence et à ses extraits de tournages et lieux de films. D'ailleurs, on peut regarder une vidéo (20 mn) retraçant l'histoire des principaux films. C'est aussi un espace initiatique à l'art contemporain italien avec un espace multimédia et une salle de conférences.

Officina Profumo Farmaceutica di Santa Maria Novella *(plan détachable C3)* **:** *via della Scala, 16 n. ☎ 055-21-62-76. Tlj 9h-20h.*
C'est l'une des plus anciennes pharmacies du monde, fondée par les pères dominicains. Dès 1221, année de leur arrivée à Florence, ils cultivaient dans leur potager des herbes médicinales pour la pharmacie du couvent. En 1612, on décida de l'ouvrir au grand public. Très vite, on reconnut les bienfaits des formules des frères pharmaciens jusqu'en Russie et aux Indes. En 1866, le gouvernement italien confisqua les biens de l'Église mais autorisa toutefois le neveu du dernier frère directeur à lui rétrocéder la pharmacie.
C'est maintenant dans une usine située au nord de Florence (Reginaldo Giuliani) que sont fabriquées toutes les préparations présentées à l'Officina Profumo. Les savons sont encore fabriqués avec les machines du XIXe s et emballés à la main ! On peut rester néanmoins sceptique sur l'efficacité réelle de certains remèdes, comme l'*aceto dei sette Ladri*, une potion contre l'évanouissement... ou encore l'eau anti-hystérique, appelée plus communément *Acqua di Santa Maria Novella...* La tentation est grande, mais les prix sont évidemment très élevés. Les vitrines en noyer du XVIe s, les voûtes ornées de fresques et les statues veillant sur les rangées de pots pharmaceutiques hors d'âge ensorcèlent néanmoins les visiteurs, qui repartent en grande majorité avec un savon ou un flacon à la senteur délicate...

L'EAU DE FLORENCE... À COLOGNE

Suite à une commande de Catherine de Médicis, Giovanni Paolo Feminis, qui œuvrait à l'Officina de Santa Maria Novella, mit par écrit la recette d'une eau citronnée, à la fois parfumée et curative (elle soignait même... les maux d'amour). Lorsque la reine quitta l'Italie pour la France, elle emmena avec elle son parfumeur, et le breuvage (à l'époque, on en mettait jusque dans la soupe) prit le nom d'Eau de la Reine. Ce n'est qu'en 1725 que la mystérieuse formule prit le nom de la ville qui accueillit Feminis lorsqu'il quitta la Cour : l'eau de Cologne.

Chiesa di Ognissanti *(plan détachable B3)* **:** *piazza Ognissanti, le long de l'Arno. Lun-sam 9h-12h, 16h-17h30 ; dim et j. fériés 16h-17h30. La sacristie de l'église est fermée au public. Visite du cloître tlj sf mer ; sam-dim et j. fériés 9h-17h, lun jusqu'à 13h. Entrée indépendante à gauche du portail principal.*

En entrant, vous pouvez apercevoir la présence des Médicis à leur blason en marbre, au sol. Belles orgues ainsi qu'une chaire magnifiquement sculptée. Jolie église un peu chargée, au décor plutôt baroque. Beau plafond peint en trompe-l'œil. Dans la nef, sur la gauche, belle fresque du XVIe s ; sur la droite en entrant, une admirable *Pietà* réaliste (d'inspiration flamande) par Ghirlandaio. Mais surtout, au-dessus de la Vierge de la Miséricorde, au milieu de la nef, à droite, le célèbre *Saint Augustin* de Botticelli et, en face à gauche, le non moins célèbre *Saint Jérôme* de Ghirlandaio. À gauche dans la chapelle, le magnifique crucifix de Giotto. Enfin, à droite au fond du transept droit, la pierre tombale de Sandro Botticelli.

Dans le cloître, vous apercevrez en entrant, à droite, l'indication du niveau de la crue de novembre 1844, puis celle de novembre 1966. Cela explique en grande partie la disparition presque totale des fresques de la partie inférieure des murs du cloître. Celles-ci racontent la vie de saint François. On peut admirer dans le réfectoire une magnifique *Cène* de Ghirlandaio. Petit détail, la nappe ne couvre pas les pieds des apôtres, et le troisième personnage (en partant de la gauche) ne semble pas bien convaincu... Accueille aussi des expos temporaires contemporaines.

QUARTIER DE SAN FREDIANO

Suivant le cours de l'Arno, vous traverserez le ponte alla Carraia et vous échouerez sur les rivages du borgo San Frediano, coincé entre la via dei Serragli à l'est, le giardino Torrigiani au sud, les murailles à l'ouest et le fleuve au nord. C'est une tout autre ambiance ici que celle du centre historique ! La piazza del Carmine est le point névralgique du quartier. D'ailleurs, des jeunes (et moins jeunes) viennent y faire la fête. Elle renferme également un joyau de la Renaissance, la chapelle Brancacci, avec les fresques somptueuses de Masolino, Masaccio et Lippi. Il faut surtout déambuler dans les ruelles, sans but précis, pour profiter de ce quartier oublié des touristes.

Où dormir ?

Auberges de jeunesse

🏠 ***Ostello Tasso*** *(plan détachable A4-5,* ***86****)* ***:*** *via Villani, 15. ☎ 055-06-02-087. • info@tassohostelflorence.com • ostellotassofirenze.it • Congés : janv-mars sf quelques j. à Nöel et 1er janv. Compter 25-33 €/pers en dortoir ; doubles 68-90 €. Aperitivo et musique live tlj sf w-e. Cuisine à dispo.* Installée dans une ancienne école rénovée, cette AJ est une aubaine pour les *backpackers*. Accueil extra à l'ambiance chaleureuse (malles en guise de table basse, ancien théâtre transformé en salle de musique, vieux fauteuils de cinéma, grande table dans la cuisine...). L'auberge reçoit aussi beaucoup de musiciens d'avril à septembre. Au total, 13 chambres dont le nombre pourrait doubler d'ici quelque temps puisque la direction lorgne sur le monastère d'à côté... À suivre... Également prêt de vélo et laverie.

🏠 ***Ostello Santa Monaca*** *(plan détachable B4,* ***27****)* ***:*** *via Santa Monaca, 6. ☎ 055-26-83-38. • info@ostellosantamonaca.com • ostellosantamonaca.com • Attention, chambres fermées 10h-14h. Couvre-feu à 2h. Résa online ou par e-mail slt ; sinon, se présenter le mat, le plus tôt possible (ouv à 6h), et laisser son nom sur une liste d'attente. L'attribution se fait dès 9h30, lorsque les lits ont été libérés. Dortoirs mixtes (4-22 lits) 19-26,50 € (draps fournis) ; doubles à partir de 45 €. Réduc de 10 % nov-mars sur présentation de ce guide.* AJ ouverte à tout le monde, sans limitation d'âge (carte des AJ pas obligatoire). Située dans un palais du XVe s, c'est une vaste AJ privée, à deux pas de la piazza del Carmine. La déco n'est pas exceptionnelle, mais les équipements et l'entretien sont convenables. Dortoirs fonctionnels équipés de casiers et de ventilos, blocs sanitaires corrects. Côté services : cuisine basique à dispo (mais apporter son matériel), lave-linge, TV, consigne. Vaste salle commune aussi, avec distributeurs de boissons et snack.

Institutions religieuses

🏠 ***Antico Spedale del Bigallo :*** *via Bigallo e Apparita, 14, 50012* ***Bagno a Ripoli*** *(suivre les panneaux marron indiquant ce monument historique). ☎ 055-63-09-07. • info@bigallo.it • bigallo.it • À 8 km au sud-est de Florence, compter 25 mn avec le bus no 33 depuis la gare S. M. Novella ou la gare Campo di Marte (ou no 71 21h-0h30), arrêt La Fonte, puis 15 mn à pied.*

Check in : 18h-22h30. Auberge fermée 10h-18h. Pas de couvre-feu. Congés : 1er janv-31 mars. Nuit en dortoir 26 €, double 40 €, petit déj compris. Loc de set de toilette 3 €. Depuis le XIIIe s, cette vieille hostellerie a pour vocation d'accueillir les pèlerins. Rien n'a vraiment changé, les messes en moins ! Dans la cuisine, la cheminée est assez grande pour rôtir des sangliers, la vaisselle est faite dans des éviers de pierre, et les grosses tables communes entretiennent la camaraderie. On dort dans différents dortoirs aux lits juchés sur des estrades ou bien répartis dans de petites alcôves aux allures monacales. Un dépouillement digne du *Nom de la rose,* qui ne manque pas de charme ! Et puis la campagne toscane est si belle...

Casa Santo Nome di Gesù *(plan détachable B4,* ***21****) : piazza del Carmine, 21. ☎ 055-21-38-56. • info@fmmfirenze.it • fmmfirenze.it • Réception tlj 6h30-11h30. Congés : 3 sem en janv. Résa conseillée. Doubles avec sdb privée à partir de 65 €, petit déj inclus ; familiales (4-5 lits) 115-165 €. Parking 13 €/j.* Vieux palais florentin du XVe s à la façade ocre, appartenant à des sœurs franciscaines. Atmosphère feutrée dans le magnifique jardin, propice au repos. Chambres plaisantes, très propres, pourvues d'un mobilier ancien, sans AC mais avec ventilos. Celles qui donnent sur la rue peuvent être un peu bruyantes. Si vous êtes 4, demandez la chambre nº 8, particulièrement agréable avec ses colonnes et sa fresque au plafond. Éviter les nos 6 et 7, donnant directement sur la place. Avis aux fêtards : couvre-feu à 23h30 (23h en hiver !)...

Prix moyens

Residenza Il Carmine *(plan détachable B4,* ***76****) : via d'Ardiglione, 28. ☎ 055-238-20-60. • info@residenzailcarmine.com • residenzailcarmine.com • Résa conseillée très longtemps à l'avance. Compter 80-120 €/j. pour 2 ; plus cher pour les apparts « Domus », « F. Lippi » et « Masaccio », qui sont plus grands.* Avec 6 appartements entièrement équipés (un petit béguin pour « Masaccio »), la *Residenza Il Carmine,* nichée dans une ruelle exceptionnellement calme, constitue une alternative originale aux hôtels. Meublés à l'ancienne et décorés avec goût, 3 appartements donnent sur un jardin intérieur privatif génial à l'heure de l'apéro. Les 3 autres occupent la partie principale du palais, où les plafonds voûtés ou à caissons ajoutent au charme et à l'intimité du lieu. Pour un peu, on se sentirait plus florentin qu'un Florentin ! Accueil chaleureux d'Emilio et de Myriam.

Où manger ?

Sur le pouce

Trippaio di San Frediano *(plan détachable B4,* ***131****) : piazza dei Nerli. Ouv le midi lun-ven.* Une institution ici qui régale les amateurs de tripes à un prix imbattable. Quelques tabourets pour les jambes fatiguées, et hop ! c'est avalé. Également des *panini,* pour les appétits de moineaux !

La Botteghina Rossa *(plan détachable B4,* ***232****) : borgo San Frediano, 26 r. Tlj sf dim 15h-23h (2h ven-sam). Panini à partir de 4 €.* Une adresse tenue par une dame adorable qui vous aide à choisir les bons produits pour vous confectionner le *panino* idéal. Un vrai régal, et les produits sont d'un rapport qualité-prix imbattable. Une bonne petite adresse dans le quartier, qui a déjà ses nombreux adeptes.

Santo Forno *(plan détachable B4,* ***115****) : via santa Monaca, 3 r. Lun-dim 7h30 (8h30 sam et dim)-19h30.* Ici, on pétrit le pain comme autrefois, normal. En effet, les nouveaux proprios (ceux du *Santo Bevitore* et du *Santino* cités ci-dessous) font confiance à Angelo, le boulanger qui n'a pas quitté son four depuis... 40 ans ! Son savoir-faire fait toujours l'unanimité chez les Florentins qui y ont leurs habitudes. Également sandwichs et quiches salées le midi. Quelques tabourets pour les déguster et rayon épicerie pour dépanner.

De très bon marché à bon marché

Da Gherardo (*plan détachable B4,* ***231***) : *borgo San Frediano, 57 r. ☎ 055-28-29-21. Ouv le soir slt. Congés : août. Pizzas à partir de 10 €. Digestif offert sur présentation de ce guide.* *Bravissimo* pour cette adresse grande comme un mouchoir de poche et tenue par des étudiants hyper débrouillards et rigolards. Les *pizze* cuites au feu de bois sont tout simplement excellentissimes. Chouette ambiance et service endiablé.

Trattoria Sabatino (*plan détachable A4,* ***151***) : *via Pisana, 2 r. ☎ 055-22-59-55. Un peu excentré, tt à côté de la porta San Frediano. Tlj sf w-e et j. fériés. Congés : août. Repas 15-20 €.* Petite *trattoria* familiale sans prétention et populaire qui offre un bon petit choix de plats typiques toscans. Il n'y a qu'à voir le défilé d'habitués pour s'en rendre compte. Ici pas de chichis, ni dans le service, ni dans la déco, ni dans l'assiette ! On s'attable (où il y a de la place) pour un plat de pâtes du jour ou un tiramisù maison. Et basta !

Gesto (*plan détachable B4,* ***117***) : *borgo San Frediano, 27 r. ☎ 055-24-12-88. • info@gestofailtuo.it • Tlj 18h-22h. Repas env 15 €.* Ici, on vient surtout pour l'*aperitivo* avec ses tapas de viande, poissons, légumes à un prix raisonnable. Le tout dans une déco sobre, quelques plantes aromatiques en guise de tableaux, et le tour est joué !

Prix moyens

Vico del Carmine (*plan détachable A3-4,* ***138***) : *via Pisana, 40 r. ☎ 055-233-68-62. • info@vicodelcarmine.com • À 30 m de la porta San Frediano. Ouv le soir tlj sf lun, plus le midi sam-dim. Congés : août. Résa vivement conseillée. Pizze à partir de 10 €.* Un lieu quelque peu excentré mais réputé pour ses bonnes pizzas napolitaines et pour ses spécialités de poissons. Tout provient de la région de la Campanie, du pizzaiolo à la mozzarella en passant par les tomates et les *pesce*. Les *pizze* sont savoureuses et bien fournies, un régal ! Les Florentins s'y pressent en famille, entre amis, rejoints par les touristes de plus en plus nombreux. C'est plein comme un œuf à partir de 20h30.

Vivanda Gastronomia (*plan détachable B4,* ***115***) : *via Santa Monaca, 7 r. ☎ 055-238-12-08. • vivandafirenze@gmail.com • Tlj.* Une adresse bio-locavore. Pratique le midi pour une assiette de légumes grillés ou de charcuterie accompagnée d'un verre de vin... bio, naturellement. Ici vous aurez le choix, l'adresse en a une centaine dans ses rayonnages ! On mange avec des couverts biodégradables et on fait le tri des déchets à la fin du repas. Également des *panini* à emporter.

Trattoria del Carmine (*plan détachable B4,* ***129***) : *piazza del Carmine, 18 r (à l'angle du borgo San Frediano). ☎ 055-21-86-01. Carte 25-30 €. Digestif offert sur présentation de ce guide.* Cette *trattoria* d'habitués est réputée pour sa cuisine simple et goûteuse (mention spéciale pour sa *bistecca* et pour le *cremino al cioccolato*). Aux beaux jours, préférer la petite terrasse ombragée, plus agréable que l'intérieur. Prix honnêtes et service efficace.

La Bocca di Leone (*plan détachable A4,* ***150***) : *via Pisana, 39. ☎ 055-22-86-572. Ouv le soir slt. Congés : 2 sem en août. Repas env 25 €. Apéritif ou digestif offert, ainsi qu'une réduc de 10 % sur le menu, sur présentation de ce guide.* Excentré, certes, mais vous ne regretterez pas le voyage ! Amateur de bonne chère et de bon vin, le patron en connaît un rayon puisque c'est lui-même qui négocie les morceaux de choix chez les éleveurs de la région, tout comme la truffe, dont il a fait une spécialité : l'œuf frit à la truffe ! Ambiance et déco agréables et cosy.

Trattoria Il Guscio (*plan détachable A4,* ***152***) : *via dell'Orto, 49. ☎ 055-22-44-21. • info@il-guscio.it • Tlj sf sam midi et dim tte la journée. Congés : 15 j. en août. Menu le midi 15 € ; carte env 35 €.* *Trattoria* familiale dirigée par Francesco, sommelier de métier, et sa femme, Elena. La *mamma* de Francesco, Sandra, officie en cuisine. Ici, les plats font honneur aux produits de saison. Le poisson occupe une large place dans la carte. Tout est fait maison, des *antipasti* aux desserts en passant par les pâtes fraîches. Évidemment, belle sélection de vins. Accueil prévenant et service charmant.

Chic

Al Tranvai *(plan détachable B4,* **124***) : piazza T. Tasso, 14 r. ☎ 055-22-51-97. • info@altranvai.it • Tlj sf dim. Congés : 1 sem en août. Résa conseillée. Repas env 30 €.* *Trattoria* minuscule nichée au cœur du quartier populaire de San Frediano. La déco évoque l'intérieur d'un tram (d'où son nom), celui-là même qui parcourait autrefois les rues de Florence. La carte change tous les jours pour satisfaire les nombreux habitués, mais on retrouve les spécialités toscanes comme la *pappa al pomodoro,* la *ribollita* (en hiver) et la *panzanella* (en été). Le tout se déguste au coude à coude dans une atmosphère conviviale, très agitée selon le moment.

Alla Vecchia Bettola *(plan détachable A4,* **132***) : viale Vasco Pratolini, 3-5-7. ☎ 055-22-41-58. Tlj sf dim-lun. Congés : 10 j. en août et 10 j. Noël-Jour de l'an. Repas complet 35-40 €. CB refusées.* Décor d'*osteria* d'antan (carreaux de faïence aux murs, vieux zinc en marbre, présentoir chargé de charcuteries alléchantes...), ambiance conviviale et nourriture florentine traditionnelle de qualité constante. Bonnes pâtes ; sinon, les amateurs d'abats ne seront pas déçus. Un repaire bien connu des Florentins, qui apprécient le joli coin terrasse aux beaux jours.

Enoteca Le Barrique *(plan détachable B4,* **135***) : via del Leone, 40 r. ☎ 055-22-41-92. Tlj sf lun. Congés : 3 sem en août. Assiette de charcuterie ou de fromage env 15 € ; repas complet 30-45 €.* Beau choix de vins italiens et étrangers (français, chiliens, sud-africains...) conseillés par le patron, qui ne pousse pas à la consommation (ça mérite d'être souligné). À déguster : les suggestions du jour et d'appétissantes spécialités de la cuisine florentine (tagliatelles aux courgettes, raviolis au vin, poulpe, filet de mérou...). Et, dès les premiers rayons de soleil, on répartit les tables entre la jolie salle chic et un jardin tranquille à l'ombre d'une treille. Accueil charmant.

Où savourer de bonnes glaces ?

Gelateria La Carraia *(plan détachable B4,* **166***) : piazza N. Sauro, 25 r. ☎ 055-28-06-95. Juste en face du ponte alla Carraia. Tlj 11h-22h30.* Vaste choix de parfums maison pour ce glacier très apprécié des Florentins, donc plutôt bon signe ! *Autre adresse : via dei Benci, 24.*

La Sorbettiera *(plan détachable B4,* **178***) : piazza Tasso, 11 r. ☎ 055-12-03-36. • lasorbettiera@gmail.com •* On est prêt à traverser la ville pour goûter ces sorbets légers, 100 % naturels ! Une bonne adresse rafraîchissante.

Où boire un verre ? Où écouter de la musique ?

Bar Hemingway *(plan détachable B4,* **183***) : piazza Piattellina, 9 r. ☎ 055-28-47-81. • info@hemingwayfirenze.it • Tlj jusqu'à 1h (2h ven). Congés : juil-août. Aperitivo (19h-22h) 7 €.* Une poignée de fauteuils en osier, un imposant divan Chesterfield et quelques photos évoquant la vie aventureuse du célèbre écrivain américain composent un décor des plus cosy dans ce charmant petit café. Atmosphère relax, idéale pour savourer l'une des spécialités de café ou de chocolat de la maison. Bons cocktails et délicieux smoothies préparés par le maître des lieux.

Libreria Café La Cité *(plan détachable B4,* **210***) : borgo San Frediano, 20 r. ☎ 055-21-03-87. • info@lacitelibreria.info • Tlj 10h30-1h ; brunch dim.* Un concept original avec une librairie le jour qui s'anime gentiment en salle de concerts (de jazz bien souvent) une fois le soir venu. Fort de son succès, l'endroit ne désemplit pas.

Aurora *(plan détachable A4,* ***198****) :* *viale Vasco Pratolini (angle de la piazza Tasso). ☎ 055-22-40-59. • info@circoloaurorafirenze.it • Tlj 18h30-minuit ; aperitivo 19h-21h30.* Voici un café bien agréable sous la porta Romana, où il fait bon siroter un verre. D'ailleurs, aux beaux jours *(juin-sept),* on installe une terrasse en bois, un véritable extérieur avec kiosque, tables et chaises. Le reste de l'année, on dîne entre amis ou on profite du buffet à l'heure de l'*aperitivo*. Humeur joyeuse.

Dolce Vita *(plan détachable B4,* ***153****) :* *piazza del Carmine, 6 r. ☎ 055-28-45-95. Tlj sf lun 17h-2h (3h ven-sam).* Le *Dolce Vita* doit son succès à une bonne alchimie : une déco néorétro mêlant avec aplomb un bar translucide, un mobilier design, une terrasse irrésistible et une bonne dose de musique électronique servie par un DJ derrière ses platines. *Aperitivo* très agréable et une chaude ambiance à mesure que la nuit tombe à 50 m des fresques pieuses de Masolino et Masaccio !

À voir

Chiesa Santa Maria del Carmine e cappella Brancacci *(plan détachable B4)* **:** *piazza del Carmine. Église ouv 7h30-12h, 17h-18h30. Chapelle ouv tlj 10h (13h dim et j. fériés)-17h. Fermé mar ainsi que les 1er, 3e et 5e lun du mois. Accès limité à 30 pers max pour un délai de 1h. Entrée : 6 € (avec un film de 40 mn sur l'œuvre de Masaccio inclus dans le prix).* À droite du transept, la fabuleuse *chapelle Brancacci,* demeurée miraculeusement intacte après l'incendie de 1771, est entièrement décorée de fresques de Masolino, Masaccio et Filippino Lippi (XVe s). Thèmes du Péché originel et de la vie de saint Pierre. Depuis leur restauration, la nudité d'Adam et Ève est à nouveau dévoilée, débarrassée du feuillage ajouté pudiquement par Cosme III au XVIIe s. Masolino, à qui l'on avait commandé l'ensemble des fresques en 1424, s'était probablement fait seconder dès le début du chantier par son jeune élève Masaccio. On mesure d'ailleurs toute la modernité de la peinture de Masaccio, aux visages expressifs débordant de vie, comparée au style plus sage et élégant de Masolino. Chez Masaccio, les corps sont tout en volume, fruit d'une étude poussée de l'anatomie et de l'application des règles de la perspective. L'homme devient ici le sujet central des compositions. Le chantier sera abandonné suite à la mort (l'assassinat selon certains) de Masaccio, jusqu'à ce que Lippi termine à sa manière ce cycle de fresques 50 ans plus tard. Sous la voûte, trompe-l'œil impressionnant.

QUARTIER DE SANTO SPIRITO

• Plan Palazzo Pitti *p. 156-157* • Plan Giardino di Boboli *p. 159*

Situé dans l'Oltrarno, Santo Spirito est le quartier où bat le véritable cœur de la ville, un quartier populaire, un peu à l'écart des circuits touristiques (quand bien même il connaît un beau succès). Il faut parcourir cet entrelacs de rues étroites qui débouchent sur des places et des églises pittoresques. Prenez votre temps pour flâner, jeter un œil aux échoppes d'artisans et aux nobles portails blasonnés des palais. Les amateurs de pierre et d'art se retrouveront au Palazzo Pitti, un bâtiment aux dimensions architecturales impressionnantes. Il renferme trois musées dont la galerie Palatine, la plus grande collection de peinture des Médicis. Les fêtards se rejoindront sur la piazza Santo Spirito, qui s'anime dès la tombée de la nuit. Un quartier particulièrement attachant.

Où dormir ?

Camping

⛺ ***Camping Internazionale :*** *via San Cristofano, 2, 50029* ***Bottai-Impruneta.*** *☎ 055-237-47-04. • internazionale@florencecamping.com • florencecamping.com • À 6 km au sud de la ville. De l'autoroute A 1, sortir à « Autosole Firenze-Certosa ». De la ville, emprunter la route de Sienne et de la Certosa del Galluzzo ; bien indiqué. Sinon, bus nos 37 (le jour) et 68 (21h-minuit). Ouv tte l'année. Compter 35 € pour 2 avec tente et voiture, douches et électricité gratuites ; mobile homes (4 pers) 60-80 € et chalets (2-4 pers) 50-115 € selon saison.* 💻 Vaste camping avec piscine, situé pratiquement en face de la chartreuse de Galluzzo. Hyper pratique pour rejoindre le centre de Florence ou pour une excursion dans le Chianti. Les emplacements ombragés tapissent une petite colline d'où l'on perçoit toutefois le ronronnement de l'*autostrada* voisine (mais rien de gênant). Propre et bien équipé (épicerie, resto, piscine...), mais hélas surpeuplé en saison. Et comme les emplacements ne sont pas délimités, on a vite l'impression de se retrouver comme des sardines dans une boîte !

Prix moyens

🏨 ***Florence Old Bridge*** *(plan détachable C4,* ***77****)* ***:*** *via Guicciardini, 22 n. ☎ 055-265-42-62. • info@florenceoldbridge.com • florenceoldbridge.com • Doubles 65-95 € ; petit déj 6 €, à prendre à la pâtisserie* Maioli, *en face. Même propriétaire que* La Scaletta, *situé de l'autre côté de la rue (voir la rubrique « Chic » ci-après). C'est d'ailleurs ce dernier qui vous accueillera, cet hôtel n'ayant pas sa propre réception. Un coup de sonnette, et le voilà !* Les chambres, réparties aux 2e et 3e étages, sont sobres et classiques, meublées d'armoires anciennes. Un très bon rapport qualité-prix à mi-chemin entre le Ponte Vecchio et le Palazzo Pitti.

Convitto della Calza *(plan détachable B5,* ***30****) : piazza della Calza, 6. ☎ 055-22-22-87. • calza.it • Doubles 95-120 € (70 € en basse saison).* Une adresse pratique (un peu éloignée du centre historique, certes), qui pourra dépanner ceux qui veulent bénéficier de tranquillité et de confort. Cet ancien couvent transformé en hôtel a l'avantage de posséder une quarantaine de chambres sobres et propres plus grandes que la moyenne. Lors de la résa, demandez bien s'il n'accueille pas de congrès ou de groupes, charme en moins assuré, c'est certain !

Chic

Palazzo Guadagni *(plan détachable C4,* ***79****) : piazza Santo Spirito, 9. ☎ 055-265-83-76. • info@palazzoguadagni.com • palazzoguadagni.com • Doubles à partir de 150 €.* Au dernier étage de cet imposant palais, un hôtel très agréable avec des chambres spacieuses, confortables, joliment meublées à l'ancienne et d'une propreté irréprochable. Son atout : sa loggia d'où la vue sur les collines du Chianti est fabuleuse. Pour ceux que ça intéresse, 4 chambres au 1er étage peuvent être louées et sont moins chères. Accueil professionnel et charmant.

Hotel La Scaletta *(plan détachable C4,* ***78****) : via Guicciardini, 13 n. ☎ 055-28-30-28. • info@hotellascalleta.it • hotellascaletta.it • Double 150 € (beaucoup moins cher en hiver) ; petit déj en sus. Parking payant (situé via Romana). Apéritif maison offert sur présentation de ce guide.* Hôtel convivial situé dans une vénérable demeure du XVe s, garantissant une petite touche d'authenticité. Une trentaine de chambres, de style toscan et très propres, toutes équipées de double vitrage. 3 d'entre elles offrent même une jolie vue sur les jardins de Boboli (les nos 20 à 22), et la suite no 48 sur le corridor Vasari. Mais le must, ce sont les 2 extraordinaires terrasses fleuries sur les toits *(mai-oct)*, avec une vue formidable sur la ville et les contreforts de la campagne toscane.

Où manger ?

Sur le pouce

Gustapizza *(plan détachable C4-5,* ***134****) : via Maggio, 46. ☎ 055-28-50-68. Tlj 11h30-15h, 19h-23h. Congés : 3 sem en août. Pizzas 5-8 €.* Un endroit grand comme un mouchoir de poche où l'on savoure des pizzas légères et croustillantes. Idéal pour une pause salée le midi. Attention, le week-end, la file d'attente déborde sur le trottoir, succès oblige... Préférer alors la vente à emporter.

Mama's Bakery *(plan détachable B5,* ***154****) : via della Chiesa, 34 r. ☎ 055-21-92-14. • info@mamasbakery.it • Lun-ven 8h-17h, sam 9h-15h. Fermé dim.* C'est le rendez-vous des étudiants anglo-saxons de Florence (et ils sont nombreux !). À vous brownies, muffins, cupcakes et autres bagels ! À déguster dans la jolie salle claire aux tons gris et blanc, à moins que vous ne préfériez le petit coin de pelouse du jardin attenant.

Bon marché

Cuculia *(plan détachable B-C4,* ***157****) : via dei Serragli, 1-3 r. ☎ 055-277-62-05. • info@cuculia.it • Pour le repas, tlj sf lun 19h-23h. Pour un café, tlj sf lun à partir de 15h. Brunch dim (12h30-15h30) 10 €.* Un concept original qui concentre resto, espace librairie et lecture. On y vient pour prendre un verre tout en piochant un des nombreux ouvrages sur les étagères. Belle sélection de livres de voyages, de cuisine, d'art et d'architecture dans la langue de Dante ou de Shakespeare. Une ambiance légère et aérienne. Ô temps, suspends ton vol...

Caffè degli Artigiani *(zoom détachable C4,* ***87****) : via dello Sprone, 16 r (angle piazza della Passera). ☎ 055-29-18-82. Tlj sf dim 8h-1h. Congés : 2 sem en nov. En-cas, pâtes et salades env 5-8 €.*

À deux pas du Palazzo Pitti. Agréable petite salle aux murs tapissés de photos de grimaces, où l'on grignote un sandwich frais ou une *piadina calda* (crêpe salée fort nourrissante). Quelques tables dans la ruelle ou au comptoir pour avaler d'un trait son *espresso*. Également une bonne petite sélection de vins (voir « Où boire un verre ? »).

5e Cinque *(zoom détachable C4,* ***104****) : piazza della Passera, 1. ☎ 055-274-15-83. • info@5ecinque.it • Tlj sf lun. Compter 20-25 €.* Une adresse grande comme un mouchoir de poche. Carte courte estampillée bio et sans gluten. Tout est frais à des prix raisonnables. Et l'accueil sympathique finira de vous décider à y passer un moment agréable (encore mieux avec la vue sur la petite place).

Gusta Osteria *(plan détachable C4,* ***88****) : via Michelozzi, 13 r. Tlj sf lun 10h30-23h. Congés : août. Sandwich env 4 € ; plats 8-12 €.* Installé dans une ancienne graineterie, le *Civaie Morganti*, on se nourrit ici non de graines mais de *piadina* ou de *foccacia* composées à la demande. Produits frais, pain chaud et moelleux... Mais on peut désormais s'asseoir dans une des belles salles fraîches à la déco campagnarde et colorée pour y avaler un plat plus consistant.

Prix moyens

Trattoria Sant'Agostino *(plan détachable B4,* ***249****) : via Sant'Agostino, 23 r (à l'angle avec la via Maffia). ☎ 055-28-19-95. • info@trattoriasanagostino.com • Ouv tlj. Compter 25-30 €.* Une trattoria familiale reprise avec succès par un couple qui a le goût du travail bien fait autant dans l'accueil que dans l'assiette. On y retrouve tous les plats traditionnels toscans. Le plus, c'est la belle carte de vins privilégiant ceux de la région. Et si vous avez encore un petit creux, piochez dans la carte (courte) des desserts, ils sont fameux. Le tout dans une déco chaleureuse et colorée. Aux beaux jours, terrasse donnant sur la rue animée de Sant'Agostino. Une adresse coup de cœur dans le quartier.

Toscanella Osteria *(plan détachable C4,* ***240****) : via Toscanella, 36 r. ☎ 055-28-54-88. • info@toscanellaosteria.com • Dans une petite rue qui mène au Palazzo Pitti. Compter 20 €. Café ou digestif offert sur présentation de ce guide.* Belle et vaste pièce qui a conservé quelques vestiges comme les colonnes en marbre, le pavement ou les grosses portes en bois typique de la Renaissance. Fabrizio Gori (à la vie artistique bien remplie) perpétue en parallèle la tradition familiale, à savoir la cuisine. Ici, honneur aux plats toscans typiques et bien ficelés. D'ailleurs les habitués ne s'y trompent pas ! Service prévenant.

Trattoria La Casalinga *(plan détachable C4,* ***120****) : via dei Michelozzi, 9 r. ☎ 055-21-86-24. • lacasalingua@freeinternet.fr • Tlj sf dim. Congés : 3 sem en août et Noël. Repas env 20 €.* Cantine bien typique des petits budgets de l'Oltrarno. N'hésitez donc pas à entrer dans cette 1re salle sans charme, ou dans celle du fond aux allures de réfectoire, et prenez place dans ce brouhaha incessant. Ici, on mise sur l'assiette et son contenu. Les classiques italiens (y compris les fameuses *trippe alla fiorentina*) figurent sur la carte. Plats copieux, service rapide.

Caffè Pitti *(plan détachable C5,* ***186****) : piazza Pitti, 9. ☎ 055-239-98-63. • info@caffepitti.it • Jusqu'à 2h.* En face de l'imposant palais Pitti. Cet endroit est autant un resto qu'un bar, mais on le mentionne pour sa terrasse idéalement située et pour son cadre chic agréable. Découvrez les petits recoins où l'on s'installe pour trinquer à l'écart des dîneurs.

Trattoria da Ruggero *(hors plan détachable par B5,* ***126****) : via Senese, 89 r. ☎ 055-22-05-42. Bus no 33, arrêt Piazzale di Porta Romana. Tlj sf mar-mer. Congés : de mi-juil à mi-août. Résa conseillée. Compter 30 €.* Cette adresse *slow food* vaut le détour. Les plats faits maison sont mitonnés à base de produits frais : *arista di maiale, braciola della casa, tartuffo al cioccolato...* Un air de campagne qui se retrouve aussi dans le décor. Sans oublier le chianti de la maison. Accueil empreint de gentillesse.

De chic à très chic

Olio & Convivium *(plan détachable C4,* ***133****)* ***:*** *via di Santo Spirito, 4 r. ☎ 055-265-81-98. • olio.convivium@conviviumfirenze.it • Tlj sf dim et lun soir. Assiettes variées de charcuteries et fromages 15-25 € ; plat du jour 15 € ; compter 35 € le soir.* Ce traiteur n'a pas rompu avec la tradition ; ici, sélection des meilleurs produits toscans : huiles d'olive, rayonnages chargés de fromages, *prosciutto* ou pâtes... On ne résiste pas à quelques emplettes en sortant de table. À condition toutefois d'avoir trouvé une place dans la jolie salle, accaparée par les habitués.

Trattoria Cammillo *(zoom détachable C4,* ***137****)* ***:*** *borgo San Jacopo, 57 r. ☎ 055-21-24-27. • cammillo@momax.it • Tlj sf mar-mer. Congés : août et de mi-déc à mi-janv. Compter 50 €. Digestif offert sur présentation de ce guide.* Une institution à Florence. Cadre classique bon teint et sans extravagance avec ses 3 salles voûtées en enfilade, ornées de tableaux et de luminaires discrets. Pour l'ambiance, nappes blanches et serveurs en nœud pap' sont de rigueur. Bref, une cuisine toscane de bon goût, travaillée dans le respect de la tradition et sans gluten ! Pour les portefeuilles bien garnis.

Bars à vins *(enoteche)*

Le Volpi e l'Uva *(plan détachable D4,* ***146****)* ***:*** *piazza dei Rossi, 1 r. ☎ 055-688-057. • info@levolpieluva.com • Sur une petite place à deux pas du Ponte Vecchio. Tlj sf dim 11h-20h. Repas 10-15 €.* Un endroit très chaleureux, avec un grand bar fait de barriques aux lignes rebondies prometteuses... et son mur garni de bouteilles. Belle sélection de vins rouges et blancs (secs ou liquoreux) privilégiant les petits producteurs (Pian Cornello, notamment, pour les vins de Montalcino, ou bien encore le producteur du Terra di Ripanera). Côté cuisine : délicieuse charcuterie. Un bon plan si près du centre. Accueil jovial des patrons.

Il Santino *(plan détachable C4,* ***149****)* ***:*** *via di Santo Spirito, 60 r. ☎ 055-230-28-20. Tlj. Congés : 2 sem en août. Compter 10-15 €.* Petite annexe du *Santo Bevitore,* tout à côté. Minuscule salle où charcutailles toscanes et fromages italiens font bon ménage avec un verre de chianti à l'heure de l'*aperitivo.* Bien sûr, plus on avance dans la nuit, plus le trottoir déborde de monde...

Il Santo Bevitore *(plan détachable C4,* ***130****)* ***:*** *via di Santo Spirito, 64-66 r. ☎ 055-21-12-64. • info@ilsantobevitore.com • Tlj sf dim midi. Congés : 10 j. en août. Résa conseillée. Menu 12 € servi le midi en sem ; carte env 25 €.* Grand frère du précédent, ce resto propose une cuisine toscane de bonne qualité, avec toujours une pointe d'originalité et des détours dans différentes régions italiennes, comme l'assiette de fromages sardes. Le cadre n'est pas en reste : des salles propices au papotage entre amis. Accueil bien souriant et service impeccable dans cette œnothèque gastronomique, où des conseils avisés sont prodigués quant au choix du vin.

Où savourer de bonnes glaces ?

Gelateria della Passera *(plan détachable C4,* ***169****)* ***:*** *via Toscanella, 15 r. ☎ 055-29-18-82. • cinotri@alice.it • Tlj 12h-minuit.* Glacier réputé pour élaborer ses glaces avec des arômes naturels soigneusement sélectionnés. La glace à la fraise (de saison, bien sûr), celle à la pistache de Sicile ou encore celle au chocolat à l'orange confite sont épatantes. Beaucoup de douceur dans ces glaces délicieuses et crémeuses. On en redemande !

Où boire un verre ?

Volume Café (*plan détachable C4,* **191**) **:** *piazza Santo Spirito, 5. ☎ 055-238-14-60. • hello@volume.fi.it • Tlj 11h30-1h30 ; aperitivo 19h-22h30.* Petite adresse à l'emplacement d'un ancien atelier de menuiserie, d'où les nombreux outils (ciseaux, tenailles, marteaux...) aux murs, ainsi que des sculptures en bois exposées sur les étagères. Joyeux bazar (bien organisé soit dit en passant) avec le coin bibliothèque, les expos temporaires, les objets en bois sculptés... et le café. Le soir, c'est une autre ambiance, plus festive mais tout aussi conviviale, avec musique live, DJ et concerts. Une petite adresse comme on les aime.

Caffè degli Artigiani (*zoom détachable C4,* **87**) **:** *via dello Sprone, 16 r (angle piazza della Passera). ☎ 055-29-18-82. Tlj sf dim. Congés : 2 sem en nov.* Un petit bar idéal qui a gardé intacte son authenticité. Ici, pas de chichis, et à l'heure de l'*aperitivo* les esprits s'échauffent, les jeunes et moins jeunes affluent... et refont le monde dans une ambiance bon enfant. Idéal dans la journée pour un plat rapide (voir plus haut « Où manger ? »).

À voir

Chiesa Santo Spirito (*plan détachable C4*) **:** *piazza Santo Spirito. Tlj sf mer et dim 10h-12h30, 16h-17h30.* Une église sobre de l'extérieur, non par désir mais par raison, puisque le projet de Brunelleschi (1440) resta en partie inachevé, l'architecte étant mort avant la fin des travaux. Ses successeurs n'osèrent pas terminer la façade et la laissèrent à nu. À l'intérieur, on retrouve toutefois les harmonieuses proportions chères à Brunelleschi. Quant aux œuvres exposées, elles sont d'une telle richesse qu'elles mériteraient de figurer en bonne place dans les galeries des meilleurs musées florentins ! Superbes retables des autels latéraux, œuvres de Filippino Lippi (très belle *Vierge à l'Enfant* encadrée de saint Martin et sainte Catherine, avec en toile de fond une reproduction très précise du quartier de San Frediano), d'Andrea Sansovino (retable en marbre), d'Alessandro Allori et de bien d'autres artistes florentins. Mais la vraie perle de Santo Spirito est sans conteste cet émouvant christ en bois sculpté par Michel-Ange, exposé dans la sacristie. L'artiste n'avait que 18 ans lorsqu'il a modelé le visage si délicat du Christ, lui donnant un corps d'adolescent aux proportions parfaites. Il l'a offert au prieuré de Santo Spirito en remerciement des dessins anatomiques.

DIS, DESSINE-MOI UNE ÉGLISE...

La façade de l'église ne fut jamais terminée. Le patron de la Gelateria Ricchi, *située sur la piazza Santo Spirito, eut une idée géniale. Il demanda à tous les artistes qu'il connaissait de dessiner un projet de décoration pour la façade de l'église. Tous les dessins et peintures qui en résultèrent sont exposés dans une petite salle de la gelateria (fermée le dimanche). N'hésitez pas à allumer la lumière pour les admirer.*

Palazzo Pitti (*plan détachable C5*) **:** *piazza Pitti. ☎ 055-238-87-60. Tlj sf lun 8h15-18h50. Plusieurs tarifs (pas toujours évident de s'y retrouver).* Avec une façade de plus de 200 m dominant une vaste place surélevée, le palais Pitti est l'un des monuments les plus impressionnants de Florence. Sa construction a débuté en 1458, sur des plans de Brunelleschi, pour le compte du banquier Pitti. Mêlés à la conspiration des Pazzi, les Pitti furent décimés et le chantier abandonné. Ce qui n'empêcha pas Cosme Ier de s'installer en 1560 chez l'ancien rival de sa famille... après avoir tout de même agrandi le palais et fait réaliser le

passage le reliant au Palazzo Vecchio ! En revanche, c'est à son épouse Éléonore de Tolède que l'on doit l'aménagement des beaux jardins de Boboli. Installé sur la pente d'une colline, le palais servit dès lors de résidence aux Médicis, puis aux Habsbourg-Lorraine qui leur avaient succédé en 1736. Marie de Médicis, qui y passa sa jeunesse, s'inspira de cette noble demeure lorsqu'elle fit construire le palais du Luxembourg à Paris (aujourd'hui le Sénat).
Le palais abrite plusieurs galeries, dont la célèbre ***galerie Palatine*** qui rassemble toutes les œuvres acquises par les Médicis. Les collections comprennent principalement des peintures des XVIe, XVIIe et XVIIIe s, ce qui fait de la galerie un complément idéal des Offices.

Galleria Palatina : *dans le Palazzo Pitti. ☎ 055-238-86-11. Tlj sf lun 8h15-18h50. Entrée : 16 € (billet cumulé avec la Galleria d'Arte Moderna). Audioguide : 6 € (10 € les 2).*
Impossible, bien sûr, de tout détailler. Voici donc, dans le désordre, les principales œuvres. Et n'oubliez pas de lever la tête pour admirer les fresques, moulures et autres décorations flamboyantes qui ornent ces anciens appartements princiers. Présentation des tableaux à l'ancienne, la lumière laisse parfois à désirer, mais quelle richesse ! Finalement, la meilleure façon d'en profiter est de se laisser guider par ses yeux, sans vouloir systématiquement identifier l'auteur...
– ***Salle Castagnoli :*** noter la superbe *table des Muses* marquetée de pierre polychrome (technique de la pierre dure développée par les Médicis).
– ***Galerie Poccetti*** *(salle 16)* ***:*** *Martyre de saint Barthélemy* de Ribera ; *Le Duc de Buckingham* de Rubens.
– ***Salle de Prométhée*** *(salle 17)* ***:*** *Madone à l'Enfant (La Vierge à la grenade)* de Filippo Lippi. Noter le remarquable équilibre dans la composition des personnages situés au premier plan (mais aussi des scènes se déroulant derrière, à différents niveaux de profondeur). La délicatesse du visage annonce Botticelli, dont il fut le maître. On peut d'ailleurs s'en convaincre en détaillant le *Portait d'un jeune homme,* œuvre méconnue de Botticelli exposée dans la même salle. Autres œuvres notables : *Sainte Famille* de Luca Signorelli ; *Martyre des onze mille martyrs* de Pontormo.
– ***Salle de la Justice*** *(salle 19)* ***:*** le Tintoret, nombreux Titien dont le *Portrait de Tommaso Mosti,* remarquable pour la finesse des traits du personnage.
– ***Salle de Flora*** *(salle 20)* ***:*** Cigoli, Véronèse et une *Vierge à l'Enfant* d'Alessandro Allori, composition caractéristique des œuvres peintes à l'époque de la Contre-Réforme.
– ***Salle des Putti*** *(salle 21)* ***:*** peintres flamands, comme Jacob Jordaens, ou *Les Trois Grâces* de Rubens.
– ***Salon d'Ulysse*** *(salle 22)* ***:*** *Vierge de l'Impannata* de Raphaël ; Andrea del Sarto ; *Ecce Homo* de Cigoli (son œuvre maîtresse) ; le Tintoret... Suivi de la salle de bains aménagée pour Napoléon Ier, de style Empire, évidemment.
– ***Salle de l'Éducation de Jupiter*** *(salle 24)* ***:*** Van Dyck ; *Le Duc de Guise* par Clouet ; *L'Amour endormi* du Caravage.
– ***Salle du Poêle*** *(salle 25)* ***:*** splendide carrelage et fresques figurant *Les Quatre Âges du monde* par Pierre de Cortone.
– ***Salle de l'Iliade*** *(salle 27)* ***:*** Vélasquez, Andrea del Sarto, Titien, Van Dyck, Sustermans et Artemisia Gentileschi (une des rares femmes peintres de l'époque) ; *La Gravida* de Raphaël ; *Portrait de Marie de Médicis* de Fiorentino, père de l'école française de Fontainebleau.
– ***Salle de Saturne*** *(salle 28)* ***:*** une explosion de Raphaël avec la célèbre *Madonna della Seggiola (La Vierge à la chaise).* Tout s'y inscrit en rond, renforçant la tendresse et l'intimité de la scène. Également, *Madeleine Doni* (où Raphaël plagie carrément la pose de la Joconde) et *Angelo Doni ;* autres célèbres portraits, la *Madone du grand-duc* (car c'était l'œuvre préférée de Ferdinand III de Lorraine) et la *Madone du baldaquin*. *Déposition* du Pérugin, *San Sebastiano* d'Il Guercino.

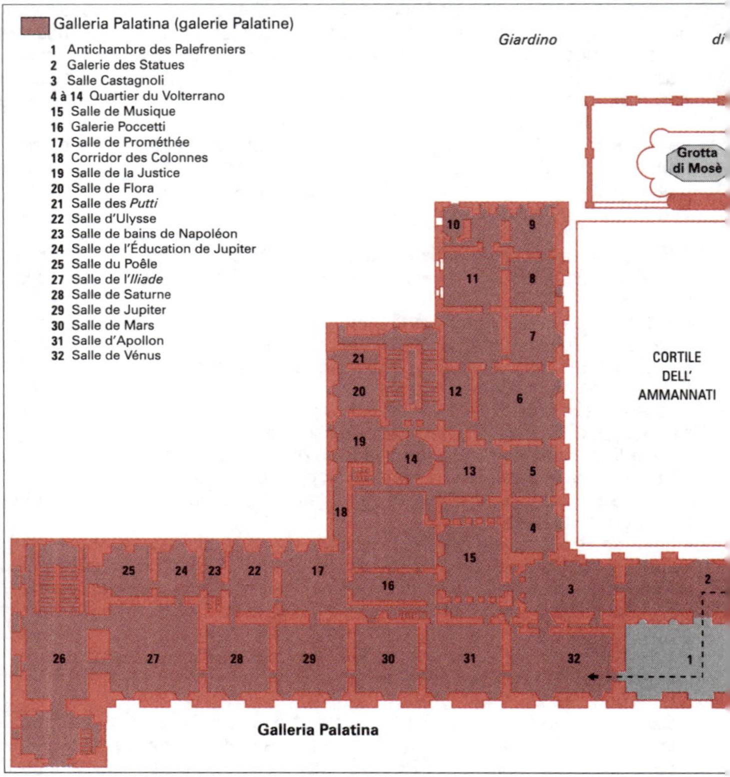

– ***Salle de Jupiter*** *(salle 29)* **:** ancienne salle des audiences. Au plafond, *Le Couronnement de Cosimo III* (placé entre Jupiter et Hercule) réalisé par Pierre de Cortone. *Les Trois Âges de l'homme,* chef-d'œuvre de Giorgione ou la maîtrise totale du fondu de couleurs ; la célèbre *Femme au voile (La Velata)* de Raphaël ; *Sainte Famille* de Rubens ; *Madone et Quatre Saints* d'Andrea del Sarto ; *Christ mort* de Fra Bartolomeo (sa dernière œuvre) ; *La Vierge au sac* du Pérugin. Noter le raffinement extrême des visages de la Vierge et de l'ange.
– ***Salle de Mars*** *(salle 30)* **:** *Luigi Cornaro* du Tintoret ; Murillo, Luca Giordano ; *Ipolito de Medicis* de Titien ; *Le Conseguenze della Guerra,* fantastique parabole contre la guerre, de Rubens. La vie s'y exprime par la lumière, la sensualité, la couleur, et la guerre par le chaos des corps et des ténèbres. De Rubens encore, *Les Quatre Philosophes* (le personnage de gauche n'est autre que l'artiste lui-même). Belle et douce *Madone* de Murillo.
– ***Salle d'Apollon*** *(salle 31)* **:** *Sainte Famille* et *Déposition* d'Andrea del Sarto ; *L'Homme aux yeux gris* et *Marie-Madeleine* où Titien effectua un admirable travail sur la chevelure, renforçant la sensualité du personnage ; *Charles Ier d'Angleterre* et *Henriette de France* par Van Dyck.

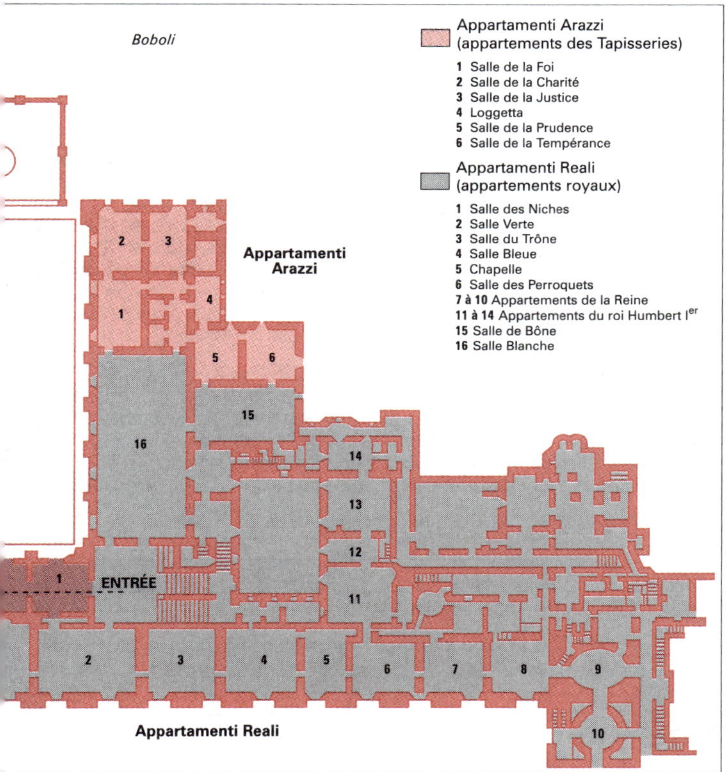

PALAZZO PITTI

– ***Salle de Vénus*** *(salle 32)* **:** magnifique *Concert* nimbé de lumière où éclate la complicité des musiciens, et *La Bella,* par Titien ; rare paysage de Rubens *(Paysans rentrant des champs)*. Noter le délirant décor du plafond.

Les plus robustes feront un tour dans les ***appartements royaux*** (appartamenti reali *; inclus dans le prix d'entrée),* juste en face, dans l'autre aile du palais, occupés successivement par les Médicis, les Habsbourg-Lorraine et les Savoie. Riche décoration intérieure : fresques, stucs et mobilier d'époque...
On entre dans les pièces du fond en enfilade depuis la salle blanche. On y trouvera les salles des *Allégories,* des *Beaux-Arts,* de l'*Arche,* d'*Hercule,* de l'*Aurore,* de *Bérénice,* de la *Renommée*. Quelques tableaux importants dont *Bataille,* de Salvatore Rosa, quelques Cigoli, Giovanni San Giovanni, Lorenzo Lippi et L'Empoli.

Galleria d'Arte Moderna : *dans le Palazzo Pitti.* ☎ *055-238-86-16. Tlj sf lun 8h15-18h50. Entrée : 16 € (billet cumulé avec la Galleria Palatina).* Sculptures, peintures et objets décoratifs du XVIIIe s aux années 1920 sont exposés dans un ordre chronologique au fil des 30 salles que compte cette galerie. Les œuvres de *Benvenuti* et *Bezzuoli* y ont leur place. Et si vous avez le mal du pays, *Victor Hugo* (sculpté par *Gaetan Trentanove*) vous donne rendez-vous dans la salle nº 17, de même que Napoléon Ier, auquel est consacrée la salle nº 2. Encore quelques beaux plafonds : penser à lever le nez !

Galleria del Costume : *dans le Palazzo Pitti.* ☎ *055-238-87-13. Tlj 8h15-16h30 (19h30 selon saison). Fermé 1er et dernier lun du mois. Entrée : 13 € (billet cumulé avec les jardins Boboli, le musée de l'Argenterie, de la Porcelaine et le jardin Bardini).* C'est un peu l'histoire de la mode qui s'expose ici, des tenues grandioses portées par les nobles au XVIIIe s jusqu'à la haute couture d'aujourd'hui, en passant par les styles légers des années 1960 ou de la Belle Époque. Les accessoires (ombrelles, sacs à main, bijoux...) ne sont pas oubliés. Curiosité : une salle expose les vêtements que portaient Cosme Ier, son épouse Éléonore de Tolède et un de leurs fils, lors de leur inhumation au XVIe s. Ils ont été exhumés en 1947 et sont aujourd'hui présentés à l'abri de la lumière du jour après 10 ans de restauration ! Bien sûr, la peinture est présente dans cette galerie, aux murs comme au plafond. Des expositions thématiques s'y tiennent tous les 6 mois.

Museo degli Argenti : *dans le Palazzo Pitti.* ☎ *055-238-87-09. Tlj 8h15-16h30 (19h30 selon saison). Fermé 1er et dernier lun du mois. Entrée : 13 € (billet cumulé, voir ci-dessus).* De belles salles ornées d'imposantes fresques et trompe-l'œil. Et un festival de coupes ciselées, de reliquaires sertis de pierres précieuses, ou de délicates compositions en ambre ou ivoire. Ne pas manquer le trésor, au 1er étage : collection de joyaux ayant appartenu aux grands noms de l'histoire florentine.

Museo della Porcellana *(plan détachable C5)* **:** *dans le Giardino di Boboli.* ☎ *055-238-86-05. Tlj 8h15-16h30 (19h30 selon saison). Fermé 1er et dernier lun du mois.* Dans ce pavillon qui domine le jardin sont rassemblés de beaux services provenant des plus grandes manufactures d'Europe (Sèvres, Vienne, Berlin...). De l'extérieur, belle vue sur le paysage florentin.

Giardino di Boboli *(plan détachable C5)* **:** ☎ *055-238-87-60. Tlj 8h15-16h30 (17h30 mars et oct, 18h30 avr-mai et sept, 19h juin-août). Fermé 1er et dernier lun du mois. Entrée : 7 € ; réducs (13 € billet cumulé avec le musée de l'Argenterie, de la Porcelaine, le jardin Bardini et la galerie du Costume.* Autour du palais Pitti, une merveilleuse promenade du dimanche, que ne ratent jamais familles et amoureux. Voir la *grotte artificielle* de Buontalenti, réalisée en 1583 (à droite quand on fait face au palais depuis les jardins). Ce genre de décor était très à la mode au XVIe s. Le gouffre est orné de fresques et de statues, parmi lesquelles moutons et bergers semblent se fondre littéralement dans l'environnement. En revenant vers le palais, la grotesque *fontaine de Bacchus* représente en réalité l'un des nains favoris de Cosme, à cheval sur une tortue. Faire aussi un saut au *piazzale dell'Isolotto,* un jardin aquatique avec, au centre, un îlot sur lequel s'élève la *fontaine de l'Océan* de Giambologna : monstre marin, rochers et eaux donnent à cet ensemble inspiré du théâtre maritime d'Hadrien, à Tivoli, toute sa poésie. À deux pas du bassin, la *porta Romana,* ex-porte de la ville fortifiée.

Chiesa Santa Felicità *(plan détachable C-D4)* **:** *piazza dei Rossi, sur la via Guicciardini. Tlj sf dim ap-m 9h-12h30, 15h-18h.* Œuvres les plus célèbres de Pontormo, peintes entre 1525 et 1528 pour Ludovico Capponi : la *Déposition,* dont les couleurs acides et la déstructuration de l'espace en font un chef-d'œuvre du maniérisme, et *L'Annonciation,* influencée par Michel-Ange ; ici, l'artiste a tenu compte de l'éclairage naturel de l'église.

Chiesa San Felice in Piazza *(plan détachable C5)* **:** *piazza di San Felice.* Au sixième autel, *Vierge en trône* de Ridolfo del Ghirlandaio. La chapelle principale (le chœur) est de Michelozzo, avec, au centre, un grand *Crucifix* de Giotto, récemment restauré et très peu connu.

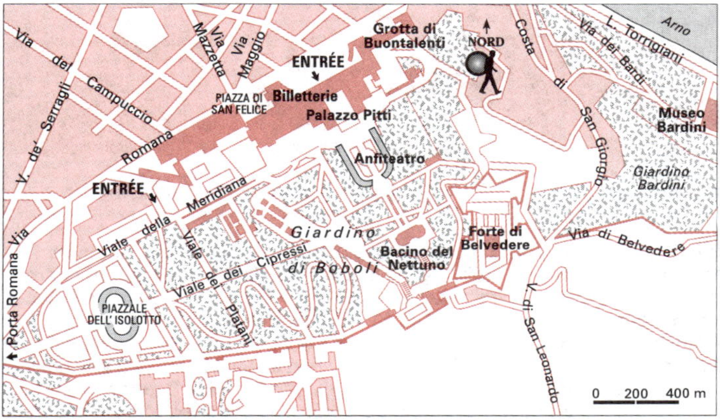

GIARDINO DI BOBOLI

La ***via dei Bardi*** *(plan détachable D4-5)* est une petite rue bordée de vieux palais, parallèle au lungarno Torrigiani. Visiter l'atelier artisanal de reliure et du travail du papier, au n° 17, *Il Torchio (fermé août).* Tenu uniquement par des femmes sympas et volubiles. Une vitrine expose un très beau travail. Vente au détail.

Giardino Bardini *(plan détachable D5)* **:** *via dei Bardi, 1 r, ou Costa S. Giorgio, 2 (entrée possible aussi par le jardin de Boboli). ☎ 055-263-85-99 ou 055-234-69-88. Fermé les 1er et dernier lun du mois. Billet combiné avec la Galleria del Costume, la Galleria degli Argenti e della Porcellana et le Giardino di Boboli : 13 €.* Ce jardin renaît de ses cendres après de longues années à l'abandon. Après avoir connu successivement plusieurs propriétaires, c'est à l'antiquaire Stefano Bardini que revint l'acquisition de ce jardin idéalement situé. Il le transforma et l'embellit de manière visible sans pour autant altérer sa structure originelle. Au contraire, il y ajouta sa touche personnelle, originale pour son époque (fin XIXe). De nouveau à l'abandon en 1965 à la mort de son fils, le jardin a rouvert ses portes depuis peu, grâce à l'aide de financements privés et publics. On peut admirer le superbe escalier baroque qui permet de rejoindre le belvédère. De là, une vue spectaculaire sur la ville (l'une des plus belles sans doute avec celle de la chiesa San Miniato Al Monte). Des fontaines glougloutantes où il fait bon se poser, des variétés de fleurs par centaines (roses, iris, hortensias) et de plantes qui font de ce jardin l'un des plus beaux de Florence, sans compter la magnifique pergola de glycines, les bosquets à l'anglaise, l'allée d'hortensias, les plantations de menthe, de lavande, de romarin... Bref, une explosion d'odeurs et de couleurs à découvrir absolument. À l'intérieur du jardin, la villa Bardini, datant de 1641, a été également entièrement rénovée. Elle abrite, entre autres, une salle de conférence, des expos temporaires et le ***Museo Pietro Annigoni*** *(mer-dim 10h-16h – 18h en été).*

QUARTIER DE SAN NICCOLÒ

Installé au-delà de l'Arno, ce quartier est l'un des moins fréquentés de Florence mais il est très agréable car il a lui aussi son lot d'adresses et d'endroits typiques. Un quartier délimité par les remparts et les trois portes (San Niccolò, San Miniato et San Giorgio), le fort du belvédère, le piazzale Michelangelo et l'Arno. Ici, à 10 mn à peine du Ponte Vecchio et du Duomo, on respire déjà une atmosphère plus tranquille. Un quartier qui met aussi en péril des artisans qui tentent de résister à la hausse des loyers (via San Niccolò). Beaucoup ont déjà baissé le rideau en raison d'un pas-de-porte trop onéreux. Malgré quelques opérations coups de poing, la mairie semble sourde à toute négociation...
Le soir venu, le quartier s'anime pour le plus grand plaisir des noctambules. Au pied de la porte San Miniato, on y trouve bars et restos pour s'amuser ou faire de belles rencontres... Et pour profiter de la vue sur Florence, ne pas hésiter à grimper les marches pour atteindre l'église San Miniato al Monte qui surplombe la ville... un panorama à couper le souffle vous y attend. Un de nos quartiers préférés.

Où dormir ?

Camping

Camping Michelangelo *(plan détachable F5,* ***20****)* **:** *viale Michelangiolo, 80. ☎ 055-681-19-77. • michelangelo@ecvacanze.it • ecvacanze.it • Pour s'y rendre, prendre le bus n° 12 à la gare centrale. Compter 35 € pour 2 avec tente et voiture ; tente à louer équipée pour 2 (sommier et matelas) env 38 €.* Beaucoup de monde en haute saison, ce qui contraint les campeurs à s'entasser. Résultat : une atmosphère communautaire... et très bruyante. La vue sur la ville est superbe depuis les emplacements en escalier ou la terrasse du bar. Bien équipé : laverie, bar-resto, magasins, aire de jeux pour les enfants et... même l'ombre des oliviers. Difficile de faire plus central ! Malheureusement, cette situation de monopole n'incite pas toujours la direction à faire du zèle.

Chic

Silla Hotel *(plan détachable E5,* ***81****)* **:** *via dei Renai, 5. ☎ 055-234-28-88. • hotelsilla@hotelsilla.it • hotelsilla.it • Doubles à partir de 98 €.* Un des rares hôtels dans ce quartier, installé dans un palais du XVe s. Situation idéale avec quelques chambres qui ont vue sur l'Arno. Chambres au papier peint fleuri équipées de tout le confort, mais il faut s'y prendre tôt. Aux beaux jours, profiter de l'immense terrasse arborée donnant sur le fleuve pour prendre le petit déj. Magique ! Pour ne rien gâcher, l'accueil est sympathique et le personnel très prévenant.

Où manger ?

Sur le pouce et bon marché

ZEB – Zuppa e Bollito *(plan détachable E5,* ***139****)* **:** *via S. Miniato, 2. Ouv le midi tlj sf mer, plus le soir jeu-sam. Repas 10-15 € ; plats à emporter.* On aime cet endroit pour sa vitrine discrète comme sa déco résolument tendance. Mais c'est dans l'assiette que tout se passe : *sformato di melanzane, lampredetto, torta al limone*... On peut aussi choisir ses ingrédients pour une salade (préparée sous nos yeux) en toute simplicité et la savourer assis sur des tabourets, accoudé au bar en bois clair qui entoure l'officine. Pâtes fraîches faites maison. Le soir, un poil plus cher. Une halte reposante et gourmande pour ceux qui ont prévu la montée vers San Miniato.

I Tarocchi *(plan détachable D-E5,* ***123****) : via dei Renai, 14 r. ☎ 055-234-39-12. Tlj sf lun. Compter 15 € ; pizzas max 10 €. Café offert sur présentation de ce guide.* Un établissement convivial propice aux retrouvailles entre copains. Cuisine sans chichis, généreuse et de bonne tenue, à l'image des belles (et bonnes) pizzas propres à satisfaire les plus gros appétits ! Aux beaux jours, terrasse agréable sur une rue tranquille. Belle surprise au dessert avec le cheese-cake. Ambiance chaleureuse assurée par un contingent d'habitués.

Antica Mescita San Niccolò *(plan détachable E5,* ***127****) : via di San Niccolò, 60 r. ☎ 055-234-28-36. Tlj sf dim. Congés : 1re quinzaine d'août. Formule déj buffet 10 € ; plats 9-14 €.* Les tables en bois et les carreaux de faïence tapissant les murs conviendront parfaitement aux habitués des *osterie* traditionnelles florentines. Sinon, en cas de forte chaleur, tentez la salle voûtée du sous-sol, qui n'est autre que la crypte de l'église attenante ! Une bonne la cuisine du terroir ne déçoit pas. Assortiments de *crostini* en guise d'entrées. Incontournables – et tellement bonnes – *zuppe* et *minestre* (*pappa al pomodoro, ribollita,* etc.). Bonnes viandes, à commencer par le *coniglio briaco* (cuit dans du vin), et excellents *contorni.*

La Beppa Fioraia *(plan détachable E5,* ***211****) : via dell'Erta Canina, 6 r. ☎ 055-234-76-81. Située juste après l'embranchement avec l'Enoteca-bar Fuori Porta. Congés : 14-20 août. Repas env 25 €. Apéritif ou digestif offert sur présentation de ce guide.* Une institution à Florence où l'on retrouve la population locale de tous âges venue se délecter d'une bonne pizza ou d'un bon plat de pâtes au frais, en hauteur de la ville, noyé dans la verdure. D'ailleurs, le jardin et sa terrasse sont pris d'assaut aux beaux jours, il est donc conseillé de réserver. Accueil jeune et dynamique.

Chic

Lungarno 23 *(plan détachable D4-5,* ***158****) : lungarno Torrigiani, 23. ☎ 055-234-59-57. • info@lungarno23.it • Tlj sf parfois dim (mais cela reste exceptionnel). Résa conseillée le soir. Compter 35 €.* Les amateurs de viande rouge seront comblés, d'autant que l'emplacement tranquille le long du fleuve est délicieux. La spécialité de la maison ? Des burgers à la fameuse viande bovine de race Chianina, venant des pâturages d'Arezzo. Pour les autres, salades, soupes et fromages. Carte des vins longue comme le bras. Belle terrasse, agréable aux beaux jours (un poil trop chaud en été).

Trattoria Omero *(plan Escapade pédestre dans le Sud Florentin, B3) : via Pian dei Giullari, 47. ☎ 055-22-00-53. À l'extérieur de la ville. Pour les courageux, ça sera la marche à pied (la journée slt, le soir c'est nettement moins agréable) ; pour les autres, le taxi proposé par la maison quand on réserve. Repas env 40 €.* Située juste en face de la casa Galileo (Galilée), c'est un véritable havre de paix, surtout si vous avez pris soin de réserver une table près de la fenêtre, ou mieux encore sur la terrasse aux beaux jours. Et dans l'assiette ? À l'image du cadre : fraîcheur, produits du terroir et belle carte des vins. Service stylé. Une adresse sans fausse note.

Bars à vins (*vinai, enoteche*)

Enoteca-bar Fuori Porta *(plan détachable E5,* ***147****) : via del Monte alle Croci, 10 r. ☎ 055-234-24-83. • info@fuoriporta.it • À côté de la porte San Miniato et des remparts de la ville. Tlj 12h30-minuit. Bonne assiette de charcutailles et de fromages 20-25 €.* Le rendez-vous des œnophiles du quartier : pas loin de 600 étiquettes d'Italie ou d'ailleurs, négociées à un tarif raisonnable. C'est un vrai bonheur de s'installer sur la terrasse en regardant les passants tout en buvant un *nobile* ou un *brunello* accompagné de *crostini* ou de *bruschette*. On peut étoffer le menu avec un plat de pâtes ou une salade. Les salles sont tout aussi agréables, avec les tables au milieu des rayonnages. Le soir, venir tôt pour prendre de vitesse les nombreux habitués !

Bevo Vino *(plan détachable E5, **148**)* **:** *via di San Niccolò, 59 r.* ☎ *055-200-17-09.* ● *bevovino.enoteca@gmail.com* ● *Tlj 12h-1h. Repas complet 20-25 €, vin compris. Café offert sur présentation de ce guide.* À deux pas de la porta San Miniato, on le manquerait presque, ce petit bar à vins au mobilier de bois clair. Ambiance bon enfant pour avaler quelques plats bien ficelés tout en dégustant de nombreux crus toscans, choisis avec soin par le patron. Une adresse de connaisseurs. Accueil charmant et conseils avisés. Plus animé en soirée.

Où savourer de bonnes glaces ?

Il Gelato di Filo *(plan détachable E5, **175**)* **:** *via San Miniato, 5 r.* ☎ *055-248-06-17. Tlj sf lun 12h30-20h30.* Une adresse qui propose d'excellents sorbets de fruits de saison et des glaces crémeuses à souhait. Peu de parfums, ce qui garantit la qualité et la fraîcheur. Servies copieusement et moins chères que celles vendues dans le centre historique ! Idéalement placé pour prendre des forces pour la grimpette jusqu'à San Miniato al Monte (et il en faut...).

Cantina del Gelato *(plan détachable D4, **177**)* **:** *via dei Bardi, 31.* ☎ *055-050-16-17.* On pourrait presque le rater, ce glacier, à mi-chemin du Ponte Vecchio et du quartier San Niccolò. Un choix restreint (mais fameux) de glaces *home made*. Spécialité de la maison ? La *Buontalenti,* sorte de crème à la saveur douce et sucrée. Mais les autres sont tout aussi excellentes, d'autant que la gentillesse est au rendez-vous.

Où boire un verre en écoutant de la musique ?

Zoe *(plan détachable E5, **199**)* **:** *via dei Renai, 13 r.* ☎ *055-24-31-11. Petite rue parallèle au lungarno Serristori (qui longe l'Arno). Tlj 9h-3h ; aperitivo 18h-22h. Le midi, compter 15-20 €.* L'un des endroits branchés du quartier qui, le soir, regorge de monde jusque sur le trottoir. Terrasse attenante débordante de jeunes et de (un peu) moins jeunes. À l'intérieur, déco design en noir et blanc, épurée, où se retrouvent de belles créatures florentines. Petites expos temporaires de jeunes artistes italiens accrochées aux murs.

High Pub Bar *(plan détachable E5, **202**)* **:** *via dei Renai, 27 a.* ☎ *055-23-47-082.* Un endroit qui ne paie pas de mine mais ô combien sympathique pour une bonne mousse au moment de l'*aperitivo*. Le midi, petits plats sans prétention mais d'un bon rapport qualité-prix. Accueil jovial et plein d'allant. Une bonne adresse dans le quartier.

Flo Gallery *(plan détachable F5, **195**)* **:** *piazzale Michelangelo, 84.* ☎ *055-65-07-91. À 20 mn à pied du centre et tt à côté du Camping Michelangelo. En hte saison, tlj 19h-4h ; le reste de l'année, slt jeu-sam.* Un incontournable des nuits florentines. On commence par un *aperitivo* et on termine en se déhanchant sur la piste de danse... Tenue correcte recommandée.

À voir

Chiesa San Niccolò *(plan détachable E5)* **:** *à priori ouv slt le mat. Petite offrande bienvenue.* Une église peu mise en valeur de par sa situation encaissée.

À l'intérieur, ambiance un tantinet austère où l'on trouve quelques peintures du XVIe et du XVIIe s. Demander qu'on vous éclaire l'église... Pousser jusqu'à la sacristie pour admirer un triptyque de Fabriani, récemment restauré (un peu trop à notre goût car les couleurs sont un peu agressives), avec les portraits de Marie, saint Côme et saint Damien.

Museo Bardini *(plan détachable D-E5)* **:** *via dei Renai, 37.* ☎ *055-226-40-42. Ven-lun 11h-17h. Entrée : 6 € (10 € avec l'accès au jardin de Boboli).*
Stefano Bardini (1836-1922) est l'un des plus grands collectionneurs et antiquaires italiens. On l'appelait « le prince des antiquaires ». Peintre à l'origine, il est devenu au fil des ans un grand collectionneur. Il achète tout, il s'intéresse à tout : du papier mâché, des cadres, des armes, des dessins, en passant par des tapis, des coffres de mariage... Il récupère et achète les palais de la ville en pièces détachées. En effet, au XIXe s, on a détruit beaucoup de palais en centre-ville pour faire de grandes percées (à la manière du baron Haussmann à Paris). Sa clientèle est russe, américaine et même française comme les Jacquemart-André (leur nom vous dit quelque chose, non ?). Il utilise son palais (qu'il a racheté aux Mozzi, une riche famille florentine) comme un showroom. Il regroupe les objets par thèmes. D'ailleurs, à sa mort, quand il lègue son palais à la Ville, on a du mal à comprendre le mélange des genres, les copies et les originaux. Après un testament et un héritage bien complexes, c'est à l'État italien que revient la totalité des œuvres du collectionneur. Le vœu de ce dernier a été respecté : conserver les pièces exposées aux murs bleus (à la manière russe), ainsi que l'agencement de ses œuvres. On peut être surpris en effet par le musée en lui-même. Il faut le regarder dans son ensemble et non comme une somme d'œuvres individuelles. De ses nombreux voyages en Europe et en Amérique, Stefano Bardini a réuni une riche collection éclectique.
– *Au rez-de-chaussée :* la première salle à gauche est dédiée aux statues antiques, mais l'œuvre majeure est le tableau de Tino di Camaino, *La Carità,* montrant une femme allaitant ses deux enfants. On y admire aussi des chapiteaux corinthiens, des portails, une tombe en marbre d'Arnolfo di Cambio. Toujours au rez-de-chaussée, le célèbre *Porcellino* de Pietro Tacca, offert par le pape Pio IV à Cosimo Ier en visite à Rome en 1560. Cosimo II en a commandé une copie en bronze pour le Palazzo Pitti, transférée aux Offices. Également une copie dans l'actuelle Loggia del Mercato Nuovo (vous suivez ?).
– *Après avoir monté le majestueux escalier en marbre* (jeter un œil au *Poséidon*) *:* belle collection de tapis perses du XVIIe s aux murs. Par ailleurs une collection unique de dessins au crayon de Tiepolo. Quelques œuvres d'art comme la *Madonna dei Cordai* de Donatello ou encore le *San Michele Archangelo* de Pollaiolo. Salle d'armurerie assez impressionnante. Admirer au passage les magnifiques plafonds à caissons du palais. Un bel endroit qui mérite la visite.

Giardino delle Rose *(jardin des Roses ; plan détachable E5)* **:** *viale Giuseppe Poggi. Tlj 9h-20h. GRATUIT.*
Agréable jardin qu'on peut désormais visiter toute l'année. Coincé entre la chiesa San Miniato al Monte et la porta San Miniato, on y accède par la via di San Salvatore al Monte. Inauguré en 1865, le jardin était connu pour sa magnifique roseraie. Plus d'un siècle après (en 1998), en partenariat avec Kyoto, la Ville de Florence a enrichi le site d'un jardin japonais.
Depuis septembre 2011, on peut admirer une dizaine de sculptures du célèbre artiste belge Jean-Michel Folon, disséminées dans le parc. Celui-ci affectionnait l'Italie et particulièrement Florence. Admirer *La Valise,* dans laquelle on voit une vue panoramique de la ville, le gros *Chat* couché dans l'herbe, ou l'imposante *Méditerranée* avec son bateau penché. Pour l'anecdote, les plus âgés se souviendront que Folon avait créé les fameux petits bonshommes bleus qui s'envolent pour le générique d'Antenne 2 à la fin des années 1970-début des années 1980.

La cerise sur le gâteau, c'est tout de même la vue magnifique sur Florence... Une halte reposante, loin du tumulte du centre-ville... Quant à la roseraie, l'idéal est de la voir en mai. Mignonne, allons voir si la rose...

Chiesa San Miniato al Monte *(hors plan détachable par E-F5)* **:** *via del Monte alle Croci. ☎ 055-234-27-31. On y accède facilement à pied des ponts San Niccolò et alle Grazie (mais ça grimpe !) ou en bus (nº 13). En été, tlj 8h-20h ; le reste de l'année, tlj 9h30-13h, 15h30-19h.*

Une des plus belles réussites du roman florentin : façade incrustée de marbre de Carrare et de marbre vert de Prato, décorée d'une mosaïque. À l'intérieur, décoration à base de marbres polychromes et parement du XIIIe s, une partie de celui-ci représentant les signes du zodiaque. Le plafond est de toute beauté, tout en étant sobre. Pavement du XIIIe s. Devant le chœur, *chapelle du Crucifix,* œuvre de Michelozzo (1448). Bas-côté gauche, chapelle du cardinal du Portugal, au riche décor Renaissance. Admirer le travail de marqueterie en marbre sur la clôture du chœur. Dans l'abside, belle mosaïque du XIIIe s. Enfin, jeter un œil aux fresques de la sacristie. Une de nos églises préférées.

Jouxtant l'église, le ***cimetière de San Miniato.*** Immense et magnifique, ce cimetière, propriété communale depuis 1911, offre plusieurs styles, du néoclassique en passant par une inspiration russe ou encore Art déco. Plusieurs chapelles et sépultures méritent le détour. Noter que l'auteur de Pinocchio, Carlo Lorenzini (« Collodi »), Libero Andreotti, Frédérick Stibbert ou encore Vasco Pratolini, pour ne citer qu'eux, y sont enterrés. Profitez-en, les touristes ont tendance à oublier cet endroit (à tort).

COUP DE PUB

L'aigle représenté au sommet de l'église est l'emblème des marchands florentins. Celui-ci tient dans ses serres un torsello, petit sac qu'on utilisait au Moyen Âge pour transporter des échantillons d'étoffes. On y cousait l'emblème de la corporation. À l'époque, les riches marchands finançaient en grande partie la construction des églises. Montrer leur logo permettait, à coup sûr, un bon coup de pub pour les corporations.

San Salvatore al Monte *(plan détachable F5)* **:** *juste en dessous de San Miniato. Tlj 6h30-12h30, 15h-19h.* À pied, ça grimpe dur pour atteindre cette petite église qui domine Florence. On vous conseille de monter par le jardin des Roses, qui longe la via del Monte alle Croci. L'église en elle-même, d'une grande sobriété, avec de solides murs et une charpente en bois, ne présente guère d'intérêt.

En revanche, ne manquez pas le ***coucher de soleil*** sur tout Florence à partir du piazzale Michelangelo sous l'église San Salvatore al Monte. Très touristique, certes, mais les reflets sur l'Arno et les couleurs du Ponte Vecchio valent d'affronter le monde. Inoubliable !

LES ENVIRONS DE FLORENCE

• Carte *p. 167*

Après avoir arpenté le pavé florentin, pourquoi ne pas vous échapper une journée pour parcourir la campagne florentine, l'une des plus belles régions de Toscane ? Les collines entourant la ville offrent des points de vue magnifiques, le tout dans une très grande sérénité. Les cyprès et les villas accentuent cette atmosphère exceptionnelle, à l'écart du tumulte touristique. À pied, c'est idéal !

ESCAPADE PÉDESTRE AU SUD DE FLORENCE

• Plan *p. 169*

Aventurez-vous du côté des collines au sud de l'Arno, que (trop) peu de visiteurs prennent le temps de découvrir. Cette enclave aux portes de la capitale toscane mérite bien une petite escapade d'une demi-journée. En l'espace de quelques instants, le flâneur se retrouve dans la quiétude d'un charmant faubourg résidentiel aux allures de village toscan.

➢ La randonnée fait une bonne dizaine de kilomètres. Compter 3h sans vous presser. Prévoir des lunettes de soleil (en été), de bonnes chaussures et, surtout, de l'eau.

Proposition d'itinéraire

Le départ et l'arrivée de cette balade se font du célèbre ***Ponte Vecchio.*** De là, prendre à gauche la via dei Bardi, admirer, au nº 4 de la piazza de Mozzi, le Palazzo Nasi avec de superbes sgraffites où l'on observe de belles allégories en excellent état, juste en face du musée Bardini. Puis contourner pour prendre la via dei Renai. À votre droite, la *chiesa San Niccolò (ouv à priori le mat)* et prendre à droite la via San Miniato pour passer sous la ***porta San Miniato.*** Cette belle porte médiévale marque les limites de la vieille ville, encore ceinturée ici par une longue section intacte de remparts datant de 1258. Continuer quelques mètres par la via dei Monte alle Croci (en direction de l'église San Miniato) et prendre la deuxième à droite, la via dell'Erta Canina, juste en face de l'entrée du Giardino delle Rose. L'abandonner 50 m plus loin pour suivre la voie de droite à la fourche. On passe devant la pizzeria *La Beppa Fioraia,* une adresse bien connue des locaux. On est déjà à la campagne, loin du bruit et de la foule. On laisse sur la gauche, 400 m plus loin, un petit jardin public abritant des jeux pour enfants et quelques tables de pique-nique sous les frondaisons. Puis on s'achemine vers une petite route qui mène au tennis-club de Florence. Là, il faut suivre à droite l'allée principale de cyprès qui monte en se faufilant au creux d'un vallon très vert. On y aperçoit les toits ou une partie des façades des belles villas et de leurs jardins que l'on devine joliment entretenus. Environ 300 m après ce jardin public, on tombe sur un petit croisement. Ignorer les petites allées secondaires et suivre sur la gauche le chemin sinueux sur le flanc de la colline, qui traverse un quartier résidentiel de maisons cossues.

Au bout de ce chemin, une porte métallique réservée aux marcheurs permet d'accéder au ***viale Galileo.*** Marcher environ 10 mn en direction du piazzale Galileo. Ce n'est pas la partie la plus intéressante de la balade, car vous retrouvez la route circulaire de Florence où un bon nombre de voitures roulent à vive allure. Certes, c'est un axe passant, mais les larges trottoirs pavés sont bordés d'arbres. En route, sur votre droite, superbes points de vue sur les jardins en contrebas et Florence au loin, dans le fond de la vallée.

Vous arrivez au carrefour du viale Galileo et de la ***via di San Leonardo.*** De là, prendre la direction d'Arcetri (via S. Leonardo) et de Pian dei Giullari en suivant les rues de gauche aux bifurcations. Même si l'atmosphère redevient instantanément sereine après le viale Galileo un peu agité, se méfier toutefois des riverains qui conduisent parfois rapidement (l'absence de trottoirs n'arrange rien !). Sur ce chemin étroit en pente, on passe à côté de l'observatoire d'astrophysique *(**Osservatorio astrofisico di Arcetri,** rens et résas : ☎ 055-27-52-280 ; • richiesta_visita@arcetri.stro.it •)* et on traverse le village d'***Arcetri,*** poumon vert de la banlieue sud de Florence. Avec un peu de chance, vous apercevrez peut-être les belles demeures cachées derrière de hauts murs débordant de fleurs et de plantes grimpantes. Dissimulée aussi, la *villa Caponi* possède des jardins considérés parmi les plus beaux de Florence.

À partir du croisement avec la via della Torre del Gallo, prendre à droite via Pian dei Giullari, où les hauts murs cèdent la place à de larges ouvertures livrant de beaux panoramas sur la campagne toscane. À ***Pian dei Giullari,*** la ***maison de Galilée*** se trouve au nº 42 de la rue principale, sur la droite en venant d'Arcetri. Cette maison bourgeoise n'est pas ouverte au public. Dans une niche sur le mur de façade, un buste représente le célèbre astronome Galilée. Juste en face, un resto d'une grande renommée (*Trattoria Omero,* voir la rubrique « Où manger ? » dans le quartier de San Niccolò). Une belle halte culinaire avant de reprendre le chemin inverse. Si vous avez un peu de temps, pousser jusqu'au centre du village de Pian dei Giullari, l'arrêt du bus nº 38 se trouve sur un petit carrefour fort tranquille. De celui-ci part un étroit chemin creux, le ***viuzzo di Monteripaldi,*** bordé de murs tapissés de plantes grimpantes. Le suivre jusqu'au bout. On débouche à 200 m environ au village de ***San Michele a Monteripaldi.*** De là, vue superbe et étendue sur les collines toscanes, où l'on distingue à l'ouest l'imposante *Certosa del Galluzzo* (chartreuse de Galluzzo). Le village, très modeste (une église et quelques maisons), se tient sur une colline en forme de crête. Pour le retour, emprunter la via di San Michele a Monteripaldi, qui contourne la colline escaladée précédemment, puis tourner à droite vers le carrefour du bus nº 38 et suivre exactement le même chemin à l'envers jusqu'au *carrefour*. On conseille de redescendre à Florence par la ***via di San Leonardo,*** étroite, dallée et bordée de vieilles maisons cossues (c'est tout droit). On passe sous la ***porta San Giorgio,*** la porte la plus ancienne de Florence (1260), et on continue à descendre par la ***costa di San Giorgio.*** Au nº 2 de cette rue, on peut accéder au ***Giardino Bardini*** *(entrée payante),* même si l'entrée principale se situe via di Bardi, 1. On poursuit son chemin avec un petit arrêt au passage devant la façade du nº 19, où Galilée habita un temps. Puis retour vers la via dei Bardi et le Ponte Vecchio.

LA CAMPAGNE FLORENTINE

Il est possible d'effectuer une très belle balade à travers les collines entourant Florence (environ 6 km). Cette promenade est connue sous le nom de *viale dei Colli,* avenue conçue au XIXᵉ s par l'architecte Giuseppe Poggi.

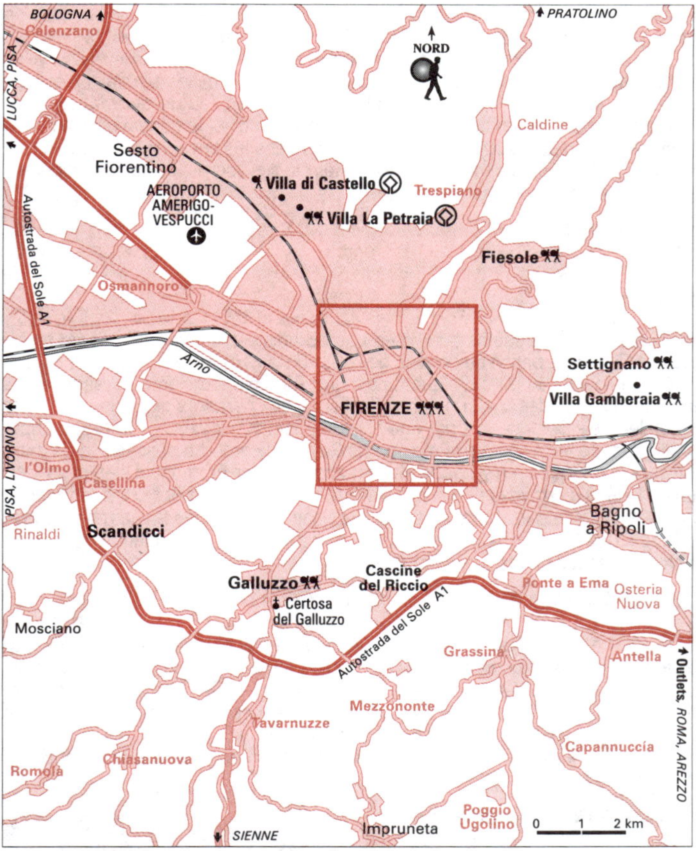

LES ENVIRONS DE FLORENCE

Départ de la piazza Ferrucci, près du pont San Niccolò. Arrivée à la porta Romana (extrémité des jardins de Boboli). Cette promenade prend trois noms différents : viale Michelangelo (jusqu'à la place du même nom) ; viale Galileo (partie centrale) ; viale Machiavelli (dernière partie, jusqu'à la porta Romana). Elle offre de somptueux panoramas sur la ville.
On peut encore, de la porta San Frediano, près du pont Amerigo Vespucci (dans l'Oltrarno), prendre la ***via Monte Olive,*** qui mène en 30 mn de marche sur une colline surplombant Florence. Villas magnifiques et superbes jardins sur la route. Balade agréable car peu connue des touristes.

LES VILLAS MÉDICÉENNES (ville medicee)

Le principe de la villa (attention aux faux amis, le terme *villa* en italien ne désigne pas seulement une habitation mais un domaine rural au sens large du terme) date des Romains, qui inventèrent la résidence secondaire. Après une éclipse de plusieurs siècles, les villas redevinrent à la mode grâce à la famille Médicis, qui commanda à ses architectes de somptueuses résidences et jardins. Les villas de campagne étaient un lieu de repos où les riches familles pouvaient échapper au tumulte de la cité, mais elles étaient surtout un lieu de délectation artistique et intellectuelle tel que la pensée humaniste pouvait le concevoir. Ces villas constituées de beaux jardins (très nombreuses dans les environs proches de Florence) n'ont pas toujours très bien traversé les siècles ; certaines de ces propriétés méritent toutefois le déplacement.

Villa La Petraia : *via della Petraia, 40, à* ***Castello.*** *À 7 km au nord-ouest du centre de Florence, non loin de l'aéroport. Prendre le bus n° 28 (direction Sesto Fiorentino). Mars-oct, jardins ouv tlj 8h15-18h30 (19h30 juin-août) ; le reste de l'année, ferme à 16h30. Visites guidées de la villa obligatoires ttes les heures à partir de 8h30 (résas : ☎ 055-45-26-91). Fermé 1er et 3e lun du mois. GRATUIT.* Il s'agissait ni plus ni moins du château des Brunelleschi, famille du grand architecte de Florence, passé aux mains des Médicis en 1575. Buontalenti fut chargé de rénover la villa au goût du jour, tandis que Tribolo, l'architecte paysagiste des jardins de Boboli, dessinait un parc à l'italienne aux parterres géométriques dans lequel Jean de Bologne inscrira une *Florence sortant des eaux.* Un grand chassant l'autre, ce fut le tour de la maison de Savoie de prendre possession de cette demeure historique... en y apposant sa marque. Victor-Emmanuel II en fit sa résidence d'été et s'empressa de faire couvrir la cour intérieure pour la transformer en une vaste salle de bal. Même si la nouvelle décoration n'a pas laissé grand-chose du temps des Médicis, la petite chapelle et les appartements richement décorés donnent une idée du faste de ces villas.

Villa di Castello : *via di Castello, 42. À env 1 km de la villa La Petraia. ☎ 055-45-26-91. Avr-oct, tlj 8h15-18h30 (19h30 juin-août) ; ferme à 16h30 le reste de l'année. GRATUIT.* C'est actuellement le siège du Conservatoire de langue italienne dont les origines remontent aux années 1570. Également dessiné par Tribolo, ce vaste jardin Renaissance, rythmé de parterres bien ordonnés et de nombreuses statues, s'étage sur le flanc d'une colline. Les allées conduisent vers un grand bassin, où patiente un monstre de bronze, et une grotte ornée de fausses roches parmi lesquelles s'affaire un peuple d'animaux. Les appartements, en revanche, ne se visitent pas.

Villa di Poggio a Caiano : *piazza dei Medici, 12 ; bourg situé à 18 km à l'ouest, sur la route de Pistoia par la N 66. ☎ 055-87-70-12. Prendre un autobus Cap ou Copit, départ piazza S. M. Novella ttes les 30 mn. La villa se situe au centre du village, en haut de la colline. Mars-oct, tlj 8h15-17h30 (18h30 juin et sept, 19h30 juil-août) ; le reste de l'année tlj 8h15-16h30. Fermé 2e et 3e lun du mois. Visites guidées de la galerie de peintures sur résa. GRATUIT.* Ce fut Laurent le Magnifique qui chargea l'architecte Giuliano da Sangallo des travaux de reconstruction. Posée sur un embasement à arcades, la villa se démarque de ses consœurs par son péristyle surmonté d'une frise d'Andrea Sansovino et d'un fronton de temple grec. Cette référence inédite à l'Antiquité est une commande du

UN COU FATAL

Offerte à Laurent de Médicis en 1486 par un sultan mamelouk en guise de cadeau diplomatique, la girafe des Médicis fit grande impression lorsqu'on la promena dans les rues de Florence. Malheureusement, l'animal se brisa le cou, peu de temps après son arrivée, dans l'écurie qu'on avait spécialement aménagée pour lui dans la villa de Poggio a Caiano. Il a fallu attendre 1826 pour qu'une girafe repointe le bout de ses cornes en Europe, en l'occurrence à Marseille. Elle gagna Paris en compagnie de trois vaches la nourrissant au lait, le tout escorté par les gendarmes !

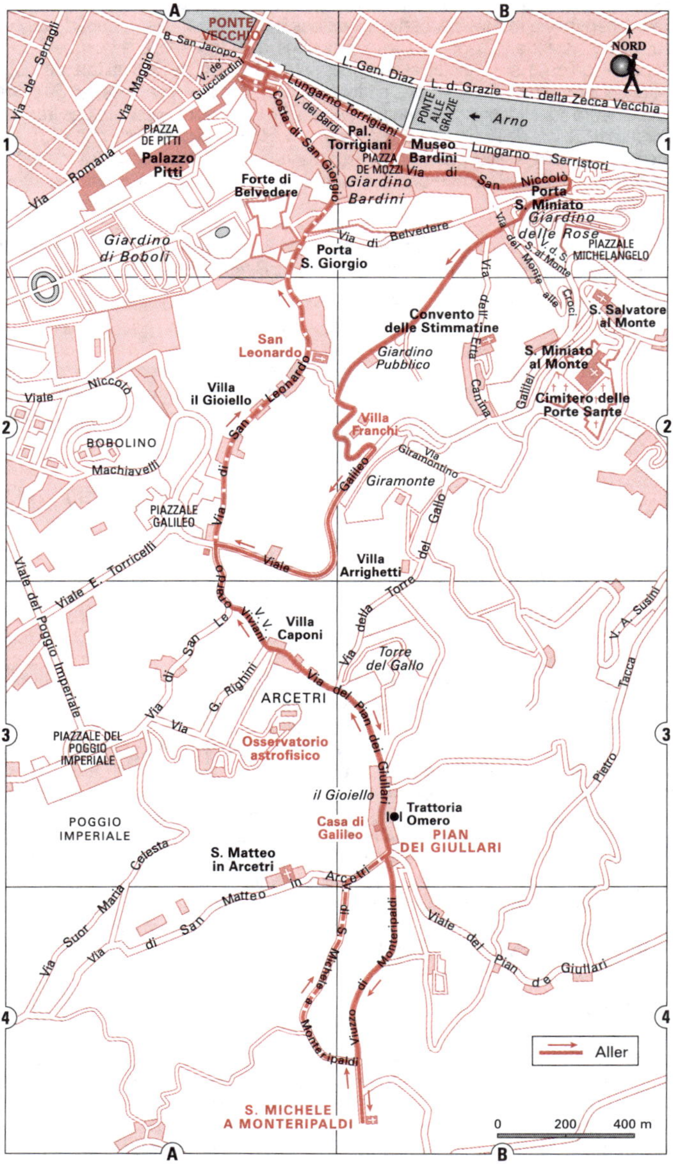

ESCAPADE PÉDESTRE DANS LE SUD FLORENTIN

pape de la famille, Léon X. Malheureusement, les occupants successifs de la villa ont sérieusement mis à mal les décorations héritées des Médicis. Les Bonaparte ouvrent le bal sous la houlette d'Élisa, alors grande-duchesse de Toscane. Les fresques, qui ne sont pas à son goût, sont revues et corrigées sans pitié. Puis ce sera au tour de Victor-Emmanuel II de participer à ce grand nettoyage de printemps ! À l'arrivée, les 60 pièces de la demeure sont l'occasion d'une promenade instructive, on y admire des fresques d'Andrea del Sarto, de Pontormo et d'Alessandro Allori. Une palette de choix !
Cette villa fut la plus célèbre des villas médicéennes, notamment pour ses réceptions auxquelles participaient de nombreux humanistes (dont Montaigne). C'est ici d'ailleurs qu'en 1587 François Ier de Médicis et son épouse Bianca Capello moururent dans des conditions demeurées mystérieuses. La villa abrite, depuis 2007, le plus grand musée de la Nature morte en Europe, regroupant plus de 200 œuvres et peintres italiens, flamands et hollandais, dont notamment Bartolomeo Bimbi et Brueghel l'Ancien.

Villa Medicis di Fiesole : *via Beato Angelico, 2 (Fra Giovanni Da Fiesole dit l'Angelico),* ***Fiesole.*** *☎ 055-594-17. Accès par le bus nº 7 (voir plus loin la rubrique « Arriver – Quitter » à Fiesole). Lun-ven 9h-13h (visite sur résa : • annamarchimazzini@gmail.com •). Entrée : env 6 €.* C'est la première véritable villa Renaissance, construite entre 1458 et 1461 pour Cosme l'Ancien. Il s'agit malheureusement d'une propriété privée, et seuls les jardins, suspendus comme ceux de Babylone, sont ouverts au public (magnifique panorama).

LA CERTOSA DEL GALLUZZO (chartreuse de Galluzzo)

Via di Colleramole, 11. ☎ 055-204-92-26. • certosadifirenze@cistercensi.info • À 6 km de Florence. Bus nos 36 et 37 de la piazza Santa Maria Novella (en face de la gare) ou de la porta Romana. En voiture, suivre la via Senese depuis la porta Romana (panneaux). Tlj sf lun ; visites guidées slt, mais gratuites, lun-sam à 9h, 10h, 11h, 15h, 16h et 17h (en hiver, cette dernière heure de visite est supprimée), dim à 15h, 16h et 17h. Compter 45 mn de visite, en italien slt. Entrée gratuite mais donation bienvenue. Dressée sur une éminence à la sortie du bourg, cette vaste chartreuse fondée au XIVe s abrite depuis 1958 des cisterciens... qui vous proposeront tout de même de délicieuses liqueurs. On ne perd pas les bonnes habitudes !
À voir : la pinacothèque (fresques de la Passion, de Pontormo), l'église gothique (stalles délicatement ciselées du XVIe s) et les bâtiments conventuels. Dans la salle capitulaire, s'attarder sur la belle *Crucifixion* d'Albertinelli. Le grand cloître, décoré de médaillons des Della Robbia, renferme un cimetière dont les tombes ne portent ni nom ni date, par souci d'humilité et dont le nombre est strictement égal à celui des cellules de moines qui le bordent, c'est-à-dire 18. Leur extrême simplicité et leurs jardinets privés rappellent que les chartreux vivaient en reclus dans le silence et le recueillement, ne partageant que les principaux offices et les repas de fêtes. Le Corbusier, qui le visita à deux reprises en 1907 et 1911, s'en inspira pour la construction du couvent de Sainte-Marie-de-la-Tourette, près de Lyon.

SETTIGNANO

À 8 km à l'est de Florence. Prendre le bus nº 10 de la piazza San Marco. Charmant village coiffant une colline, célèbre pour avoir accueilli plus d'un illustre résident : Michel-Ange, D'Annunzio et Berenson. Beaucoup de magnifiques villas dans ce coin qui inspira de nombreux sculpteurs. Michel-Ange y passa d'ailleurs une partie de sa jeunesse, dans la villa Buonarroti. C'est quand même une référence...

Villa Gamberaia : *via del Rossellino, 72. ☎ 055-69-72-05. • info@villagamberaia.it • Seul le jardin se visite. Tlj 9h-19h (dernière entrée à 18h). Entrée : 15 € ; réduc.* Principalement dessiné au XVIIIe s, ce somptueux jardin s'est vu attribuer quatre bassins formant un beau parterre d'eau à la fin du XIXe s, avant que la baronne Van Kelteler n'en affirme le côté formel en multipliant les topiaires au début du XXe s. Ils donnent sur un mur de cyprès percé d'arcades, fenêtres ouvertes sur un magnifique panorama. Une autre partie abrite des grottes renfermant quelques statues, dont celle de Neptune, évidemment.

FIESOLE

(50014) 14 000 hab.

● Plan *p. 173*

Perchée au sommet d'une colline (à 300 m d'altitude) au nord-est de la capitale toscane, cette petite cité autrefois très puissante offre un panorama extraordinaire sur Florence. Son versant nord, en revanche, marque le début de l'arrière-pays avec de belles échappées sur les douces collines plantées de cyprès et d'oliviers.
Ce paysage bucolique, tout en nuances de vert, inspira la plume de nombreux auteurs. Boccace (XIVe s) y situait le refuge des héros du *Décaméron.* Proust y rêvait du printemps « qui couvrait déjà de lis et d'anémones les champs de Fiesole et éblouissait Florence de fonds d'or pareils à ceux de L'Angelico... ». Tandis que dans les années 1930, Gide y contemplait la « Belle Florence », couchant à Fiesole une partie des *Nourritures terrestres.* On y croise beaucoup de monde en été, bien sûr, mais également le premier dimanche du mois, quand se tient la grande braderie des antiquaires...

Arriver – Quitter

En bus

De Florence, prendre le bus nº 7 à l'arrêt situé piazza San Marco. Ts les horaires sur ● *ataf.net* ●

➢ ***De Florence à Fiesole :*** bus ttes les 20 mn env 6h-0h40 (dim, ttes les 20-30 mn env 6h30-18h20).

➢ ***De Fiesole à Florence :*** bus ttes les 20 mn env 5h30-1h (dim, ttes les 20-30 mn env 6h20-18h40).

Adresse utile

Office d'information touristique *(plan A1) :* *via Portigiani, 3-5.* ☎ *055-596-13-11.* ● *info.turismo@comune.fiesole.fi.it* ● *fiesoleforyou.it* ● *Tlj 10h-18h30 (17h30 mars et oct, 13h30 nov-fév).* Compétent et bien documenté. Plan du centre historique de Fiesole avec le commentaire en français. Assure également la billetterie du Museo civico.

Où dormir ?

Camping

Camping panoramico Fiesole *(hors plan par B1,* ***11****) :* *via Peramonda, 1.* ☎ *055-59-90-69.* ● *panoramico@florencecamping.com* ● *florencevillage.com* ● *À 7 km du centre de Florence. Bus nº 7 depuis Florence jusqu'à Fiesole, puis navette gratuite tlj 8h-12h, 14h-17h (19h en été) ou 20 mn à pied. Compter 43 € pour 2 avec tente et voiture ; mobile homes 2-4 pers 35-75 €, chalets 4 pers avec petite cuisine (apporter sa vaisselle !) et sdb 75-115 € selon saison (draps fournis). (payant).* Un beau camping à flanc de colline (attention à la dernière ligne droite très pentue !). Bonnes prestations, piscine *(juin-sept)* bien entretenue, resto *(avr-oct),* supérette, machines à laver… Emplacements bien ombragés mais un tantinet caillouteux pour les tentes. Sanitaires propres. Vue imprenable sur Florence. Excellent accueil. Surpeuplé en haute saison, cela va sans dire !

De prix moyens à chic

Il Burattino Country House *(hors plan par B2,* ***12****)* **:** *via del Salviatino, 12. 338-481-89-93. • ilburattino.com • Sortie Florence-sud, puis suivre Fiesole, continuer via Lungo L'Affrico jusqu'au bout, puis à droite via del Salviatino sur env 500 m ; c'est à gauche, juste avt un virage à droite (indiqué). Ouv tte l'année. Doubles 80-100 €.* Blottie au pied de Fiesole, face à la chiesa San Francesco, une vénérable demeure de campagne avec tomettes, poutres en chêne et sous-pente en terre cuite typiquement toscans. Ici vit Ranieri, qui propose 3 chambres très propres. 2 d'entre elles se partagent la même salle de bains. Autrement, beau petit coin TV, excellent petit déj et chant des oiseaux au réveil. Accueil gentil et très attentionné.

Pensione Bencistà *(hors plan par B2,* ***13****)* **:** *via Benedetto da Maiano, 4. ☎ 055-591-63. • info@bencista.com • bencista.com • En contrebas du bourg en arrivant de Florence (panneaux). Congés : 16 nov-14 mars. Résa impérative. Double 160 € ; quadruple env 190 €.* Vieux manoir toscan, agrippé à flanc de colline et entouré d'un jardin paisible, transformé en un hôtel de charme à l'atmosphère délicieusement surannée avec une quarantaine de chambres cossues. De la terrasse, tout habillée de glycine, Florence s'évanouit dans la brume. Côté confort, les plus fortunés choisiront les nos 18 et 21 pour leurs balcons plongeant sur la plaine. Idéal aussi pour les familles, qui opteront pour les quadruples. Également spa, massage, jacuzzi et piscine. Une belle tranche de Toscane, en somme…

Où dormir dans les environs ?

Casa Palmira **:** *via Faentina, loc.* ***Feriolo, 50030 Polcanto*** *(Firenze). ☎ 055-840-97-49. • info@casapalmira.it • casapalmira.it • À 9 km de Fiesole, en direction de Borgo San Lorenzo par la SR 302. La maison se situe à Feriolo, à droite dans une descente quelques km après le croisement de la route d'Olmo. Congés : de mi-janv à mi-mars. Doubles avec sdb 80-90 € ; appart « La Casina » 120 €. Dîner toscan sur demande 25 €. CB refusées. Réduc de 10 % sur le prix de la chambre pour tt séjour de 5 nuits min sur présentation de ce guide.* Une belle demeure traditionnelle toscane, isolée dans un environnement superbe. Déco lumineuse et printanière, depuis les chambres cossues jusqu'aux confortables salons agrémentés de meubles anciens chinés chez les antiquaires, avec de beaux tapis marocains. Ceux qui veulent s'isoler choisiront « La Casina », avec son accès indépendant sur le jardin et sa cuisinette. Accueil très attentionné et en français des proprios – tendance écolo-chic –, qui assurent un copieux petit déjeuner et proposent toutes sortes d'activités. Cerise sur le gâteau : jacuzzi et piscine.

Où manger ?

De bon marché à prix moyens

I Giuggiolo *(hors plan par B2,* ***21****)* **:** *viale Righi, 3 a, 50137 Firenze. ☎ 055-60-62-40. • info@igiuggiolo.com • À la limite de Florence et de Fiesole, à l'extrémité de la via Salviatino (juste en face de l'AJ). Tlj midi et soir. Pizzas 5-8 €, plats 8-14 €.* Tenue par des jeunes dynamiques, une auberge toscane reconstituée avec faux murs de brique et divers objets des champs. On y sert des pizzas si croustillantes qu'on dirait de la dentelle. Autrement, une cuisine toscane qui se tient bien, comme le prouvent les nombreuses

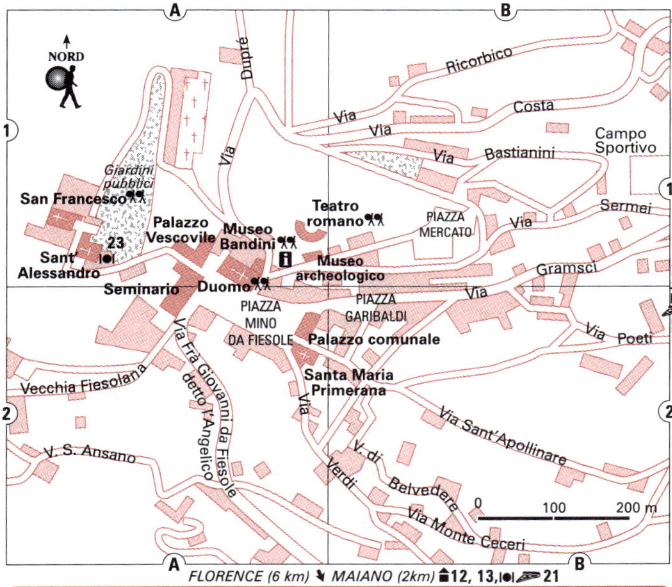

FIESOLE

Adresse utile	13 Pensione Bencistà
Office d'information touristique	**Où manger ?**
Où dormir ?	**21** I Giuggiolo
11 Camping panoramico Fiesole	**22** Casa del Popolo
12 Il Burattino Country House	**23** La Reggia degli Etruschi

familles qui déboulent pour s'attabler ici dans la bonne humeur. Bons raviolis à la mortadelle et excellente glace à la pistache et aux pignons caramélisés.

Casa del Popolo *(hors plan par B1,* ***22****)* **:** *via Matteotti, 25/27. ☎ 055-59-70-02. • segreteria@cdpfiesole.com • Prendre la route qui monte à gauche de la mairie, c'est env 400 m plus loin sur la gauche (parking fléché). Tlj 8h-23h (cuisine en sem 12h-14h30, w-e le soir slt). Congés : juil. Pizza 6 €. CB refusées.* C'est le lieu convivial par excellence, loin, bien loin de Florence et des touristes. C'est ici que les aînés du quartier viennent se réchauffer. De la terrasse, le panorama est remarquable, on y prend volontiers un café. Sinon, la salle située juste en dessous propose une cuisine simple et bon marché. Accueil gentil.

La Reggia degli Etruschi *(plan A1,* ***23****)* **:** *via San Francesco, 18, 50137 Firenze. ☎ 055-59-385. • info@lareggia.org • En contrebas du couvent San Francesco. Tlj 11h-15h, 18h-23h. Plats 20-22 € ; couvert 3 € ; dîner 30-40 €.* Service souriant et plats raffinés dans ce resto panoramique dont on aura pris soin de préciser « avec vue » lors de la réservation. La carte dépasse largement les classiques toscans : tartares ou carpaccios en entrée, *gnochetti* sauce safranée, morue au brandy... Beau plateau de fromages et vins assortis. Endroit agréable et romantique à souhait.

À voir

Duomo di San Remolo (plan A1-2) : *piazza della Cattedrale, 1. Tlj 7h30-12h, 15h-18h (17h en hiver).* Construit au XIe s sur l'emplacement du forum antique, il fut modifié dans un premier temps au XIVe s et très restauré depuis. Magnifique campanile crénelé. À l'intérieur, architecture très austère de plan basilical, interrompue par un inhabituel chœur surélevé. Magnifique polyptyque de Bicci di Lorenzo (1450) sur l'autel. Fresque sur la voûte. À droite, en montant l'escalier : petite chapelle avec des fresques de Cosimo Rosselli et des sculptures de Mino da Fiesole.

Chiesa San Francesco (plan A1) : *via San Francesco, 13. En haut de la colline. Tlj 9h-12h (11h dim), 15h-19h (18h sam et en hiver).*
C'est en montant vers San Francesco que vous aurez la plus belle vue sur la plaine florentine. Édifiée au XIVe s, cette église très simple est tout à fait adorable. Sous le porche d'entrée, petite fresque du XVe s représentant saint François, un peu dégradée mais on devine sur l'ange la délicatesse du drapé. À l'intérieur, quelques primitifs religieux : *Immaculée Conception* de Piero di Cosimo (1510), gracieuse *Annonciation* de Raffaellino del Garbo, *Adoration des Mages* du XVe s. Dans la chapelle, *Nativité* de Luca Della Robbia.
– Au sous-sol, un intéressant petit ***Museo Etnografico della Missione Francescana*** *(musée des Missions). ☎ 055-591-75. Mar-ven 10h-12h, 15h-17h ; w-e 15h-17h. GRATUIT.* Un peu fourre-tout : porcelaine de Chine, estampes, gravures, artisanat, instruments de musique, petite section archéologique avec quelques objets étrusques et romains. Avant de quitter le site, jeter un coup d'œil au charmant cloître en retrait sur la droite de l'église. Rasséréant !

Teatro Romano e Museo civico (plan A1) : *via Portigiani, 1. ☎ 055-596-12-93. Avr-sept, tlj 9h-19h ; mars et oct, tlj 10h-18h ; nov-fév, tlj sf mar 10h-16h. Ticket combiné avec le musée Bandini et la chapelle San Jacopo (l'ancien oratoire du palais épiscopal où l'on trouve le Musée diocésain) : 12 € (2 € supplémentaires si expos temporaires).*
Construit dans un endroit stratégique, le site de Fiesole fut occupé dès le VIe ou le Ve s av. J.-C. par les Étrusques. À leur tour, les Romains s'y trouvèrent mieux qu'en plaine, jugeant l'air nettement plus salubre, et recouvrirent la colline de bâtiments civils importants. Les vestiges de la zone archéologique témoignent de ce glorieux passé. Emblème du site, le beau théâtre romain du Ier s av. J.-C. donne une petite idée de la taille de la cité, avec une capacité de plus de 3 000 spectateurs. Bien restauré, il accueille différentes manifestations pendant l'été (concert de musique classique, ballets...). Moins bien conservés, les thermes datent de l'époque impériale et furent agrandis sous Hadrien, tandis que le soubassement d'un temple et un tronçon d'un puissant mur de fortification rappellent l'implantation étrusque. Le musée attenant rassemble des statues votives, stèles et autres urnes funéraires étrusques et romaines découvertes sur le site, ainsi qu'une très intéressante collection de céramiques attiques à figures rouges.
Le samedi, le même billet permet également d'aller découvrir les collections d'orfèvrerie liturgique de la petite chapelle *San Jacopo,* située via S. Francesco et dans laquelle on trouve une belle collection d'objets liturgiques témoignant du savoir-faire des artisans florentins.

Museo Bandini (plan A1) : *via Dupré, 1. ☎ 055-596-12-93. Mars-oct, ven-dim 10h-19h (18h mars et oct) ; nov-fév, ven-dim 10h-14h. Entrée : 5 € ; ticket combiné avec le théâtre romain : 12 € ; réduc.* Ce petit musée présente une intéressante collection d'œuvres du Moyen Âge et de la première Renaissance italienne, ainsi qu'une sélection notable de terres cuites vitrifiées de la famille Della Robbia. Belles compositions de Bernardo Daddi, Taddeo Gaddi ou encore Lorenzo Monaco.

HOMMES, CULTURE, ENVIRONNEMENT

ARNO (LE FLEUVE)

Comme l'a si bien dit Jean Giono à propos de cette rivière : « C'est un torrent qui a du caractère... C'est un fleuve comme un chat est un tigre. » Long seulement de 241 km, l'Arno prend sa source au mont Falterona (1 385 m), dans les Apennins, puis il décrit une boucle vers le sud, traverse Florence et coule vers l'ouest en passant par Empoli, Pontedera et Pise. Puis, en fin de parcours, il descend vers la mer Ligure où il se jette à 10 km au nord de Livourne. À Florence, ce fleuve marque la séparation entre les deux rives : l'Oltrarno (rive gauche) et Lungarno (rive droite). Construite au fond d'une vallée encaissée, Florence fut engloutie, le 4 novembre 1966, par les eaux dévastatrices de son fleuve. Les Florentins assistèrent alors impuissants à cette catastrophe qui s'abattit sur leur cité avec une violence inouïe. Il fallut presque remonter à l'an 1333 pour trouver le souvenir d'une telle catastrophe naturelle. Dans le quartier de l'église Santa Croce, le niveau des eaux atteignit 5 m ! Les portes de bronze du baptistère de la piazza del Duomo furent défoncées par le courant : certains panneaux furent arrachés et retrouvés à plus de 2 km. De nombreux chefs-d'œuvre exposés dans les églises de la ville furent défigurés par la boue mazoutée et rongés par l'humidité ; nombre d'entre eux sont toujours en restauration. D'ailleurs, on peut encore voir sur certains tableaux les dégâts de la crue (en particulier le *Christ en Croix* de Cimabue, dans le musée accolé à la basilique de Santa Croce, qui, bien que restauré, est resté endommagé). On remarque aussi à certains endroits de la ville, notamment sur les places, un trait ou une discrète plaque commémorative rappelant le niveau de l'eau en 1966 : impressionnant !
Chaque année en octobre et en novembre, le niveau de l'Arno monte irrésistiblement, sans provoquer d'inondation. Cependant, certains observateurs estiment que les risques d'une nouvelle catastrophe ne sont pas totalement écartés. Malgré les travaux de canalisation entrepris après 1966 et la construction de digues, Florence ne serait toujours pas, selon eux, à l'abri d'une nouvelle inondation destructrice. Ce grave problème, Léonard de Vinci l'avait déjà envisagé. Vers 1503-1504, le génie de la Renaissance avait présenté à la cité de Florence un projet de déviation de l'Arno pour construire une sorte de canal reliant la ville des Médicis à la mer. Le souci de Léonard était le même qu'aujourd'hui : éviter les terribles inondations.

BOISSONS

Les appellations et les différents types de vins

Les vins de Toscane

Symbole du renouveau des vins italiens, la Toscane est aujourd'hui l'une des régions productrices les plus dynamiques du pays, celle qui a su se remettre en question il y a une trentaine d'années et qui caracole aujourd'hui en tête des ventes ! Il est loin le temps du mauvais chianti vendu en flasque...
La Toscane a beau fournir moins de 5 % de la production nationale, près de la moitié de celle-ci correspond à des DOC et DOCG !

Pas moins de six appellations ont droit à la DOCG, le top du top en Italie ! La première d'entre elles est le ***chianti,*** qui couvre un large territoire de collines entre Florence et Sienne. On dit du chianti que c'est un vin « polyvalent » : jeune, il accompagne les charcuteries, les pâtes et la viande blanche ; vieilli, il se marie avec les viandes rouges et le gibier. On le sert à température ambiante (donc souvent chaud) ; nos palais y sont peu habitués. C'est dans le cœur de cette région que nous trouvons le *chianti classico,* reconnaissable au coq noir *(gallo nero)* qui figure sur le col des bouteilles (l'emblème de la Ligue du Chianti médiéval, qui défendit âprement ses droits !). Pour les puristes, rien de ce qui se fait en dehors du secteur du *chianti classico,* qui couvre 7 000 ha, n'est véritablement du chianti. L'essentiel du chianti, en termes de production et de superficie (23 000 ha), ne serait donc pas du chianti ! Propos un peu exagérés qui ne sont pas sans expliquer la naissance d'un deuxième consortium, à côté du *chianti classico,* le *chianti putto.* Il regroupe les autres dénominations : *colli Fiorentini, Rufina, Montalbano, Montespertoli, colli Senesi, colli Aretini* (d'Arezzo), *colli Pisane* (de Pise). De couleur rouge rubis, le chianti devient grenat en vieillissant. Charpenté, son parfum est intense. Les chiantis de base sont des vins à boire jeunes et frais. Sans faire une fixation sur le *chianti classico* (il y a de très bons chiantis parmi les *chianti putto*), soyez plutôt attentif à ce que vous dit l'étiquette. S'il s'agit d'une *riserva,* cela signifie que votre vin a vieilli 2 ans avant d'être commercialisé : une autre garantie de qualité !

UN VRAI FIASCO !

Le fiasco (« fiasque »), bouteille recouverte d'une enveloppe de paille, ne se retrouve guère que sur les tables pour entretenir le folklore. Elle fut pourtant à l'origine du succès du chianti et servait à protéger les bouteilles lors du transport. Cet emballage a quasiment disparu au profit des bouteilles « bordelaises », plus sérieuses. Sachez d'ailleurs que la plupart des housses de paille sont aujourd'hui importées des Philippines !

Un autre vin rouge fait la renommée de la Toscane : le ***nobile di Montepulciano.*** C'est un vin de garde plutôt généreux en bouche, souvent très puissant. Privilégier la *riserva* (3 ans de vieillissement)...

Le troisième « vin star » toscan est certainement le ***brunello di Montalcino.*** Il s'agit d'une véritable petite merveille... C'est un vin de grande garde, qui peut vieillir sans problème 25 ans avant d'atteindre son acmé. La *riserva* ne peut être vendue avant 5 ans. Un minimum, car ce vin exige beaucoup de patience... Le *brunello,* d'un prix élevé, est dur et tannique. Très complexe, il ne déçoit qu'exceptionnellement.

D'autres appellations ont droit au titre honorifique de DOCG, comme le ***Morellino di Scansano*** et le ***Montuccio Sangiovese,*** deux appellations de Maremme qui se distinguent par des vins fruités moins puissants que les traditionnels toscans, ou encore le ***Val di Cornia Rosso*** et le ***Suvereto,*** produits sur la côte tyrrhénienne. Enfin, le ***carmignano,*** tout petit vignoble d'à peine 120 ha à l'ouest de Florence, produit un excellent rouge nettement moins cher que les précédents ; et le ***vernaccia di San Gimignano,*** un vin blanc généralement sec. Très doux, il peut être légèrement poivré. Vous aurez plus de chance de le rencontrer sur l'autel de l'église du coin que dans votre verre ! À l'origine, il s'agit en effet d'un vin de messe.

Un voyage en Toscane est l'occasion idéale de tester par ailleurs certains vins de pays. Ceux qui découvriront un ***tignanello*** (Antinori), un ***ornellaia*** (Tenuta dell'Ornellaia) ou un ***sassicaia*** (Tenuta San Guido) ne jugeront plus de haut le vin italien...

Chianti : la légende du Coq noir

Au Palazzo Vecchio de Florence, sur les panneaux du plafond du salon des Cinquecento, on peut admirer une peinture de Vasari représentant un coq noir *(gallo nero).* Une évocation qui rappelle l'époque où Florence et Sienne n'arrêtaient pas de se battre pour agrandir leur territoire. Un jour, la sagesse l'emporta : au lieu de continuer ces luttes meurtrières, les deux villes misèrent le sort des conquêtes sur deux coqs. Au chant du coq choisi par chaque cité, un cavalier devait partir en direction de l'autre ville et le point de rencontre déterminerait la frontière. Sienne la magnifique se devait d'avoir le plus beau coq. On choisit un superbe coq blanc qui fut bichonné et nourri comme... un coq en pâte ! Florence, ville naissante et pauvre, n'avait qu'un coq noir et maigre qu'il lui fut difficile d'entretenir. Le jour J, le pauvre coq florentin se mit à chanter tant il avait faim, alors que l'aurore n'était pas encore levée, pendant que son alter ego faisait la grasse matinée. C'est, paraît-il, la raison pour laquelle le territoire de Florence est bien plus étendu que celui de Sienne. Depuis, le coq noir est l'emblème des caves de certains chiantis, dont celles du *Consorzio del Gallo Nero.* L'estampille « Gallo Nero » est désormais le label du *chianti classico.*

***Le* vin santo *et la* grappa**

Un peu partout en Toscane vous sera proposé, en guise de dessert, un verre de ***vin santo*** accompagné des *biscotti di Prato (cantuccini),* qu'il faut tremper dans cet élixir suave. Celui-ci s'obtient par la vinification de raisins séchés à l'ombre après avoir été suspendus aux poutres des greniers. D'une couleur ambre foncé, doré, le « vin pour les saints » (à l'origine consommé par les prêtres) séduit par sa douceur qui compense une forte teneur en alcool. Il accompagne aussi très bien un assortiment de *crostini.*

La ***grappa*** est le nom italien du marc... donc de l'eau-de-vie obtenue par la distillation du marc de raisin. Sa teneur en alcool avoisine les 45° et elle n'est donc pas à conseiller aux plus inexpérimentés ! La grappa n'est pas toujours médiocre, contrairement à certaines idées reçues. Que les sceptiques trempent leurs lèvres dans la *grappa de brunello di montalcino* pour réviser leur jugement ! Cet alcool se retrouve un peu partout en Italie... y compris dans votre café (il s'agit alors d'un *caffè corretto*).

Le café

Tout le monde connaît l'incontournable *espresso,* mais rares sont les Italiens qui le demandent tel quel. En effet, certains le souhaitent *ristretto* (serré), ou au contraire *lungo* (préciser *una tazza grande,* ça fait toujours une gorgée de plus). D'autres le veulent *al vetro* (dans un verre), *doppio* (double), ou bien *macchiato* (« taché » d'une goutte de lait froid, tiède ou chaud). Le café au lait se demande : *caffè latte, latte macchiato.* À ne pas confondre avec le fameux cappuccino, *espresso* coiffé de mousse de lait et saupoudré, si on le demande, d'une pincée de poudre de cacao. Sublime quand il est bien préparé ! À moins que vous ne préfériez le *caffè corretto,* c'est-à-dire « corrigé » d'une petite liqueur ou eau-de-vie. Souvent servi avec un petit verre d'eau plate ou *frizzante* (gazeuse). Mieux vaut le boire debout au comptoir, à l'italienne... Car assis, vous le paierez bien plus cher !

L'eau

L'eau du robinet est potable, mais son goût médiocre fait qu'elle n'est jamais servie dans les restaurants, où l'on vous facture systématiquement de l'eau minérale. Précisez *naturale* si vous souhaitez de l'eau plate, *frizzante* ou *gassata* pour de l'eau gazeuse. Si vous tenez vraiment à l'eau du robinet, demandez *acqua del rubinetto,* mais c'est plutôt mal vu, et on vous catalogue illico touriste radin !

En été, des fontaines d'eau fraîche gratuites sont mises à la disposition des touristes. On les trouve sur la piazza della Signoria, piazza del Duomo, piazza Santa Croce ou encore piazza Tasso dans le quartier San Frediano, dans l'Oltrarno.

CINÉMA

La Toscane offre un cadre privilégié pour les tournages de films en raison de l'exceptionnelle beauté de ses paysages, et de Florence dans une mesure encore plus grande. Figure de la région, ***Franco Zeffirelli,*** né à Florence, est premier assistant de Visconti au début des années 1950 et réalisateur de nombreux films comme *Jésus de Nazareth, Un thé avec Mussolini* ou *Callas Forever.* Passionné par Shakespeare, il réalise *La Mégère apprivoisée* avec Elizabeth Taylor et Richard Burton (1967), *Roméo et Juliette* (1968) et, bien plus tard, en 1990, *Hamlet,* avec Mel Gibson et Glenn Close. Il s'attaque aussi à l'opéra en adaptant pour le grand écran *La Traviata.*

PAPARAZZO

En 1959, Fellini sort son chef-d'œuvre, La Dolce Vita, *avec Marcello Mastroianni. On y raconte les tribulations d'un photographe pour vedettes, plutôt sans foi ni loi. Dans le film, il s'appelle Paparazzo. Ce qui donne, au pluriel, paparazzi. Ce nom propre deviendra vite un nom commun.*

Paolo et Vittorio Taviani, eux, sont nés dans le village de San Miniato, dans la province de Pise. Leur premier documentaire sera d'ailleurs consacré au massacre perpétré par les nazis dans la cathédrale de ce village, avant de tourner, en 1982, *La Nuit de San Lorenzo* au même endroit. Ensuite se dérouleront plusieurs autres fictions en Toscane : à Florence et à Pise *(Les Affinités électives, Good Morning Babilonia),* à San Gimigniano *(Le Pré)...*

Auteur de nombreux films, essentiellement comiques, sur le thème de la critique sociale, ***Mario Monicelli*** a tourné *Mes chers amis,* avec Philippe Noiret et Ugo Tognazzi, à Florence, et *Pourvu que ce soit une fille,* dans la campagne siennoise. C'est également à Florence que se déroule l'action de *Metello* et de *La Viaccia* (*Le Mauvais Chemin,* avec Belmondo et la belle Claudia Cardinale) de ***Mauro Bolognini*** (réalisateur des *Garçons,* avec Laurent Terzieff et Jean-Claude Brialy). Comédies « à l'italienne » également avec ***Luigi Comencini,*** qui fit un triomphe avec *Pain, Amour et Fantaisie.* Il abandonna ensuite le genre pour se consacrer à des films plus « sérieux », dont *La Ragazza,* film psychologique et historique qui recrée l'atmosphère de l'après-guerre en Toscane. C'est également l'endroit que choisit ***Bernardo Bertolucci*** en 1996 pour *Beauté volée* avec Liv Tyler, l'histoire d'une jeune Américaine qui va émoustiller les sens quelque peu endormis d'un groupe d'artistes locaux. Et encore, comment ne pas oublier les scènes magnifiquement interprétées par ***Roberto Benigni*** à Arezzo dans *La vie est belle* ?

Mais la région a aussi inspiré des réalisateurs du monde entier, dont James Ivory *(Chambre avec vue),* Ridley Scott *(Hannibal),* Brian de Palma *(Obsession),* pour ce qui est de la ville de Florence, ou encore Marco Tullio Giordana *(Nos meilleures années),* qui retrace la grande crue de Florence en 1966. Également Kenneth Branagh, qui a tourné le magnifique *Beaucoup de bruit pour rien* dans la région du Chianti, ou Jane Campion, dont le *Portrait de femmes* (avec Nicole Kidman) est situé à Lucques, sans oublier Anthony Minghella, qui a fait de nombreuses prises à Pienza pour *Le Patient anglais,* ou encore Ridley Scott pour *Gladiator.* Et puis, si on remonte dans le temps, Gérard Oury a filmé beaucoup de scènes du *Corniaud* à Pise et dans sa région.

CUISINE

Caffè ? Trattoria ? Enoteca ? Ristorante ? Où manger ? Comment s'y retrouver ?

– ***Rosticceria :*** correspond au traiteur français. Vend des plats à emporter avec parfois quelques tables et chaises pour soulager les jambes fatiguées.

– ***Alimentari :*** épicerie disposant d'une vitrine réfrigérée regorgeant de bons produits, et pouvant vous confectionner un délicieux sandwich pour quelques euros.
– ***Tavola calda :*** sorte de cantine où l'on sert une restauration rapide, offrant un nombre assez limité de plats déjà cuisinés à un prix très abordable.
– ***Pizzeria :*** les vraies *pizzerie* possèdent un four à bois, qui n'est généralement allumé que le soir. Également de bonnes pizzas dans certaines boulangeries *(panificio),* vendues à la part.
– ***Trattoria :*** c'est un restaurant à gestion familiale, l'équivalent du bistrot français proposant une cuisine *casalinga*. Choix restreint de plats censé garantir une plus grande fraîcheur de la cuisine.
– ***Osteria :*** à l'origine, endroit modeste où on allait pour boire et qui proposait un ou deux plats pour mettre un peu de solide dans le liquide... L'appellation a été reprise par des restaurateurs (transformée parfois en « *hosteria* » pour faire plus chic !) pour donner un goût d'antan tout en appliquant des tarifs moins modiques... On la compare à nos brasseries.
– ***Ristorante :*** resto gastronomique. Dans cette catégorie, on trouve tout et son contraire, surtout la note salée en fin de repas. Attention à ne pas vous laisser appâter par la déco guindée, par la terrasse avec vue plongeante ou par les serveurs rabatteurs.
– ***Caffè :*** les Italiens consomment plutôt debout au comptoir après avoir acquitté le montant (bien moins cher qu'en France) de leur boisson à la caisse à l'entrée. On économise ainsi le service. À table, le prix de la consommation est largement majoré !
– **Enoteca** *(bar à vins)* **:** on y mange et on y boit ! Les œnothèques s'enorgueillissent d'une riche sélection de vins, servis au verre ou à la bouteille, ainsi que d'un excellent choix de fromages et de charcuteries. Certaines se révèlent de véritables restos. D'autres accueillent les œnophiles à l'heure de l'apéro, pour grignoter au comptoir, un ballon à la main. C'est vraiment le meilleur moyen de découvrir les vins de la région.

Et l'*aperitivo* ?

Originaire de l'Italie du Nord, c'est une formule magique pour marier tous les plaisirs à moindres frais ! À l'heure fatidique de l'*aperitivo,* certains établissements proposent ainsi un buffet de petits plats typiques accessibles dès le premier verre payé. *Spritz* ou verre de vin, qu'importe le flacon. Très convivial, nourrissant et nettement meilleur qu'un bol de cacahuètes ; bref, une formule qui a du succès !

Marchés alimentaires

Véritable institution dans les villes et villages italiens, le *mercato* a lieu une à plusieurs fois par semaine. On y trouve les excellents produits du terroir local : charcuterie, fromages, vins, huile d'olive, miel, fruits, légumes, etc., mais aussi des petits traiteurs qui étalent d'alléchants *antipasti.* Idéal pour se constituer un excellent pique-nique à prix juste, ou rapporter chez vous quelques souvenirs gourmands. Nous indiquons donc le plus souvent possible les jours de marché.

Les spécialités florentines

La cuisine est simple mais variée. Sobre, rigoureuse, voire sévère, elle n'est pas sans faire penser aux Toscans eux-mêmes. Elle est, en fait, le pur produit de leur caractère. Des influences étrusques seraient toujours visibles. Au moment de la Renaissance, la cuisine florentine s'est enrichie de produits étrangers provenant d'Amérique, à commencer par la tomate... devenue incontournable.

POURQUOI « TOMATE » SE TRADUIT PAR *POMODORO* ?

Les grands navigateurs découvrirent la tomate chez les Aztèques, au Mexique. Elle avait bien la forme d'une pomme et valait le prix de l'or parce qu'elle était particulièrement difficile à conserver. D'où son nom en italien.

Les anciennes recettes florentines se retrouvent dans la *ribollita,* la *pappa al pomodoro,* la *bistecca...* Des plats remis à l'honneur au cours des fêtes et chez les restaurateurs désireux de partir à la redécouverte du passé gastronomique de leurs régions, sous la poussée du mouvement *Slow Food* (voir plus loin la rubrique « Le succès du *slow food* »). De plus en plus, on peut voir aussi afficher sur les menus la mention « locavore », qui consiste à faire travailler les petits producteurs locaux de la région. Comme en France et dans de nombreux pays, désormais.
On trouve également encore à Florence, au coin d'une rue, quelques tripiers venus s'installer avec leur camionnette de fortune pendant les pauses-déjeuner... du côté de la piazza Sant'Ambrogio, de la via Cimatori, de la piazza Romana. Si vous êtes curieux, allez donc faire un tour au marché San Lorenzo vers 8h, vous verrez que certains sont déjà attablés avec un sandwich aux abats... Rien ne vous empêche de goûter ces tripes délicieuses plus tard en soirée, avec un verre de vin de pays, c'est plus facile à faire passer.

Antipasti

– ***Les crostini :*** tartines légèrement grillées, garnies en principe de pâté de foie de volaille ou de légumes, mais en réalité on en trouve de toutes sortes en fonction de l'inspiration du cuisinier. Elles sont servies partout comme entrée.
– ***La bruschetta :*** tranche de pain grillée frottée d'ail, recouverte d'huile, de tomates coupées en petits morceaux et d'un peu de basilic. Sa version régionale ? La *fett'unta.* Simple et délicieux.
– ***La charcuterie :*** *lardo di colonnata.* À l'origine, le *lardo di colonnata* était la nourriture des pauvres tailleurs de pierre de la région de Carrare (nord de la Toscane). Il se mange sur des morceaux de pain grillé. Délicat, il tire son nom de sa blancheur marmoréenne et de ses veines rosées qui évoquent des colonnes de marbre. À savourer également : le *finocchiona,* un saucisson aromatisé de graines de fenouil sauvage, et divers *prosciutti* (jambons)...

I primi

– Ici, un peu moins qu'ailleurs cependant, la ***pasta*** occupe une place de choix. On trouve souvent des *tagliolini al tartufo* (fines tagliatelles aux truffes) ou les *spaghetti al ragù* (avec une sauce à la viande). Les *pappardelle al sugo di lepre* (avec une sauce au lièvre) sont une petite merveille qui ne demande pas moins de 2h30 de préparation.
– Le ***risotto toscano*** est préparé avec du foie de poulet, de l'oignon, de l'ail, du persil et du céleri.
– ***Les minestre e zuppe :*** la variété et le charme de la cuisine toscane passent également par de nombreux et délicieux potages et autres soupes. La ***ribollita*** est avant tout une soupe épaisse faite à base de légumes dont le *cavolo nero* (chou noir). On y trouve aussi du pain, qui est le seul ingrédient nutritif et tenant un peu au corps. Ce plat est emblématique d'une certaine cuisine diététique : on choisira du pain toscan rassis et sans sel pour ne pas dénaturer le goût. Son nom originel est *minestra di pane.* Le nouveau nom, *ribollita,* tient au fait que la soupe est cuisinée pour quelques jours et qu'à partir du deuxième elle est réchauffée et rebouillie. Et, bien sûr, le plat du second jour n'a rien à voir avec le plat du premier jour.

UNE TAXE BIEN SALÉE

Au Moyen Âge, les Florentins se sont révoltés face à la hausse des taxes. Pour calmer les habitants, les autorités de la ville ont simplement cessé de faire payer la gabelle, l'impôt sur le sel. En résulte une conséquence encore bien présente de nos jours puisque le pain toscan est rarement salé.

– À noter, d'autres ***soupes*** : l'*acquacotta* (bouillon agrémenté de coulis de tomates, cèpes, ail, persil, servi avec des tranches de pain huilé), les *minestre di farro* (épeautre),

di ceci (pois chiches), *di fagioli* (haricots), *di cavolo nero con le fette* (chou noir avec pain), et la *zuppa di vongole* (aux palourdes, donc servie sur la côte seulement).
– ***La pappa al pomodoro :*** soupe à la tomate et aux croûtons. Un des incontournables de la cuisine toscane, au même titre que la *ribollita.* Une version moins liquide, la ***panzanella,*** une salade au pain avec les indéboulonnables tomates et huile d'olive.

I secondi

– ***La bistecca :*** c'est une viande de grande qualité provenant d'un élevage bovin du val di Chiana (région au sud d'Arezzo). Cette tranche de bœuf épaisse, comprenant l'aloyau et le filet, se cuisine à la braise et se consomme saignante voire bleue. Une merveille mais un peu ruineuse. Compter entre 300 et 500 g par personne.
– ***Les viandes de gibier :*** le lièvre est cuisiné avec les fameuses *pappardelle al sugo di lepre* ou à l'aigre-doux *(lepre in dolceforte).* Le sanglier et le lapin « façon chasseur » *(coniglio alla cacciatora)* sont aussi appréciés des carnivores.
– ***Les abats :*** la *trippa fiorentina,* le *lampredotto* ou encore la *zampa alla parmigiana* témoignent du goût des Toscans pour les abats. Certains tripiers ambulants ont encore leurs stands dans certains quartiers de la ville (voir plus haut).
– Le ***poulet*** *(pollo)* n'est pas oublié non plus : le *pollo alla toscana,* le *pollo alla diavola* (à la diable) ou le *collo di pollo ripieno* sont des recettes à base de poulet.
– ***Des fritures*** *(cervelli e carciofi fritti, pollo e coniglio fritto).*
– ***Le poisson :*** on rencontre des spécialités de poisson principalement sur la côte, comme le *cacciucco alla livornese* (sorte de bouillabaisse), la *baccalà* (morue) *alla livornese,* la *baccalà con i ceci,* les *calamari in zimino* ou bien encore le *tonno e fagioli.*

I contorni *(les légumes)*

Sachez que, lorsque vous commandez un plat de viande ou de poisson, il n'est jamais accompagné de légumes. Ceux-ci se demandent séparément (et en supplément) si vous en désirez.
– Les ***fagioli*** (haricots) constituent la véritable viande des pauvres *(carne dei poveri).* On les utilise pour enrichir les soupes et potages ou en guise de *contorni* pour accompagner les viandes (la *bistecca* notamment) et le gibier. Les plus fréquents dans le coin portent le nom de *cannellini* (à ne pas confondre avec... les *cannelloni*). Petits et blancs, ils n'ont rien à voir avec les *fagiolini di Sant'Anna,* qui ne manqueront pas de vous impressionner par leur longueur.
– En dehors des *fagioli,* vous rencontrerez les *patate in umido* (pommes vapeur), le fameux *cavolo nero* (chou noir), les *funghi porcini* (cèpes) et quantité d'autres légumes.

Les fromages

– C'est surtout le ***pecorino*** qui sort du lot dans cette région et qui se décline de multiples façons selon sa provenance régionale : *siciliano, romano, sardo...* et (évidemment !) *toscano.* Ce dernier a longtemps été le seul à garnir la table du peuple. Plus qu'un simple fromage, le *pecorino* était aussi la « viande » des pauvres. On le produit dans différentes zones de Toscane. Le secret du *pecorino* est dans les herbes savoureuses et parfumées de Toscane qui donnent au lait son goût inimitable, et dans le choix des races de brebis.
Il peut être consommé frais *(fresco)* ou affiné (*semi stagionato* ou *stagionato*). On trouve parfois aussi du *pecorino con le pere* (poire), à l'automne, ou *con i baccelli* (fèves), au printemps.

I dolci *(desserts)*

Les spécialités de desserts sont liées aux saisons ou à un événement précis : la *schiacciata con l'uva* (pain garni de raisins que l'on trouve uniquement en période de vendanges) ou bien encore la *schiacciata alla fiorentina* (sorte de pain plat aromatisé aux agrumes ; c'est un mets typique du carnaval).

– ***Le bugie :*** beignet frit saupoudré de sucre, qu'on prépare surtout au moment du carnaval.
– ***Le zuccotto :*** spécialité de Florence à base de chocolat et de fruits confits.
– ***Le castagnaccio :*** mélange de farine de châtaigne cuisiné dans un four et agrémenté de pignons, d'huile, de romarin et de raisins secs.
– ***La colomba :*** brioche aux fruits confits et amandes en forme de colombe, qu'on mange traditionnellement à Pâques.
– ***Le panforte :*** spécialité de Sienne. Riche d'épices, de fruits confits et d'amandes. Consommé à Noël, on en trouve désormais toute l'année en Toscane.
– Les ***biscotti di Prato*** (ou *cantuccini*) sont des biscuits secs parfumés aux amandes que l'on trempe dans un verre de *vin santo.*

Les *gelati* (glaces)

On sait que la glace existait déjà en Chine et au Moyen-Orient bien avant notre ère : des glaces fruitées étaient servies aux banquets d'Alexandre le Grand. Les khalifes de Bagdad adoraient déguster des fruits mélangés à de la neige, appelant ce mélange *sharbet,* qui signifie « glaçon fruité » en arabe. C'est Marco Polo qui aurait rapporté cette trouvaille en Italie, et sa consommation se serait développée à la cour des Médicis à Florence sous le nom de *sorbetti,* grâce au bien nommé Bernardo Buontalenti.

L'huile d'olive

La réputation de l'huile, due à sa fragrance et à son onctuosité, est exceptionnelle. Les oliviers reçoivent les mêmes attentions et les mêmes soins que les pieds de vigne. Comme pour le vin, il y a des crus, et les goûteurs d'huile doivent avoir les mêmes compétences que les œnologues. Il y a également différentes qualités dans la même variété. Celles-ci dépendent du sol des plantations, de leur exposition et du type de presse utilisée pour l'extraction. Les meilleures huiles se font avec des olives noires, écrasées avec des presses de pierre, mais celles-ci sont de plus en plus rares. Actuellement, les presses automatiques en acier sont naturellement les plus utilisées. L'huile la plus recherchée est celle de première pression à froid, elle a pour nom *Extra Vergine.* Elle a moins de 1 % d'acidité. Viennent ensuite les huiles de deuxième pression à froid ou à chaud ; elles ont pour nom *Sopra Vergine* et *Fina Vergine.* Dans toute la région du Chianti, de nombreuses *aziende agricole* produisent leurs propres huiles. Elles se valent toutes et sont vraiment excellentes.

La pizza

Les bonnes pizzas sont cuites au feu de bois uniquement et préparées par un pizzaiolo, responsable de la fabrication de la pâte (les meilleures lèvent jusqu'à une trentaine d'heures), de sa cuisson et de ses ingrédients. Tout un art !

PIZZA ROYALE !

C'est en l'honneur de la reine Marguerite de Savoie, femme d'Umbert Ier (fin XIXe s), que l'on prépara, lors d'une réception, une pizza spéciale. Sans ail, évidemment, rapport à l'haleine ! On décida alors de rendre hommage à la nation nouvellement unifiée en évoquant le drapeau italien : tomate pour le rouge, mozzarella pour le blanc et basilic pour le vert. La Margherita était née.

La *pasta* et basta !

L'Antiquité nous fournit bon nombre de preuves, comme le bas-relief de Cerveteri (célèbre nécropole étrusque au nord de Rome) représentant différents instruments nécessaires à la transformation de la *sfoglia* en tagliatelles. Ou encore le livre de cuisine d'Apicius, où nous retrouvons l'ancêtre de la lasagne, la *patina.*
Au travers de ces témoignages étrusques et romains, les Italiens pourraient revendiquer la paternité de la *pasta.* Mais cet italianisme n'est pas si incontestable que

cela. La Sicile arabe (IXe-XIe s) n'est pas pour rien, en effet, dans l'introduction de la *pasta secca* en Italie, les Arabes semblant avoir inventé la technique de séchage pour se garantir des provisions lors de leurs déplacements dans le désert. Le savoir-faire aurait ensuite rayonné à travers l'Italie.

Pâtes et sauce tomate : une grande histoire d'amour

Pendant des siècles, les pâtes furent l'apanage des tables royales et aristocratiques. Il fallut attendre l'invention des pâtes sèches pour qu'elles se démocratisent et passent au rang d'aliment populaire. Sain, simple et nourrissant, le plat de pâtes mit néanmoins du temps à conquérir son public. C'est seulement à la fin du XVIIIe s, quand on eut l'idée d'associer pâtes et tomate, que les pâtes connurent le succès. Il faut dire que l'alchimie est parfaite. La magie de la sauce tomate, c'est qu'elle est la seule à s'accorder à toutes les pâtes, longues ou courtes, lisses ou striées, plates ou tarabiscotées.

Les pâtes courtes

Il en existe une grande variété, surtout depuis l'invention des pâtes sèches industrielles, les machines permettant toutes sortes de fantaisies.
Outre les *fusilli* (originaires de Campanie) et les *farfalle* (originaires de Bologne), on trouve surtout dans nos assiettes des pâtes traditionnelles : *penne, maccheroni, tortiglioni, giganti, bombardoni...* (à noter que les *penne rigate* représentent à elles seules près du quart du marché des pâtes sèches, juste derrière les spaghettis).

Les spaghetti, ou pâtes longues

Cette forme de pâtes se mange depuis belle lurette dans toute l'Italie. Garibaldi et sa fameuse expédition des Mille en 1860 n'y seraient pas pour rien. Remontant du Sud vers le Nord, il aurait en effet fortement contribué à la généralisation des pâtes sèches, et des *spaghetti* en particulier. *Unità per la pasta !*

SPAGHETTI ALLA PUTTANESCA

Cette sauce composée d'ail, de piment, de câpres, de tomates et d'anchois au sel est plutôt relevée. On dit que ce plat permettait aux prostituées de le préparer rapidement, entre deux clients.

– Les larges et plates : comme les *lasagnette,* les *fettucine,* les *tagliatelle...* À utiliser de préférence avec des sauces au beurre, à la crème, au coulis de courgettes, de poivrons, de tomates...
– Plus larges encore : les *parpadelle* (très populaires à Florence) jusqu'aux *lasagne* (que l'on fait cuire au four).
– Les longues et fines : comme les *linguine,* les *linguinette,* les *fettucelle* et bien sûr les *spaghetti...* Elles raffolent des sauces à base d'huile mais sont finalement assez polyvalentes...
– Les ultrafines : les *vermicelli, capelletti* (dites également *capellini,* c'est-à-dire « fins cheveux »), *capelli d'angelo* (cheveux d'ange), que l'on utilise principalement en soupe et en bouillon.
– Les *bigoli* ou les *bucatini* sont des pâtes bâtardes, à la fois spaghettis creux et macaronis longs. On les réserve volontiers aux sauces à la viande. Les plus gros sont les *ziti.*

Le succès du *slow food*

De nombreux restaurants florentins affichent l'autocollant *slow food* (reconnaissable au symbole du petit escargot). Ce mouvement culinaire (« écogastronomique » pour être plus précis), né en Italie en 1989 (le siège de l'association se trouve à Bra, dans le Piémont), défend les valeurs de la cuisine traditionnelle, particulièrement celles des petites *trattorie* du terroir. Il était grand temps de sauvegarder les bons produits du terroir et les plats de tradition.

Le retour du bien-manger et la volonté de préserver la biodiversité sont apolitiques. Le *slow food* n'est pas contre la modernisation à condition qu'elle soit au service du goût. L'idée, c'est aussi de respecter la nature et d'attendre la bonne saison pour apprécier un légume ou un fruit. À quoi cela sert-il de manger une fraise (insipide) en décembre ?
La carte est souvent remplacée par l'ardoise, et, surtout, on prend le temps de manger... et d'apprécier. Les restaurants *slow food* (on en sélectionne certains) ne sont pas forcément bon marché car ils privilégient justement la cuisine dite « du marché ». Attention cependant, un resto *slow food* n'est pas une assurance de qualité, car on peut avoir de bons produits et ne pas savoir les cuisiner ; mais n'ayez pas trop d'inquiétude, la plupart du temps, vous vous régalerez.
Si vous voulez plus de renseignements, vous pouvez vous rendre sur le site • *slowfood.com* •

Petit lexique culinaire

Bistecca alla fiorentina	Steak épais assaisonné de poivre et d'huile d'olive
Casalinga	Comme à la maison, « ménagère »
Contorno	Garniture de légumes
Fagioli	Haricots blancs
Fagiolini	Haricots verts
Formaggio	Fromage
Funghi	Champignons
Gelato	Glace
Insalata	Salade
Pane	Pain
Pasticceria	Pâtisserie
Pesce	Poisson
Ragù	Sauce à la viande
Risotto	Riz cuisiné
Torta	Gâteau, tarte
Uovo	Œuf
Verdure	Légumes
Zucchero	Sucre
Zuppa	Soupe

CURIEUX, NON ?

– L'addition est traditionnellement majorée du ***pane e coperto*** (1-3 € par personne).
– Si vous voulez prendre un petit café au comptoir comme de nombreux Italiens, il vous faudra d'abord payer avant de consommer.
– Vous passerez pour un touriste si vous commandez un cappuccino après 11h.
– La bouteille d'eau minérale est généralement apportée d'office sur la table, entraînant un supplément de 1 à 3 €.
– La *pasta* fait partie intégrante du repas, qu'on mange en *primi,* avant le plat principal.
– Les Italiens ont l'habitude le matin de se contenter d'un café et d'un croissant sur le zinc au lieu d'un copieux petit déjeuner.
– N'oubliez pas la petite pièce de 10 centimes d'euro (en guise de pourboire) quand vous avancez votre ticket sur le comptoir pour un *espresso* : sinon, l'attente risque d'être longue.
– Dans les églises, les sacristains sont souvent remplacés par des tirelires électriques (en général 1 €) pour éclairer les chefs-d'œuvre sans forcer la main.

– Dans tous les hôtels, un cordon – signalé par un discret panneau – pend le long du mur de la douche ou de la baignoire. C'est un dispositif de sécurité imposé par la loi, en cas de malaise : une traction déclenche une sonnerie à la réception. Mais vu le nombre de clients qui pensent que c'est le cordon de la ventilation, voire une corde à linge... il est plutôt rare que quelqu'un prenne la peine de se déplacer.

– La ***sieste (il pisolino)*** fait partie des traditions italiennes depuis l'Antiquité (particulièrement dans le sud du pays). En été surtout, la ville s'endort après le déjeuner. Les boutiques ferment, la circulation ralentit et les travailleurs de la sixième heure (sieste vient de *sexta hora*) sont l'exception. Le plus sage, après tout, pour le visiteur, serait de suivre ce rythme réputé reconstituant pour l'esprit et le corps. Cette coutume a cependant tendance à disparaître.

> **LA *FRENCH TOUCH***
>
> *Un proverbe italien prétend que « Quand vient l'heure de la sieste, seuls les chiens et les Français se promènent. » À méditer...*

– ***La passegiata :*** l'une des images les plus évocatrices est sans nul doute cette coutume venue du Sud. La *passeggiata* (littéralement « la promenade ») est le petit tour que font bras dessus, bras dessous les Italiens en fin de journée, juste avant le coucher du soleil. C'est également le moment de la journée où la queue devant les glaciers s'allonge à vue d'œil.

HISTOIRE

Histoire vraie ou légende ?

108 ans après le Déluge, Noé naviguant sur le Tibre découvrit la vallée de la Chiana. Il s'y plut, s'y installa, eut une descendance, et notamment un certain Crano, qui aurait fondé ***Cortona (Cortone)*** et un petit royaume appelé ***Turrenia.*** Ce serait la première appellation antique connue de la Toscane. Le roi Crano eut à son tour des descendants qui durent s'enfuir en Grèce, où ils fondèrent la ville de Troie. De retour en Turrenia, on les aurait surnommés Étrusques en souvenir de Troie... C'est une hypothèse.

Les Étrusques

Berceau de la civilisation étrusque, l'actuelle Toscane connut à partir du IIe millénaire av. J.-C. deux vagues successives d'envahisseurs. Les Indo-Européens vinrent en effet se mêler aux éléments méditerranéens indigènes (la population « villanovienne ») pour donner naissance à des peuples très diversifiés sur les plans culturel, linguistique et technique. Si les Phéniciens et les Grecs (775 av. J.-C.) eurent également un rôle civilisateur considérable, les premiers à tenter l'unification politique et culturelle de la péninsule italienne furent les Étrusques.

L'alphabet étrusque

L'écriture apparaît en Étrurie (Toscane actuelle) aux alentours de 700 av. J.-C., au moment où les contacts entre les Étrusques et les Grecs, qui sont arrêtés au sud de l'Italie, se font plus intenses.

Pour adapter l'alphabet grec aux exigences de leur langue, les Étrusques le modifièrent en procédant à des suppressions et des ajouts qui entraînèrent des variantes dans les différentes zones de l'Étrurie. Avec 13 000 inscriptions en langue étrusque, le vocabulaire était donc très pauvre. On a cru faire une découverte décisive avec l'apparition mystérieuse de la pierre de Cortone, une plaque de bronze sur laquelle sont gravées 40 lignes de texte qui correspondent à une sorte de contrat. Cependant, l'étude de ce texte n'a apporté qu'une maigre contribution aux études réalisées sur la langue étrusque.

Géopolitique étrusque

Les 12 cités étrusques (Cerveteri, Chiusi, Cortone, Orvieto, Pérouse, Populonia, Roselle, Tarquinia, Véies, Vetulonia, Volterra et Vulci) formaient le cœur de leur civilisation, qui n'avait pour équivalent que celles d'Athènes ou de Phénicie. Cette civilisation n'avait cessé de s'épanouir et d'essaimer son pouvoir depuis le nord de Ravenne jusqu'au sud du territoire romain pendant près de huit siècles (du XIe au IIIe s av. J.-C.). Elle s'appuyait sur de petites cités-États dirigées par des oligarchies familiales. Les 12 cités se jalousaient leur autonomie, et aucun commandement commun ne pouvait prendre la direction des affaires politiques et militaires. Leur seule force provenait de la mer. L'île d'Elbe accouchait chaque année de 10 000 t de minerai, transformé dans les hauts-fourneaux de Populonia par leurs esclaves. Les Grecs et les Phéniciens y accouraient et lestaient leurs navires pour ensuite transformer le matériau en armes. Le *monte Amiata* fournissait quant à lui du cuivre, de l'étain et du plomb argentifère.
De 616 à 509 av. J.-C., l'Étrurie domina Rome et lui donna même deux rois, dont Tarquin l'Ancien. L'alliance fonctionna à merveille avec Carthage, mais en 474 av. J.-C. ce furent les Syracusains qui sonnèrent le glas de l'Étrurie. Les Étrusques y perdirent la domination des routes commerciales. Comme la scène se passait à Cumes et que, depuis 509 av. J.-C., Rome n'était plus sous leur jurisprudence, ils furent acculés et ne purent communiquer avec leurs positions de Campanie. Les amis d'hier sont les ennemis d'aujourd'hui. Les Syracusains ne se bornèrent pas à leur flanquer une déculottée ; ils vinrent même jusque sur leurs terres chercher l'embrouille. Dans le même temps, les Étrusques virent également leurs territoires au nord menacés par les Gaulois. Le vaisseau des « Tusques » (sobriquet donné par les Romains) avait pris l'eau de toutes parts, et Rome eut désormais les coudées franches pour se jeter sur sa dépouille.

À la recherche de la civilisation étrusque...

Le Moyen Âge n'a pas été très riche en découvertes étrusques. Il fallut attendre le XVIe s, quasiment 1 000 ans après leur âge d'or, pour que les Étrusques sortent de l'ombre. Les Médicis, et notamment Laurent le Magnifique, figuraient parmi les premiers à s'y intéresser. Dans l'œuvre de Michel-Ange, pour ne citer que lui, de nombreuses références y font allusion, comme la *Pietà* de la cathédrale de Florence, où l'on repère un personnage qui a enfilé une tête de loup. Celui-ci est clairement inspiré des nombreuses fresques des nécropoles qui présentent le « Dieu du monde d'en bas » des Étrusques. Mais le tournant des recherches apparaît à la fin du XVIIIe et au XIXe s. Ce sont les Anglais qui se passionnèrent pour l'étude de cette civilisation. Un noble, Thomas Coke, donna le *la,* et vers 1760, James Byres publia un ouvrage richement illustré ; un véritable manuel du parfait étruscologue. À la fin des guerres napoléoniennes, les premières aventurières anglo-saxonnes, des *ladies* de la haute, parcoururent la campagne toscane pour visiter les tombeaux et constater, déjà, la détérioration des nombreuses peintures. Plus tard, la guerre inventa la télédétection. À partir de photographies prises de montgolfière puis de clichés effectués en 1944, on constata des taches plus ou moins sombres révélant au sol la présence de tumulus.

L'Empire romain

Après la mort de César, le monde romain connut un moment de flottement avant qu'Octave (futur Auguste), le neveu de César, ne puisse s'imposer. Pour la première fois, toutes les terres bordant la Méditerranée appartenaient à un même ensemble politique. Octave, à qui le Sénat avait reconnu une autorité souveraine en lui décernant le titre d'*Augustus* le 16 janvier 27 av. J.-C., allait tenter d'en faire un État unifié et d'y instaurer un ordre nouveau. Il commença par garantir les frontières et réorganiser l'administration des provinces. La longueur de son règne (47 ans !) lui permit d'édifier, lentement mais sûrement, la nouvelle civilisation impériale (lui et ses successeurs prendront le titre d'*Imperator* comme prénom) qui tentait de concilier la satisfaction des besoins nouveaux et le respect de l'ancien patrimoine culturel romain.

Le « siècle d'Auguste » vit le triomphe de la littérature latine classique : Virgile, Tibulle, Properce, Ovide et Tite-Live.

CHAUVE QUI PEUT !

César était très préoccupé par la perte de ses cheveux. Il fit voter par le Sénat une loi l'autorisant à porter en permanence une couronne de lauriers, pour cacher sa calvitie. Un attribut certes honorifique mais surtout pratique. Il ramenait sur son front les rares cheveux qui lui restaient à l'arrière. Sa copine Cléopâtre, qui était de mèche, lui préparait une décoction à base de graisse d'ours et de souris grillées. Bonjour l'odeur !

L'âge d'or de l'Empire romain et son déclin

L'apogée de l'Empire romain se situe autour du règne des empereurs de la dynastie des Antonins : Nerva, Trajan, Hadrien, Antonin et Marc Aurèle, période qui va de l'an 96 à l'an 192.

En 180, le fils de Marc Aurèle, Commode – qui ne l'était pas du tout –, se tourna vers un régime absolutiste et théocratique. On assassinait beaucoup dans l'Empire romain à cette époque, et être empereur était presque une garantie de ne pas mourir dans son lit. Sous Marc Aurèle, les Barbares s'agitaient aux limites de l'Empire (Orient et Germanie), et certaines garnisons commençaient à devenir nerveuses, allant parfois jusqu'à se soulever. À partir des années 230, l'Empire romain subit un assaut généralisé de la part des Barbares. À plusieurs reprises, Alamans, Francs, Goths et Perses ravagèrent les provinces. Pourtant, l'Empire se maintint, tant son organisation était solide. Ainsi, avec Aurélien et les autres empereurs illyriens (268-285), l'Empire sembla trouver un second souffle. Le dernier empereur, Dioclétien, marqua le siècle avec sa tétrarchie.

PRÊTER SERMENT

Dans l'Antiquité, on prêtait serment en posant la main droite non pas sur la Bible mais sur ses testicules. Voilà pourquoi les attributs masculins ont pour origine latine testis, *qui signifie « témoin ».*

Essor de la chrétienté

Le 25 juillet de l'an 306, Constantin Ier fut proclamé premier empereur chrétien par ses légions de Germanie. Au même moment à Rome, Maxence, porté par sa garde prétorienne, devenait lui aussi empereur ! Le choc final se produisit le 28 octobre 312, à la bataille du Pont-Milvius. Durant la bataille, Constantin aurait vu une croix dans le ciel avec les mots *In hoc signo vinces* (« Par ce signe tu vaincras »). C'est effectivement après cette bataille, dont il sortit vainqueur, que Constantin favorisa ouvertement la religion chrétienne par l'édit de Milan en 313. Le 20 mai 325, pour la première fois de son histoire, l'Église chrétienne triomphante

L'AURÉOLE DES SAINTS

Partout dans la chrétienté, l'auréole est le symbole des saints. Au départ, on apposait un disque métallique juste pour protéger la tête des statues de la chute de pierre ou de la tombée des eaux qui suintent des plafonds. Peu à peu, les fidèles ont cru que cette protection était l'attribut de la sainteté...

rassembla ouvertement et librement à Nicée tous les évêques de l'Empire romain en un concile œcuménique qui devait régler le délicat problème de la Sainte-Trinité. Peu de temps après avoir été baptisé, Constantin mourut en 337. Sa dépouille fut ensevelie dans l'église des Saints-Apôtres de Constantinople. À sa mort, Rome, qui n'était plus résidence impériale depuis 285, vit s'élever les premières basiliques chrétiennes grâce aux donations de l'empereur.

Où l'Église prend goût au pouvoir

Rome perd sa toute-puissance

Sous le règne d'Honorius, le 24 août 410, les Wisigoths, le roi Alaric à leur tête, pénétrèrent dans Rome. Honorius était alors dans sa résidence à Ravenne et refusa d'accorder à Alaric l'or et les dignités qu'il convoitait. En représailles, les Wisigoths pillèrent Rome. La chute de la ville, inviolée depuis plus de huit siècles, provoqua un énorme retentissement, faisant douter les païens de sa puissance. Huit ans plus tard, le roi Wallia obtint de l'Empire – ou plutôt de ce qu'il en restait ! – le droit d'installer ses Wisigoths en Aquitaine : c'était la première fois qu'un royaume barbare s'établissait sur le sol romain !
Puis ce fut au tour des Vandales, cousins germains – ou plutôt germaniques – des Wisigoths, après avoir pris Carthage en 439, de piller Rome en 455. Vinrent ensuite les Ostrogoths – les Goths de l'est du Dniepr –, qui, eux, occupèrent carrément toute l'Italie, la France méridionale jusqu'à Arles et les Balkans.

POLTRON

*À l'époque romaine, les peureux qui ne voulaient pas aller à l'armée se coupaient le pouce (*polex truncatus *signifie « pouce coupé »), ce qui les empêchait de manier les armes et donc de combattre, d'où le mot.*

Naissance des guelfes et gibelins

L'an 771 vit l'avènement de Charlemagne, qui finit par écraser les Lombards et conquérir toute la moitié nord de l'Italie (774). Le 25 décembre de l'an 800, il fut sacré empereur d'Occident par le pape Léon III. L'Empire carolingien s'étendait alors de la mer du Nord à l'Italie et de l'Atlantique (plus l'Èbre sous les Pyrénées) aux Carpates (Elbe et Danube). À la mort de Charlemagne, son fils Louis le Pieux hérita de l'Empire. Miné par les querelles intestines et par une incapacité à lutter contre les raids vikings, l'ensemble constitué par Charlemagne fut divisé en 843 entre ses trois petits-fils. En 1059, le pape Nicolas II décida que l'élection du souverain pontife serait soustraite à l'influence de l'empereur. Il s'ensuivit une longue lutte d'influence entre le Saint Empire romain germanique et le Saint-Siège. Elle n'aboutit qu'en 1122, avec le concile de Worms : le pouvoir spirituel est dévolu à la seule autorité religieuse ; le pouvoir temporel ne doit pas s'en mêler. En Bavière, les ducs se firent appeler les *Welfs* (d'où les « guelfes ») et défendirent leur bout de gras, bec et ongles, pour pouvoir s'installer dans la Ville éternelle (Rome). Mais les seigneurs de Souabe (les *Waiblingen,* d'où les « gibelins ») ne l'entendirent pas de cette oreille et voulurent eux aussi pouvoir influer sur la nomination du vicaire de Jésus-Christ. Le débat se transposa en Italie, puisque Barberousse avait un pied dans la péninsule et comptait bien mettre la main sur les possessions du pape et des Angevins.
En Toscane, donc, les partisans du pape et de Charles d'Anjou, les guelfes, s'opposèrent aux partisans de Barberousse, les gibelins. Sur le cours de l'Arno et dans les environs de Sienne, les cités s'organisèrent en minirépubliques indépendantes, gouvernées par une aristocratie « locale » tantôt guelfe, tantôt gibeline. C'est dans cet état d'esprit de rivalité, ponctué de raids punitifs, que s'épanouit la Renaissance.

L'âge d'or de la Toscane

Les compagnies commerciales de Florence, de Pise ou de Lucques jouissaient dans l'Europe médiévale d'une place primordiale. La région de Toscane était le cœur névralgique de l'économie de la péninsule italienne. Ses satellites étaient les foires de Champagne et du Lyonnais, les villes hanséatiques du nord de l'Europe, les comptoirs commerciaux de Londres et les îles de la Méditerranée. Ses ports : Gênes, Venise et Pise. Au XIIIe s, cette dernière connut un essor fantastique grâce aux industries drapières. Mais elle attira la jalousie de ses proches et, en 1284, sa flotte se fit littéralement damer le pion par les Génois. Du coup, Pise tomba dans la sphère d'influence de Florence qui concentra alors tous les pouvoirs. Le val d'Arno devint le Manhattan de l'Italie. La plupart des commerçants étaient des banquiers qui supportèrent l'industrie lainière naissante. L'une des plus grandes familles de l'époque, les Borromeo, provient de San Miniato, petite bourgade équidistante de Pise et de Florence. La victoire de Charles d'Anjou donna un coup de fouet au dynamisme naissant. Les hommes de Florence et de Sienne qui l'avaient soutenu eurent alors les coudées franches pour pouvoir s'imposer dans le domaine du commerce, de la banque, de la frappe de la monnaie, de l'assurance, de la poste, de l'information et du renseignement.
Florence était désormais le siège où convergeaient les commandes, les lettres de change, les chèques (qu'ils furent les premiers à adopter) ; l'Arno était bordé d'entrepôts. Tout ce qui était vendable était acheté. Les denrées alimentaires locales, comme l'huile et les vins, partaient à destination de l'Aragon, des pays du Nord et des côtes tunisiennes ; la soie, les produits tinctoriaux, le poivre provenaient de Chine et du Moyen-Orient et étaient redistribués dans l'ensemble de la chrétienté ; les métaux et les armes achetés en Pologne, en Scandinavie et à Londres étaient écoulés en petite quantité sur le chemin du retour ; les laines (sous forme de toison) d'Angleterre, du Pays basque ou de Bourgogne passaient dans les « petites mains » pisanes puis étaient réexportées. Cette puissance commerciale était tentaculaire. Ainsi, pour armer les troupes d'Édouard Ier et d'Édouard II, les Italiens prêtèrent-ils aux souverains 122 000 livres sterling gagées sur les mines d'argent du Devon. Tout le monde y trouvait son compte, les Italiens étaient exempts d'impôts et de droits de douane, et les souverains pouvaient concrétiser leurs ambitions de puissance.
Mais à la fin du XIVe et au début du XVe s, une conjonction de facteurs va amorcer leur déclin. La peste noire, tout d'abord, puis le lourd passif des rois de France incapables de rembourser leurs dettes de la guerre de Cent Ans. Enfin, la fermeture des routes commerciales orientales, à cause de la prise de Constantinople par les Turcs en 1453, fit chanceler l'édifice. Henri VIII, en mauvaise tenue avec le pape, et Louis XI bannirent les Italiens. Mais les causes externes chapeautaient une situation intérieure instable. Florence fut acculée.
Les Génois tentèrent tant bien que mal de résister en essayant de contourner l'Afrique pour trouver une route maritime directe et supplanter ainsi les routes de la soie, terrestres mais dangereuses. Parmi eux, le fils d'un tisserand, cabaretier à ses heures, s'embarqua sur un bâtiment en 1476 pour l'Angleterre. Peu après le détroit de Gibraltar, le navire sombra, attaqué par un corsaire à la solde du roi de France. Le jeune homme gagna à la nage (ou dériva ?) les côtes de la péninsule Ibérique. Il s'appelait Cristoforo Colombo...

La Renaissance (XVe-XVIe s)

La nouvelle pensée

Dès le XIIIe s, Florence devint une ville de grande tradition festive, laquelle se développa au moment du règne de Laurent le Magnifique. Plusieurs fois par an, et à chaque événement un peu extraordinaire, la ville se transformait en une sorte d'immense carnaval pendant lequel se déployaient la fantaisie, l'exotisme, la richesse et les déguisements les plus extravagants. Aux XIVe, XVe et XVIe s, elle fut, avec Venise, la seule république d'Italie, mais une république gouvernée seulement par les familles riches et influentes ! La richesse était bien mieux acceptée que la noblesse à Florence à cette époque. C'est pourquoi les Médicis, bourgeois issus du peuple, purent prendre le pouvoir et régner si longtemps. Ce fut aussi l'une des seules cités à accorder un rôle très important à la critique et à la discussion. On organisait même des concours publics où s'affrontaient les goûts, les styles et les idées !

FLORENTINER

La Renaissance née à Florence s'intéressait bien plus aux arts qu'à la guerre et la haine. C'était le règne de la tolérance. Les homosexuels vivaient leur sexualité sans être méprisés. D'ailleurs, avoir des relations avec des personnes du même sexe donna même un verbe : « Florentiner ».

L'archétype humain de la Renaissance, le génie universel complet de cette époque faste n'est autre que ***Léonard de Vinci*** (1452-1519), né près du village de Vinci, entre San Miniato et Pistoia. À la fois peintre, dessinateur, ingénieur, inventeur, humaniste... il est le symbole intellectuel et artistique de l'âge d'or de la Toscane.

Pas surprenant donc que ce soit à Florence que se manifestèrent les premiers signes révélateurs d'un changement d'état d'esprit dans tous les domaines.

En peinture, un des vecteurs majeurs de la nouvelle esthétique fut la mise au point des lois de la perspective. Les peintures de Pompéi (Ier s apr. J.-C.) – qui, de toute évidence, sont des copies de modèles grecs – comportaient déjà de véritables trompe-l'œil. La Renaissance remit à l'honneur l'idée de « profondeur de champ » et la développa selon des règles de perspective. En outre, par l'avènement d'une vision « naturaliste » du monde, les problèmes de volume et de relief aboutirent à une peinture « sculpturale ». Une véritable révolution, qui donna naissance dès 1390 au *Libro dell'arte* (« Livre de l'art ») de Cennino Cennini (d'où sortirent les admirables œuvres des Toscans Masaccio, Giotto – premier peintre naturaliste de l'histoire de l'art –, Leonardo da Vinci, Botticelli, Fra Angelico, Piero della Francesca...). L'apparition de la peinture à l'huile en Italie aux alentours de 1460 – telle que Van Eyck l'avait mise au point dans les Flandres – allait sérieusement influencer l'orientation de toute une génération de peintres habitués à la seule pratique de la fresque et de la détrempe.

En architecture, le grand traité *De re aedificatoria,* rédigé par Alberti, influença les Donatello et Brunelleschi, auteurs du Dôme de Florence.

En sculpture, Donatello et Ghiberti rompirent avec les conventions gothiques pour épouser un réalisme inspiré de l'Antiquité.

La littérature s'épanouit avec des poètes comme Pétrarque, le Pogge, Laurent de Médicis, et des narrateurs comme Dante et Boccace. Tous abandonnent le latin pour le toscan, langue jugée plus vivante et alerte.

En politique, l'art de gouverner fut réinventé et décrit en 1513 par le Florentin Niccolò Machiavelli (1469-1527) dans *Le Prince.*

L'unification de l'Italie

Du rêve à la réalité

Quand Napoléon se lança dans sa campagne d'Italie, le 11 avril 1796, il ne pouvait se douter qu'il serait à l'origine de l'émergence du sentiment nationaliste. Cette nouvelle occupation française dura jusqu'en 1814. Entre le Vatican et Napoléon, les relations n'étaient pas au mieux : le pape Pie VII refusait d'accorder l'annulation du mariage de Jérôme Bonaparte et Mlle Paterson ; de son côté, Napoléon voulait contrôler l'Église tant en France qu'en Italie.

Le traité de Paris, en 1814, rendit l'Italie aux Autrichiens, mais le mouvement nationaliste devint de plus en plus actif, et dès 1821 eurent lieu les premières insurrections, notamment à Turin. En 1825, un Génois, Mazzini, créa le Mouvement de la jeune Italie ; la conscience de faire partie d'une même nation était désormais dans le cœur de tous les Italiens. Même le pape Pie IX, fervent lecteur des philosophes, adhéra aux théories de Vincenzo Gioberti, prêtre philosophe et homme politique qui prôna l'idée d'une fédération... sous la direction du pape. Mais il fut aussi un sympathisant des idées de Mazzini qui, lui, souhaitait une république. En 1848, toutes les villes italiennes connurent une certaine agitation, et le roi de Piémont-Sardaigne, Charles-Albert Ier – qui, par ailleurs, n'avait aucune sympathie pour ces mouvements – déclara la guerre à l'Autriche. La cause italienne fut rapidement écrasée, même si Venise résista jusqu'en août 1849. De ces événements allait sortir la leçon suivante : peu importe la forme que prendrait une Italie unifiée, royaume, fédération ou république, l'essentiel était d'expulser d'abord les Autrichiens, et ça ne pourrait se faire qu'avec une aide extérieure.

Les acteurs de l'Unité

Camillo Benso Cavour créa en 1847 le journal *Il Risorgimento,* modéré mais libéral. Appelé à jouer des rôles ministériels sous le roi Charles-Albert et son successeur et fils Victor-Emmanuel II, il devint le véritable maître de la politique piémontaise. Il fonda une société dans laquelle un autre jeune homme allait très vite se distinguer dans cette marche vers l'indépendance : Garibaldi. Né en 1807, Giuseppe Garibaldi fut contraint de s'exiler au Brésil en raison de ses sympathies pour Mazzini. Après ce séjour aux Amériques, où il prit part à une insurrection brésilienne et combattit pour l'Uruguay, il revint en Italie, d'abord en 1848, échouant militairement, puis en 1854 au côté de Cavour. Et petit à petit se dessina la force qui allait renvoyer les Autrichiens de l'autre côté des Alpes.

LA CASTIGLIONE

On la surnommait « la plus belle femme du siècle ». Elle fut envoyée par Cavour, père-fondateur de l'Italie, pour séduire Napoléon III afin de le convaincre de favoriser l'unité italienne. Sitôt dit, sitôt fait. Elle devint la maîtresse de l'empereur à 18 ans (lui en avait 47 !). Napoléon III devint bizarrement un grand défenseur de l'unification de l'Italie.

Le 14 janvier 1858 se produisit un autre événement : la tentative d'assassinat de Napoléon III par Orsini. Avant d'être exécuté, Orsini écrivit à Napoléon III pour le supplier d'intervenir en faveur de l'unité italienne. Impressionné par la teneur de la lettre, l'empereur conclut un accord avec Cavour : la France fournirait 200 000 hommes pour aider à la libération, mais, en échange, le Piémont céderait la Savoie et le comté de Nice. Un peu réticent au début, Cavour réalisa plus tard la nécessité de ce sacrifice. En 1859, Garibaldi leva une armée de 5 000 chasseurs et vainquit les Autrichiens à Varese et à Brescia. L'année suivante, il s'empara de la Sicile et de Naples grâce aux Chemises rouges, une armée formée de volontaires internationaux. Élu député par la suite, Garibaldi – natif de Nice – ne tarda pas à entrer en conflit avec Cavour au sujet de la cession du comté de Nice aux Français, puis à propos du problème des États pontificaux.

Les premiers pas de l'Italie naissante

Victor-Emmanuel II fut proclamé roi d'Italie en mars 1861. Son royaume comprenait – outre le Piémont et la Lombardie – la Romagne, Parme, Modène, la Toscane, le royaume des Deux-Siciles, les Marches et l'Ombrie. Restait le problème de la Vénétie et de Rome, laissé en suspens avec la mort de Cavour. Victor-Emmanuel II prit la tête de l'armée italienne pour tenter de récupérer Venise. Ce fut un échec cuisant, mais, par un extraordinaire tour de passe-passe diplomatique (et la défaite

des Autrichiens à Sadowa contre les Prussiens), Venise fut remise aux mains de Napoléon, qui, à son tour, la céda aux représentants vénitiens !
Le 16 juillet 1870, Napoléon III eut la malencontreuse idée de déclarer la guerre aux Prussiens, et, le 3 septembre, la nouvelle de la chute de l'Empire français parvint en Italie. Les troupes pontificales baissèrent les armes devant les Italiens, et Rome rejoignit la jeune nation.

De 1870 à nos jours

L'entrée dans le XXe s

L'Italie connaissait alors de grosses difficultés : le fossé économique et culturel entre le Nord et le Sud continuait de se creuser, et 80 % de la population rurale était illettrée. Au début du XXe s, l'ouvrier italien était l'un des plus mal payés d'Europe et il travaillait plus qu'ailleurs, quand il pouvait travailler.
Avec l'unification, la croissance démographique connut son taux le plus haut. C'est aussi à ce moment que l'émigration fut la plus forte : entre 1876 et 1910, environ 11 millions de personnes émigrèrent, surtout vers les Amériques, enrichissant les pays d'accueil des particularismes italiens.

« L'Italie fasciste »

Au terme de la Grande Guerre, la paix rendit à l'Italie Trieste, le Trentin, le Haut-Adige et l'Istrie, mais l'après-guerre se vit accompagné de grèves et d'une succession de gouvernements, ce qui créa le terrain favorable à la montée du fascisme. Mussolini et ses Chemises noires donnèrent un temps l'illusion d'une prospérité qui profita surtout à la petite bourgeoisie. Engagé dans la conquête éthiopienne et rejeté par les démocraties occidentales, Mussolini finit par s'allier avec Hitler, après avoir été son plus fervent adversaire. Il fit notamment capoter la première tentative d'*Anschluss* (intégration de l'Autriche à l'Allemagne) en 1934, en massant ses chars à la frontière autrichienne. Beaucoup plus faible que son allié allemand, le régime fasciste italien rencontra au sein du pays une résistance ouverte dès 1941-1942. Littéralement occupée par les Allemands, l'Italie fut la première des forces de l'Axe à subir l'assaut des Anglais et des Américains. Et Mussolini fut exécuté par des partisans italiens en 1945.
Après la Seconde Guerre mondiale, l'Italie était dans une situation dramatique : usines, réseau de chemin de fer, villes, tout n'était que ruines.

QUAND MUSSOLINI VOULUT EXCOMMUNIER HITLER

Mussolini avait peur que le Führer envahisse les régions germanophones d'Italie du Nord. En 1938, il demanda au pape d'excommunier Hitler, qui était de religion catholique. Et puis les deux leaders fascistes se rencontrèrent à Rome. Peu après, ils signèrent le « Pacte d'acier » entraînant l'Italie dans la guerre.

L'après-guerre et les « années de plomb »

Devenue république par référendum en juin 1946, après l'abdication de Victor-Emmanuel III et la mise à l'écart de son fils Umberto II, l'Italie connaît une vie politique particulièrement agitée.
La première république italienne, il est vrai, rencontra toutes sortes de difficultés : terrorisme d'extrême gauche (les Brigades rouges) et d'extrême droite, de type néofasciste, corruption généralisée grippant les rouages de l'État et touchant les plus hauts responsables gouvernementaux, scandales divers (la loge secrète P2 et ses relations avec les banquiers du Vatican)... Sans parler des remous sociaux,

de la crise économique... L'Italie paraissait ingouvernable, livrée aux jeux d'alliance (et surtout de retournements d'alliance).
Après l'embellie du « miracle économique » des années 1960, l'Italie revint sur terre et se réveilla avec la gueule de bois. Une vague d'attentats d'une violence inouïe (et sans précédent) déferla sur toute la péninsule. Mais déjà, en 1968, la révolte grondait dans les universités italiennes. Des universités, la contestation se propagea au monde ouvrier qui entra dans une période de grève générale, entraînant d'impressionnantes manifestations à travers le pays. À l'orée des années 1970, la tension sociale était maximale et le pays se révéla être une véritable poudrière.
En septembre 1970 fut créé un mouvement d'extrême gauche : les Brigades rouges *(le Brigate rosse)* revendiquèrent leur premier attentat à Milan. Devant l'échec de ses revendications en milieu étudiant et dans le monde ouvrier, ce groupuscule révolutionnaire décida de se lancer dans une lutte armée et violente afin de renverser le modèle capitaliste en place. Dès lors, des actes de violence en tout genre (enlèvements, séquestrations, attentats, assassinats...) vont proliférer durant toutes les années 1970, faisant régner un climat de terreur provoqué par des mouvements d'extrême gauche, mais aussi d'extrême droite. L'acte le plus marquant des Brigades rouges restera l'enlèvement et l'exécution d'Aldo Moro en mars 1978, qui s'apprêtait à conclure une alliance de gouvernement (« le compromis historique ») avec les communistes. L'année 1983 fut marquée par l'ouverture des grands procès : plus de 4 000 activistes de gauche sont condamnés.

L'Italie de Berlusconi

Silvio Berlusconi, ancien chanteur sur des bateaux de croisière, commence une carrière dans l'immobilier, qui se poursuit avec la construction de l'empire médiatique qui modèlera l'image de l'Italie nouvelle. Début 1994, il s'engage en politique, en créant le parti de centre droit Forza Italia. Il gagne les élections en 1994 mais son gouvernement ne tiendra que 8 mois. Ce n'est qu'en 2001 qu'il parvient à nouveau au poste de président du Conseil.
Après s'être éloigné du pouvoir quelque temps, chassez le naturel, il revient au galop ! L'année 2009 est marquée par ses frasques multiples. Des manifestations géantes sont organisées dans tout le pays. 2011 est marquée par l'exaspération des Italiens vis-à-vis d'un président du Conseil mouillé, entre autres, dans le scandale du *Rubygate* et autres soirées privées *(Bunga bunga)* dans ses villas près de Milan et en Sardaigne.

L'Italie après Berlusconi

Mario Monti prend alors les commandes de l'État en décembre 2011. Il jouit d'une certaine popularité malgré une politique de réformes et d'austérité pénible mais nécessaire... jusqu'en décembre 2012, où il démissionne.

Renzi « le démolisseur »

Au lendemain des élections législatives des 24 et 25 février 2013, aucune majorité politique ne se dégage ; le président Napolitano nomme en avril Enrico Letta, de centre-gauche, à la tête d'un nouveau gouvernement formant une coalition d'unité nationale inédite, réunissant des hommes politiques de gauche comme de droite. En février 2014, un nouveau président du Conseil est désigné : ***Matteo Renzi*** (parti démocrate ; natif et ancien maire de Florence), le nouvel « homme pressé » de la gauche. Âgé de seulement 39 ans, il est le plus jeune chef du gouvernement jamais nommé ! Le président a, lui, laissé sa place en février 2015 à Sergio Mattarella, réputé pour son sens de la justice (il combat ardemment la Mafia) et ses bonnes relations avec le gouvernement... Plus de 2 ans après sa nomination, Matteo Renzi est engagé – tambour battant – dans un vaste plan pour réformer l'économie et le pays. Surnommé « *il rottamatore* » (le démolisseur), en référence à sa volonté d'envoyer la vieille classe dirigeante à la casse, Renzi bouscule donc l'Italie tout en restant populaire... Mais c'était sans compter la montée en puissance du mouvement populiste ***5 Stelle,*** dont deux jeunes représentantes ont remporté les mairies de Rome et de Turin en juin 2016. Ces victoires sont annonciatrices du « NON » à 60 % au référendum du 4 décembre 2016 qui a provoqué la démission du jeune président du conseil. Une véritable claque pour Matteo Renzi et un avenir incertain pour les pays.

Quelques dates

Avant J.-C.

– ***900 :*** installation dans la région (en plus de l'Ombrie et du Latium) des Étrusques. Ils donnent le nom de Tusci à cette région.
– ***59 :*** fondation de Florentina (Florence).

Après J.-C.

– ***250 :*** introduction du christianisme par des marchands orientaux.
– ***405 :*** les Ostrogoths assiègent Florence.
– ***1115-1200 :*** lutte des empereurs allemands contre la papauté. Les cités toscanes acquièrent leur indépendance.
– ***1250 :*** développement du système bancaire et des prêts aux papes et aux rois.
– ***1284 :*** Florence met les villes de Toscane sous sa coupe, à l'exception de Lucques et de Sienne.
– ***1294 :*** décret public en vue de la construction du Duomo de Florence. Début des travaux en 1296.
– ***1400-1500 :*** apothéose de la Toscane. Époque dorée de la Renaissance et de l'humanisme.
– ***1494-1498 :*** les Français de Charles VIII entrent à Florence ; les Médicis sont chassés et Savonarole prend le pouvoir.
– ***1499 :*** la république est réinstaurée.
– ***1512 :*** les Médicis reviennent au pouvoir.
– ***1513 :*** Jean de Médicis devient Léon X.
– ***1523 :*** Jules de Médicis devient pape sous le nom de Clément VII.
– ***1530 :*** Alexandre de Médicis devient premier duc de Toscane.
– ***1537 :*** Cosme Ier est élu duc de Florence et réunit les différentes cités de la région.
– ***1569 :*** création du grand-duché de Toscane.
– ***1737 :*** fin des Médicis, remplacés par la maison de Habsbourg-Lorraine.
– ***1809-1814 :*** résurrection du grand-duché de Toscane pour Élisa Bacciochi, sœur aînée de Napoléon.
– ***1848-1849 :*** interlude de la république.
– ***1849-1859 :*** rétablissement du grand-duché par les Habsbourg-Lorraine.
– ***1861 :*** proclamation de l'unité italienne.
– ***1924 :*** dictature fasciste de Mussolini.
– ***1929 :*** la papauté recouvre sa souveraineté sur le Vatican et l'État italien, un bel allié.
– ***1940 :*** entrée en guerre de l'Italie.
– ***1943 :*** campagne d'Italie.
– ***1945 :*** exécution de Mussolini et de ses ministres.
– ***1946 :*** plébiscite pour la République italienne, caractérisée par une forte instabilité ministérielle.
– ***1970 :*** fondation des Brigades rouges par Renato Curcio.
– ***1993 :*** attentat à la voiture piégée, en mai, à Florence, provoquant la mort de cinq personnes et des dégâts importants à la galerie des Offices.
– ***1996 :*** véritable alternative depuis 1946. Victoire de la coalition de gauche au nom prometteur de « l'Olivier », conduite par Romano Prodi.

– ***2000 :*** élections régionales remportées par la droite, autour de Silvio Berlusconi ; démission de Massimo d'Alema. Giuliano Amato lui succède à la présidence du conseil.
– ***Mai 2006 :*** élection du sénateur centre gauche Giorgio Napolitano au poste de président de la République. Il est le premier président issu du Parti communiste italien (PCI).
– ***2009 :*** frasques privées et publiques de Berlusconi, qui voit une partie de ses amis politiques le lâcher.
– ***Novembre 2011 :*** démission de Berlusconi, remplacé par Mario Monti.
– ***Décembre 2012 :*** dissolution du Parlement italien par le chef de l'État suite à la démission du président du Conseil Mario Monti.
– ***Février 2014 :*** nouveau président du Conseil, Matteo Renzi (parti démocrate). Natif de Florence dont il était maire depuis 2009, il est le plus jeune chef que le gouvernement italien n'ait jamais eu.
– ***2015 :*** démission du président Napolitano, remplacé par Sergio Mattarella.
– ***2016 :*** alors que la crise migratoire se poursuit, les réformes du gouvernement Renzi – qui reste populaire face à la montée du parti populiste *5 Stelle* – commencent à porter leurs fruits, avec notamment une baisse du chômage, engendrée par la libéralisation du marché du travail, le *Job Act...* Mais la tendance s'inverse en fin d'année et, le 4 décembre 2016, Matteo Renzi présente sa démission suite au « NON » du rérérendum pour une réforme constitutionnelle. Le 11 décembre, Paolo Gentiloni, ministre des affaires étrangères, est désigné pour succéder à Matteo Renzi.

LITTÉRATURE

Le rapport entre la Toscane et la littérature est essentiellement florentin. ***Dante,*** grand poète devant l'Éternel, est né à Florence en 1265 et a écrit la plus belle partie de son œuvre pour une certaine Béatrice, croisée deux fois en tout et pour tout, et à qui il n'a jamais adressé la parole (ah, l'amour !). On doit à cette femme mystérieuse l'existence de la *Vita nuova,* et son ombre flotte sur *La Divine Comédie.*

Son œuvre sera commentée par ***Boccace,*** qui aura, lui, pour égérie la fille illégitime du roi de Naples, Maria de Conti d'Aquino, la *Fiammetta* de son récit. De 1348 à 1353, il écrit le *Décaméron,* œuvre magistrale dans laquelle 10 personnes se réfugient à la campagne pour fuir l'épidémie de peste qui sévit à Florence.

SANS MENTIR !

On doit à Collodi, journaliste florentin du XIXe s, dit Carlo Collodi, la plus mythique des marionnettes : Pinocchio. La légende voudrait que ce soit à la suite de dettes de jeu qu'il commença l'écriture des aventures du petit garçon désobéissant, publiées d'abord en feuilleton et maintes fois adaptées depuis au cinéma. Pinocchio, qui signifie « pignon » en toscan, est connu pour avoir le nez qui grandit à chaque mensonge et une conscience qui lui parle. Les bonnes valeurs du travail et de la famille prônées dans ce chef-d'œuvre ont été traduites en 400 langues et dialectes depuis 1881. Voilà un bon exemple pour les enfants pas sages.

De son côté, son ami ***Pétrarque,*** originaire d'Arezzo, aime d'un amour platonique (décidément !) Laure de Noves, rencontrée en Avignon. Elle lui inspire ses 300 poèmes, essentiellement des sonnets, regroupés dans le *Canzoniere,* qui célèbrent cet amour impossible et qui ont donné forme au « pétrarquisme ».
Quant à ***Machiavel,*** mêlé de politique par tradition familiale et excellent négociateur, il est écarté du pouvoir lorsque Florence se soumet aux Médicis (1512). Il dédie tout de même *Le Prince* à Laurent de Médicis, qui ne lit même pas l'ouvrage (il aurait pu en prendre de la graine !). Selon Machiavel, le pouvoir n'est pas compatible avec la morale, et il vaut mieux être craint qu'être aimé.

Plus moderne et dans la vague du roman noir italien de ces dernières années, ***Nino Filasto,*** fin connaisseur des milieux de l'art florentin *(Cauchemar de dame)* et de la politique (il est avocat de formation), propose aussi des livres sombres à la limite du fantastique *(L'Éclipse du crabe).*

MÉDIAS

Votre TV en français : TV5MONDE, la première chaîne culturelle francophone mondiale

Avec ses 11 chaînes et ses 14 langues de sous-titrage, TV5MONDE est distribuée dans plus de 190 pays du monde par câble, satellite et sur IPTV. Vous y retrouverez de l'information, du cinéma, du divertissement, du sport, du documentaire... Grâce aux services pratiques de son site voyage • *voyage.tv5monde.com* •, vous pouvez préparer votre séjour, et une fois sur place, rester connecté avec les applications et le site • *tv5monde.com* • Demandez à votre hôtel le canal de diffusion de TV5MONDE et contacter • *tv5monde.com/contact* • pour toutes remarques.

Journaux

Deux grands quotidiens nationaux se partagent le gâteau : *Il Corriere della Sera* et *La Repubblica.* Vous les trouverez posés sur les tables des cafés dès le petit déjeuner pour que les clients puissent les feuilleter. Il existe également une myriade de journaux locaux, parfois pour toute une région mais aussi simplement pour une ville (comme *La Nazione* à Florence).

MÉDICIS (FAMILLE)

La famille Médicis est indissociable de Florence, dont elle est originaire. Cette grande lignée a régné sur la ville durant quatre siècles, et contribué à l'épanouissement économique et (surtout) culturel de la capitale toscane.

Florence, aux XIVe et XVe s, était régie par une Constitution oligarchique : le pouvoir était dans les mains de la famille la plus influente de la cité. Quand l'occasion se présenta, Cosme l'Ancien (1389-1469) ne la laissa pas passer : profitant du fait que la famille en place était déstabilisée, il prit le pouvoir à la mort de son père en 1429, et ne le céda qu'à sa propre mort (et encore, à son fils Pierre...). Il n'exerça pas lui-même les magistratures, il les confia à ses partisans dévoués. Mais il n'empêche qu'il fut le personnage politique le plus important de Florence. Homme d'État d'une grande habileté, il fut également un mécène remarquable (Brunelleschi, Fra Filippo Lippi, Donatello firent partie des artistes qu'il favorisa) et surtout un excellent homme d'affaires. Il amplifia l'héritage déjà considérable que lui avait légué son père, en particulier une compagnie bancaire et commerciale qui prêtait de l'argent aux rois et aux princes et qui n'avait pas moins de 10 filiales dans la péninsule et à l'étranger. Sans jamais

« DITES 33 »

Les Médicis étaient des médecins apothicaires depuis le XIIe s. Le succès et la fortune rapides les transformèrent en hommes d'affaires, puis en banquiers. Leurs armoiries, formées de cinq boules rouges sur un fond d'or (bien sûr), représentent cinq comprimés, ou pilules, surmontés de trois fleurs de lys (symbolisant la monarchie française). Elles furent ajoutées lorsque le roi de France, Louis XI, les anoblit. Certains pensent qu'il s'agit de pièces de monnaie, vu la forme arrondie des pilules. D'autres pensent à des poids pour peser l'or.

ARBRE GÉNÉALOGIQUE SIMPLIFIÉ DES MÉDICIS

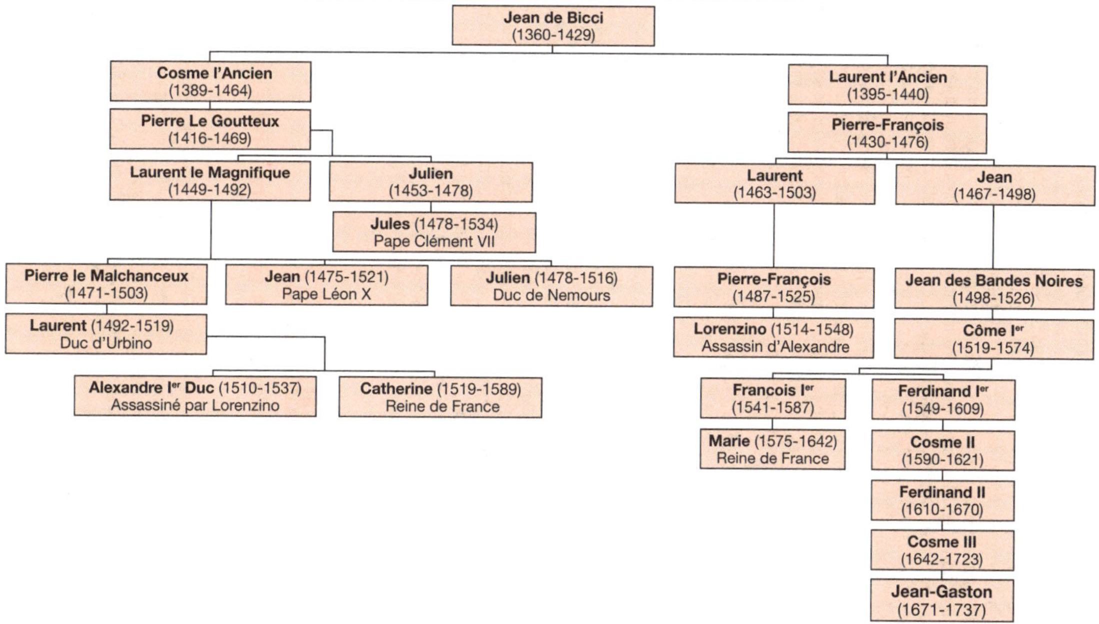

quitter son image de marchand, par sa modestie et sa simplicité il sut conquérir le cœur des Florentins. À sa mort, ils lui donnèrent le titre de « Père de la Patrie ».
Son fils, Pierre le Goutteux, eut moins de prestige et ne resta au gouvernement que 5 ans. À sa mort, son fils aîné, Laurent le Magnifique (1449-1492), prit la relève. Son surnom de Magnifique ne lui vint pas de sa beauté (il était même plutôt laid !) mais de sa générosité (surtout financière...) envers les Florentins (*magnifico* : « généreux »). Son frère Julien et lui étaient tellement aimés dans la cité que lors de l'attentat qui coûta la vie à Julien, en 1478, le peuple sortit spontanément dans les rues en criant le nom des Médicis, ce qui contribua grandement à sauver la vie de Laurent. Dur et cynique, Laurent le Magnifique sut pourtant charmer son monde et exerça un véritable ascendant sur ceux qui l'entouraient. Mais, moins avisé que son grand-père, il laissa s'affaiblir la compagnie familiale, et des filiales firent faillite. Son mécénat manqua d'ampleur ; les grands artistes de sa génération (Alberti et Botticelli, par exemple) furent soutenus par d'autres que lui. En revanche, son œuvre d'écrivain est d'une indéniable qualité. Très à l'aise avec les princes, il fut traité par eux comme un des leurs ; il faut dire que sa Cour était des plus brillante. Son fils Pierre prit la succession, mais fut chassé en 1494, lors de la venue en Italie du roi de France, Charles VIII.
Exilés, les Médicis gardèrent cependant des partisans dans Florence, et, si leur fortune était touchée, elle ne fut pas anéantie. Ils furent toujours traités en égaux par les grands, et, au début du XVIe s, deux Médicis devinrent papes sous les noms de Léon X et de Clément VII. En 1512, ils se réinstallèrent au pouvoir pour 15 ans. Après 3 ans de république, ils revinrent aux affaires grâce aux armées pontificale et impériale. À partir de 1530 et pendant 207 ans, Florence fut gouvernée par les Médicis, qui portèrent désormais le titre prestigieux de duc, puis de grand-duc de Toscane. Le premier duc, Alexandre, fut assassiné en 1537 par son cousin Lorenzino, plus connu sous le nom de Lorenzaccio (le mauvais Laurent), qui subit le même sort. En dehors de ces querelles de famille, les Médicis se débrouillèrent plutôt bien. Des alliances consolidèrent leur pouvoir, les heureuses épouses étant choisies parmi les plus grandes familles européennes. Les mariages du reste de la famille ne furent pas moins prestigieux. N'oublions pas les reines de France, Catherine et Marie de Médicis, respectivement femmes d'Henri II et d'Henri IV.
Le règne des Médicis s'arrêta à la mort sans descendance du dernier d'entre eux en 1737 ; mais ses prédécesseurs, qui ne gouvernaient plus réellement, régnaient-ils encore ?

PATRIMOINE CULTUREL

Petit B.A.-BA à l'usage des visiteurs « muséivores »

Horaires

– *Chiuso* est un petit mot italien signifiant « fermé » et qui décore parfois la porte d'un musée qui devrait être ouvert. Il n'est pas rare de voir certains horaires réadaptés en fonction de nouvelles coupes budgétaires...
– En principe, donc, les musées sont ouverts de 9h ou 10h à 18h ou 19h (pour certains jusqu'à 22h le vendredi) et fermés le lundi, mais parfois le mardi ou le mercredi. En été, les musées comme la galerie des Offices et l'Accademia étendent leurs horaires jusqu'à 22h. Les horaires changent fréquemment, selon la saison et l'année.
– Pensez à vous rendre à l'***office de tourisme, qui distribue une liste mensuelle de mise à jour*** qu'il faut absolument vous procurer dès votre arrivée à Florence. Sachez également que les billetteries ferment généralement 30-40 mn avant le musée lui-même.
– Sachez que de nombreux sites à ciel ouvert sont accessibles de 9h à l'heure précédant le coucher du soleil.

– ***Le 8 septembre, tous les bâtiments de la piazza del Duomo sont gratuits,*** pour célébrer la naissance de la Vierge Marie, ainsi que le 18 février, date anniversaire de la mort d'Anna Maria Luisa, la dernière des Médicis qui légua à la Ville tout le patrimoine de sa famille.
– La plupart des musées ont des jours fériés fixes. Généralement, c'est le 1er janvier, le 25 avril, le 1er mai, le 2 juin, le 15 août, ainsi que les 25 et 26 décembre.

Réservation

– ***Avertissement :*** méfiez-vous des sites internet fantaisistes proposant des réservations à prix exorbitants aux marges délirantes. De nombreux lecteurs ont été escroqués par certaines pratiques qui consistent à faire croire à l'intéressé qu'il achète ses billets sur le site officiel, alors qu'ils en sont subtilement détournés...

– La réservation s'impose pour certains musées (si vous ne vous êtes pas procuré la *Firenze Card*), comme la *Galleria degli Uffizi* (galerie des Offices) et la *Galleria dell'Accademia* (galerie de l'Académie). En haute saison, prévoir au minimum 1 semaine à l'avance ! ☎ *055-29-48-83 (lun-sam 8h30-18h30 – 12h30 sam ; répondeur vocal en anglais ou en italien, qui vous dirige vers une personne parlant ttes les langues ou presque, en tt cas le français). Supplément de 4 € pour les Offices et l'Accademia ; 3 € pour les autres musées ; ce n'est pas donné, mais ça permet d'échapper aux queues délirantes en hte saison (3h d'attente). Imprimer ses billets ou les retirer sur place dans le bâtiment au bureau des musées de Florence (lun-sam 8h30-18h30 – 12h30 sam), en face des Offices, à la porte nº 3 sous les arcades (attention, levez bien la tête, car ce n'est pas évident à trouver), muni du numéro de résa. Sur Internet, le site officiel pour les résas : • www.b-ticket.com/b-ticket/uffizi/ •*
– Sachez que les professeurs, à condition d'être ressortissants de l'Union européenne, ont souvent droit à une réduction de 50 % dans bon nombre de musées d'État et sites nationaux. La gratuité a été aussi étendue aux étudiants du monde entier. Les étudiants en architecture et en histoire de l'art bénéficient de la gratuité dans les musées d'État seulement. Munissez-vous donc de votre carte d'identité et renseignez-vous à l'office de tourisme dès votre arrivée.
– Les musées n'acceptent pas toujours les cartes de paiement ; prévoir des espèces !
– ***Petite astuce :*** pour ceux qui ne veulent pas se procurer la *Firenze Card,* ou qui restent très peu de temps sur place, mais qui souhaitent faire des résas pour un musée bien précis comme les Offices ou l'Accademia, possibilité de le faire grâce à un minuscule kiosque situé via Calzaioli, attenant à la chiesa Orsanmichele *(zoom détachable D3).* Pas de queue mais moyennant 3-4 € supplémentaires en plus de l'entrée, vous êtes sûr d'avoir immédiatement votre sésame ! Pratique et rapide !
– D'autre part, ceux qui ont la chance d'être à Florence le ***18 février*** se verront offrir la gratuité des musées d'État. C'est la date anniversaire d'Anna Maria Luisa, fille de Cosme III, et la dernière des Médicis, qui décida à sa mort de léguer le patrimoine culturel des Médicis à la Ville de Florence. Pendant les ***Journées du patrimoine*** (en septembre généralement) et lors de la ***Notte Bianca*** (en avril), certains sites offrent également la gratuité.

Infos pratiques

– Les ***audioguides en français*** sont disponibles la plupart du temps à l'accueil des musées. Il suffit de laisser une pièce d'identité. Compter 4-5 € pour la location. Si vous le pouvez, profitez-en, car ils s'avèrent dans bien des cas utiles pour comprendre toute la complexité de l'art italien.
– ***Tenue correcte exigée dans les églises,*** et un minimum de discrétion, ce qui semble parfois échapper à certains visiteurs ; alors évitez shorts, marcels et jupes courtes, et éteignez vos téléphones portables.

Les musées et sites incontournables à Florence

– La galerie des Offices, la galerie de l'Académie, le palais Pitti avec la galerie Palatine et le jardin de Boboli, le Ponte Vecchio, le musée Bargello, le palais Vecchio.
– Après le Duomo et son baptistère, Santa Croce, San Lorenzo, Orsanmichele et Santa Maria Novella sont les quatre églises à ne pas rater à Florence.

Quelques notions de peinture

La cité des Médicis apparaît aujourd'hui à la fois initiatrice et dépositaire de la Renaissance italienne dans l'imaginaire occidental. L'affirmation est en partie vraie, grâce au succès du fameux ouvrage du XVIe s sur la vie des grands peintres italiens écrit par Giorgio Vasari, peintre florentin maniériste au service des Médicis.
À Florence, les suiveurs de Cimabue et Giotto (qui ont entrepris un chantier énorme à la basilique franciscaine à Assise au début du XIVe s) furent nombreux. Le courant artistique dominant était siennois, mené par Simone Martini et les frères Lorenzetti, qui couvrirent de fresques les palais siennois et influencèrent tout l'art occidental via Avignon, où se réfugièrent un temps la papauté et certains peintres siennois. Or, l'art siennois était très ornemental, gothique. Ses représentants sont Pisanello, Masolino ou Gentile Da Fabriano. Toujours pas de Florentins à l'horizon. Entre-temps, la grande peste de 1348 a, en partie, dévasté la grande génération siennoise et orienté les représentations picturales vers plus de pessimisme. Mais les survivants voulurent croquer la vie à pleines dents, l'économie redémarrait.
C'est seulement au début du XVe s que l'assistant de Masolino, le Florentin Masaccio, va reprendre à son compte l'ancienne leçon de Giotto (soit près d'un siècle après !). C'est dans la chapelle Brancacci de Florence qu'on peut admirer ces deux grands artistes et apprécier la modernité sculpturale et réaliste de Masaccio. De là découle toute la première génération florentine (plus toscane que florentine, en fait) de la première moitié du Quattrocento (Fra Angelico, Filippo Lippi, Andrea del Castagno, Piero della Francesca, Paolo Uccello, Donatello, Ghiberti, Brunelleschi...), pleine d'équilibre, d'harmonie, de majesté et de puissance. Les couleurs sont froides et le dessin ciselé.
À cette époque, le nombre d'artistes majeurs se formant ou travaillant à Florence était impressionnant. Viendront ensuite Ghirlandaio, Verrocchio, Botticelli... Bref, le Quattrocento florentin constitua une véritable explosion picturale, architecturale et sculpturale.

Période florissante de la Renaissance

Le Quattrocento est en réalité la période la plus féconde de l'art florentin. Mais, alors même que Rome, dès le début du XVIe s, reprenait la main en faisant travailler les plus grands artistes, l'année 1504 vit séjourner ensemble à Florence pour quelques mois les trois figures artistiques centrales de ce siècle : ***Léonard de Vinci*** (le plus vieux), ***Michel-Ange*** (le seul Florentin) et ***Raphaël*** (originaire des Marches, à Urbino).
De ces trois génies, Raphaël fut certainement celui qui incarna le mieux l'idéal de la Renaissance. Son œuvre est le triomphe du beau à la fois idéalisé et réaliste. Cet équilibre ne se retrouve ni

IMPERFECTIONS AU PLUS-QUE-PARFAIT

Michel-Ange a eu l'audace de rompre, en sculpture, avec la tradition du retour aux sources romaines. Il n'a pas hésité à faire une grosse main pour qu'un buste ait l'air élancé. Pour donner l'idée d'une qualité physique (associée à une qualité morale, d'ailleurs), il l'a imposée en proportionnant une partie du corps par rapport à une autre. S'il a toujours réussi à faire que la statue conserve des traits humains, aucune n'est anatomiquement valable, affirment les médecins ! L'important est de comprendre les sentiments qui animent le sujet, répondent les artistes.

chez Léonard de Vinci ni chez Michel-Ange. Son amour de l'expérimentation et son génie scientifique ont conduit Vinci à un certain « inachèvement ». Pour ce qui est de Michel-Ange, il privilégia le dessin, au détriment de la couleur, apportant un sens tragique aux destinées humaines, ouvrant ainsi la voie au baroque. Le pape en personne, Jules II, ne s'était pas trompé et ira jusqu'à bouleverser l'ordonnance des travaux au Vatican pour lui confier les fresques du plafond de la chapelle Sixtine !

Le XVIe s et le maniérisme

Derrière ces trois monstres, la génération suivante se devait d'innover afin d'éviter une certaine répétition, fadeur ou froideur. On savait représenter la réalité, pas de problème. D'où un retour aux sentiments, à l'émotion ; le cadre architectural devint alors secondaire et anecdotique : on utilisait des couleurs froides auparavant jamais associées, comme le fit Michel-Ange à la chapelle Sixtine. Comme lui également, on s'affranchit du réel, l'anatomie et les mouvements devinrent subjectifs, au service de l'émotion qui primait. Là encore, Florence prédominait avec Pontormo et Rosso Fiorentino (qui acceptera l'invitation de François Ier à Fontainebleau, où il sera à l'origine du maniérisme français, dit « bellifontain »), les élèves d'Andrea del Sarto, immense artiste lui aussi. Parmi les maniéristes, citons Beccafumi, Parmesan...

Quelques peintres toscans

– ***Giotto*** *ou* ***Giotto di Bondone*** *(1266-1337)* **:** né à Colle di Vespignano dans une famille paysanne. Son talent aurait été décelé alors qu'il était encore berger et s'amusait à faire des croquis de ses brebis. Peintre et architecte, il apporta des nouveautés dans l'art de la fresque en se démarquant des peintres du Moyen Âge et en assurant une meilleure conservation. Giotto représenta l'homme et chercha à introduire des décors. Il décora la chapelle de la Madeleine de la basilique inférieure de San Francesco d'Assise et travailla dans d'autres chapelles, à Santa Croce de Florence, par exemple. À partir de 1320-1325, son œuvre se rapprocha du gothique. De 1328 à 1333, il fut au service de Robert d'Anjou à Naples. Rénovateur de l'art pictural, son atelier a rayonné dans toute l'Italie. Son œuvre n'a eu une influence en Europe qu'à partir de la seconde moitié du XIVe s.

– ***Donatello*** *ou* ***Donato di Niccolò di Betto Bardi*** *(1386-1466)* **:** né à Florence, il suivit une formation artistique sous la direction du peintre Bicci di Lorenzo. Il fit preuve d'un talent précoce : à 16 ans seulement, on lui demanda son avis sur les projets présentés pour la porte du baptistère ! En 1404, il entrait dans l'atelier de Ghiberti, côtoyait Uccello et acquit une belle réputation qui s'étendit au-delà de Florence. Il a réalisé, notamment, pour la seigneurie de Florence, un bronze de Judith et Holopherne.

– ***Botticelli*** *ou* ***Sandro di Mariano Filipepi*** *(1445-1510)* **:** né à Florence. Son surnom vient de *botticello,* qui signifie « petit tonneau », attribué à son frère aîné ou à l'orfèvre chez qui Sandro a été mis en apprentissage. Vers 1460, il entra dans l'atelier de Fra Filippo Lippi, peintre florentin de renom. Il y apprit la peinture, l'orfèvrerie, la gravure, la ciselure et les émaux. Botticelli ouvrit son propre atelier à Florence. En 1468, il peignit l'*Adoration des Rois mages.* Le tableau représentant la Force en 1470 lui apporta une certaine

LA « SANS PAREILLE »

Une des plus belles femmes de la Renaissance, Simonetta Vespucci, était la cousine du navigateur Amerigo Vespucci. Sa grâce, son sourire triste, l'or de sa chevelure inspirèrent les maîtres du Quattrocento, surtout Botticelli, qui en fit son modèle de prédilection. On dit d'elle qu'elle galvanisait les timides, intimidait les audacieux (les Médicis) et fut aimée par l'un d'entre eux, Julien, frère de Laurent le Magnifique. Elle mourut en 1476 à l'âge de 23 ans, emportée par la tuberculose.

reconnaissance. En 1481 et 1482, l'artiste travaillait à Rome à la réalisation de fresques pour la chapelle Sixtine. Il reçut des commandes de toutes les grandes familles de Toscane. Botticelli utilisait la technique de la détrempe, alors que la peinture à l'huile était couramment utilisée à Florence depuis 1475. En 1482, il peignit la fresque *Le Printemps* pour la famille Médicis. En 1483, il réalisa *Vénus et Mars* et, en 1485, *La Naissance de Vénus,* qui représentait pour la première fois une femme non biblique nue (la fameuse Simonetta Vespucci). En 1487, il peignit la *Madone à la grenade.* Dans la dernière période de sa vie, son art se consacra exclusivement aux thèmes religieux. En 1501, il créa notamment la *Nativité mystique.* Il est considéré comme le plus grand peintre de son époque.

– ***Michel-Ange*** *ou* ***Michelangelo Buonarroti*** *(1475-1564)* **:** né à Caprese, près d'Arezzo, il a été à la fois sculpteur, peintre, architecte et poète. Lié aux Médicis par son père, il a fait montre de son talent dès son jeune âge. Entre 1501 et 1504, il sculpta un *David* géant en marbre pour la seigneurie de Florence. Son premier tableau est le *Tondo Doni* (galerie des Offices), dans lequel il a essayé d'appliquer à la peinture la matière de la sculpture.

Repères artistiques

– ***1296 :*** construction du Duomo à Florence.
– ***1320 :*** début de la construction de la cathédrale Santa Maria del Fiore à Florence, avec Giotto comme maître d'œuvre.
– ***1401 :*** Ghiberti remporte par concours la porte nord du baptistère à Florence, puis la porte est en 1425 (surnommée la « porte du Paradis » par Michel-Ange).
– ***1420 :*** construction de la coupole de Santa Maria del Fiore par Brunelleschi (terminée en 1468).
– ***1425-1428 :*** fresques de la chapelle Brancacci dans l'église de Carmine à Florence par Masalino et Masaccio.
– ***1438 :*** fresque du couvent San Marco par Fra Angelico.
– ***1452 :*** achèvement des portes du baptistère de Florence par Ghiberti.
– ***1485 :*** *La Naissance de Vénus,* par Botticelli.
– ***1501 :*** Michel-Ange commence la sculpture de son *David,* qui est exposé en 1504 sur la place de la Seigneurie.
– ***1500-1506 :*** retour de Léonard de Vinci à Florence, où il peint *La Joconde.*

PERSONNAGES CÉLÈBRES

– ***Dante Alighieri*** *(1265-1321)* **:** originaire de Florence et grand poète devant l'Éternel. Son inspiration lui est venue d'une femme, Béatrice, dont il était follement amoureux. Sa mort prématurée donna le jour à *La Vita nuova,* mélange de lettres intimes et de poèmes. Mêlé à la vie politique, comme Machiavel bien plus tard, il devint successivement membre du Conseil des Cent, ambassadeur et prieur. Puis il fut banni, tout comme Machiavel. Mais au lieu de se fixer comme celui-ci, il entama une vie d'errance entre plusieurs villes italiennes. Il rédigea alors *Le Banquet,* et surtout de nombreuses épîtres exhortant les Italiens à mettre fin à leurs querelles permanentes. Condamné à l'exil, il eut tout le loisir de peaufiner son chef-d'œuvre poétique, *La Divine Comédie.* Poème épique en trois volets (l'*Enfer,* le *Purgatoire* et le *Paradis*), il est la consécration parfaite et aboutie de l'humanisme chrétien au XIIIe s.

– ***Pétrarque*** *(1304-1374)* **:** Francesco Petrarca représente à merveille la Renaissance franco-italienne, humaniste et esthétique. Originaire d'Arezzo, il vécut en France. Paris et Rome se le disputèrent. Il opta pour Rome. Il fut admiré, célébré, récompensé, un poète heureux et comblé par les honneurs et le succès, non seulement en Italie, mais dans toute l'Europe. À la mort en 1348 de sa muse française, Laure de Noves, il cessa de voyager, devint ambassadeur des Visconti, vécut à Milan, Padoue et Venise (1362), où il resta 5 ans. Enfin en 1367 il se retira à Arqua près de Padoue et y mourut en 1374 d'une crise d'apoplexie. Sa fille le retrouva la tête reposant sur un livre ouvert...

– ***Boccace*** *(1313-1375)* **:** Giovanni Boccaccio serait né à Certaldo Alto, au centre de la Toscane, d'une riche famille de négociants. Boccacio fit des études de commerce et de droit à Paris, mais il semblait plus doué pour la *dolce vita* de la cour de Robert d'Anjou. Son père le rappela pour l'aider à Florence. Son expérience lui servira de cadre pour son chef-d'œuvre, le *Décaméron,* qu'il mettra 7 ans à écrire (1348-1355). L'ouvrage est présenté sous forme de nouvelles que se racontent 10 jeunes gens *(la onesta brigata)* ayant fui la peste, réfugiés dans une enceinte protégée. Chaque nouvelle (il y en a près de 100), parfois à l'allure d'un conte, met en place dans une nature bien présente toutes sortes de personnages. Boccace devint commentateur de *La Divine Comédie* de Dante. Pasolini a superbement transposé à l'écran quelques contes du *Décaméron.*

– ***Filippo Brunelleschi*** *(1377-1446)* **:** il entreprit tout d'abord une formation d'orfèvre et de sculpteur dans un atelier florentin, pour se démarquer en 1401 en remportant, ex æquo avec Lorenzo Ghiberti, le concours pour la porte du baptistère. Quand le travail fut finalement confié à Ghiberti, il partit à Rome étudier l'art classique avec son ami Donatello. Puis il revient à Florence, où il travailla pour la coupole de l'église Santa Maria del Fiore, dont il gagna le concours en 1418. Il s'occupa ensuite de l'hôpital des Innocents (1419), de la chapelle des Pazzi (1429) et des sacristies des églises San Lorenzo (1420) et Santo Spirito (1435).

– ***Savonarole*** *(1452-1498)* **:** originaire de Ferrare, il entra jeune dans les ordres et devient dominicain. Écœuré par la corruption ambiante, il passait son temps à prêcher. Bologne le chassa. Il se réfugia à Florence, où ses prêches attirèrent les foules. Lorsque les Français entrèrent dans la ville en 1494 et que Pierre le Malchanceux (un Médicis) s'enfuit, il profita de la vacance du pouvoir pour installer sa théocratie. Dieu devient la source de toute loi. Il fut nommé roi de Florence, et les écrits et tableaux licencieux furent brûlés sur des « bûchers des vanités » (qui feront des émules durant plusieurs siècles). Naturellement, une fois confronté au pape Borgia, il fut excommunié, arrêté, puis jugé pour hérésie, il fut ensuite pendu et brûlé sur la place publique.

LE BÛCHER DES VANITÉS

Vers 1490, Savonarole, le prédicateur fou, exigea que l'on brûlât ce qui évoquait la vanité des hommes : robes, bijoux, parfums, portraits de femmes... Botticelli, lui-même fanatisé, brûla plusieurs de ses toiles. Le célébrissime Printemps *en réchappa de justesse.*

– ***Amerigo Vespucci*** *(1454-1512)* **:** né à Florence, célèbre pour son prénom légué à l'Amérique ! Il travailla aux côtés du royaume du Portugal et de Castille. Son oncle, proche du clan Médicis, fut envoyé à Paris en 1478 comme secrétaire d'ambassade. Amerigo l'accompagna. Son séjour parisien lui permit alors de rencontrer un certain Bartolomé Colomb venu solliciter une aide financière auprès du roi Louis XI pour son frère Christophe... avec un projet de découverte d'une nouvelle route pour les Indes. De retour dans sa ville natale, le Florentin se mit au service des Médicis, qui l'envoyèrent quelques mois plus tard à Séville comme commissaire aux comptes. Frustré de son emploi de bureau, Vespucci naviguera par la suite au service du roi de Castille et du roi Manuel Ier du Portugal le long des côtes de l'actuelle Amérique du Sud. Il est surtout l'un des premiers à avoir compris que Christophe Colomb avait découvert un autre continent. Il va retourner le génie de Colomb à son profit...
Jaloux de Colomb, avide de reconnaissance et de pub autour de son nom, Vespucci publia un récit sur la découverte d'un nouveau monde tandis que Colomb, en disgrâce, était reclus et enchaîné à Valladolid. Les moines de l'abbaye de Saint-Dié (Lorraine) furent les premiers à recevoir ce livre et à le comprendre. Ne sachant pas comment nommer ce nouveau continent, ils choisirent le prénom de l'auteur : Amerigo a donc donné son nom à l'Amérique alors qu'il n'en est pas le découvreur... Une immense erreur historique irréparable et injuste car cette terre, l'Amérique, aurait dû s'appeler la Colombique... ou la Christophique... en hommage à Colomb. Vespucci meurt en 1512 à Séville, sans doute des conséquences de la peste qui y sévit en 1510.

– ***Pic de la Mirandole*** *(1463-1494)* **:** né à Mirandola (province de Modène), doué pour les études et doté d'une mémoire phénoménale, il aborda avec succès tous les sujets : philosophie, sciences, littérature, mathématiques et arts. Ses connaissances lui donnèrent une vision globale du monde, où toutes les sciences et les philosophies connues convergeaient vers le christianisme. Laurent le Magnifique le protégea de l'Inquisition. Il mourut empoisonné par son secrétaire. Il n'avait que 31 ans ! C'est Savonarole qui prononça l'oraison funèbre. Sa tombe se trouve dans la basilica di San Marco à Florence.

– ***Machiavel*** *(1469-1527)* **:** son père était médecin à Florence. Il fut le témoin du règne glorieux de Laurent le Magnifique, de l'arrivée des Français et de la théocratie de Savonarole. Après de sérieuses études de droit, il devint chef de la Chancellerie de la ville à la mort de Savonarole ; à ce titre, il fréquenta toutes les cours d'Italie et de France. Mis en disgrâce en 1512, lors du renversement de la République par les Médicis, il se réfugia avec sa famille dans la propriété de son père. Il mit à profit son temps libre et ses connaissances pour rédiger le best-seller planétaire des hommes de pouvoir, *Le Prince* (1513 ; publié en 1532). Sa tombe se trouve dans l'église Santa Croce (« Panthéon des gloires italiennes »).

UNE RÉPUTATION INJUSTE

Machiavel a un nom évoquant le cynisme en politique. En fait, il n'a jamais cherché le pouvoir personnel. Ses penchants politiques allaient plutôt vers l'humanisme, même s'il sut décrire l'absolutisme. Assez mal vu par les puissants, il mourut d'ailleurs dans le dénuement.

– ***Galilée*** *(1564-1642)* **:** né à Pise, mort près de Florence. Astronome, opticien et mathématicien, Galilée fait partie de ces derniers savants qui maîtrisaient plusieurs sciences. En perfectionnant la lunette optique, il se rendit compte que la Terre tournait autour du Soleil. Selon la Bible, la terre est immobile. Aïe ! Il fut jugé puis condamné à la prison à perpétuité. Sa peine fut commuée ensuite en résidence surveillée. La papauté mit plus d'un siècle pour que ses partisans puissent enfin s'exprimer. Il faudra attendre le concile Vatican II (1962 !) pour que Galilée soit lavé de toute accusation.

– ***Carlo Collodi*** *(1826-1890)* **:** né à Florence, il commença une carrière de journalisme, créa deux journaux satiriques, *Il Lampione* et *Scaramuccia,* et s'engagea dans la lutte pour l'indépendance italienne. En 1875, il écrivit quelques histoires et adapta des contes traditionnels. De 1881 à 1883, il rédigea pour le *Journal des enfants* un récit à épisodes : *Pinocchio* !

SITES INSCRITS AU PATRIMOINE MONDIAL DE L'UNESCO

Organisation des Nations Unies pour l'éducation, la science et la culture

En coopération avec le centre du patrimoine mondial de l'UNESCO

Pour figurer sur la liste du Patrimoine mondial, les sites doivent avoir une valeur universelle exceptionnelle et satisfaire à au moins un des 10 critères de sélection. La protection, la gestion, l'authenticité et l'intégrité des biens sont également des considérations importantes.

Le patrimoine est l'héritage du passé dont nous profitons aujourd'hui et que nous transmettons

L'ITALIE, CHAMPIONNE DU MONDE

Sur près de 1 000 sites répertoriés par l'Unesco au Patrimoine de l'humanité, l'Italie remporte la première place avec une cinquantaine de monuments ou lieux. La France n'est pas si mal classée avec une quarantaine au compteur.

aux générations à venir. Nos patrimoines culturel et naturel sont deux sources irremplaçables de vie et d'inspiration. Ces sites appartiennent à tous les peuples du monde, sans tenir compte du territoire sur lequel ils sont situés. Infos : ● *whc.unesco.org* ●

– Le ***centre historique de Florence*** est classé depuis 1982.

– Les ***villas et jardins des Médicis en Toscane*** sont inscrits en 2013. Douze villas et deux jardins situés principalement autour de Florence. Témoignages laissés par les Médicis, famille indissociable de la Renaissance italienne.

SYNDROME DE STENDHAL

Le 22 janvier 1817, Stendhal visite Florence « dans une sorte d'extase ». Dans l'église de Santa Croce, un moine lui ouvre les portes de la chapelle Niccolini abritant les fresques du Volterrano. « Absorbé dans la contemplation de la beauté sublime », il atteint un degré extrême d'émotion « où se rencontrent les sensations célestes données par les beaux-arts et les sentiments passionnés ». En sortant de l'église Santa Croce, son cœur bat fort et il se sent épuisé. Il marche avec la crainte de tomber. Assis sur un banc, il sort de sa poche des vers du poète Foscolo et les relit avec délice pour se rassurer. « J'avais besoin de la voix d'un ami partageant mon émotion. »

Cet épisode personnel, relaté très sommairement dans *Rome, Naples et Florence,* a donné naissance à un phénomène universellement reconnu aujourd'hui sous le nom de « syndrome de Stendhal ». L'expression a été inventée par une psychiatre florentine. Il ne s'agit pas d'une maladie comme les autres, mais d'une crise psychique violente constatée auprès d'un certain nombre de touristes à Florence.

Comme leur illustre prédécesseur, ces voyageurs manifestent des réactions d'hypersensibilité et de souffrance psychique face aux œuvres d'art : crise de panique (peur de mourir ou de devenir fou), sensation de dépersonnalisation (dépression totale ou euphorie). Comme Stendhal, ils sont victimes de troubles somatiques (perception troublée de la réalité, amnésie, vertiges). La majorité des victimes ne sont pas mariées et voyagent seules, et le pourcentage de femmes célibataires entre 26 et 40 ans est élevé.

Il y aurait en gros trois raisons pour expliquer le « syndrome de Stendhal ». D'abord, la crise touche des personnalités très sensibles (et créatives). Elle ne peut se produire que dans des villes d'art, face à une œuvre d'art, mais d'autres lieux chargés d'histoire peuvent provoquer le même type de réactions (il existe aussi un « syndrome de Jérusalem »). Ensuite, le voyage est déstabilisant, souvent épuisant pour ces touristes qui veulent tout voir d'une ville, tout faire en très peu de temps. Enfin, le troisième facteur, c'est l'œuvre d'art en elle-même. Cette dernière a un tel pouvoir qu'elle peut toucher l'inconscient de la personne. La crise ne dure pas longtemps, et les victimes du « syndrome » retrouvent vite leur état normal. Inspiré, le cinéaste Dario Argento en a tiré un film d'horreur intitulé *Le Syndrome de Stendhal,* sorti en 1996.

les ROUTARDS sur la FRANCE 2017-2018

(dates de parution sur • **routard.com** •)

Découpage de la FRANCE par le ROUTARD

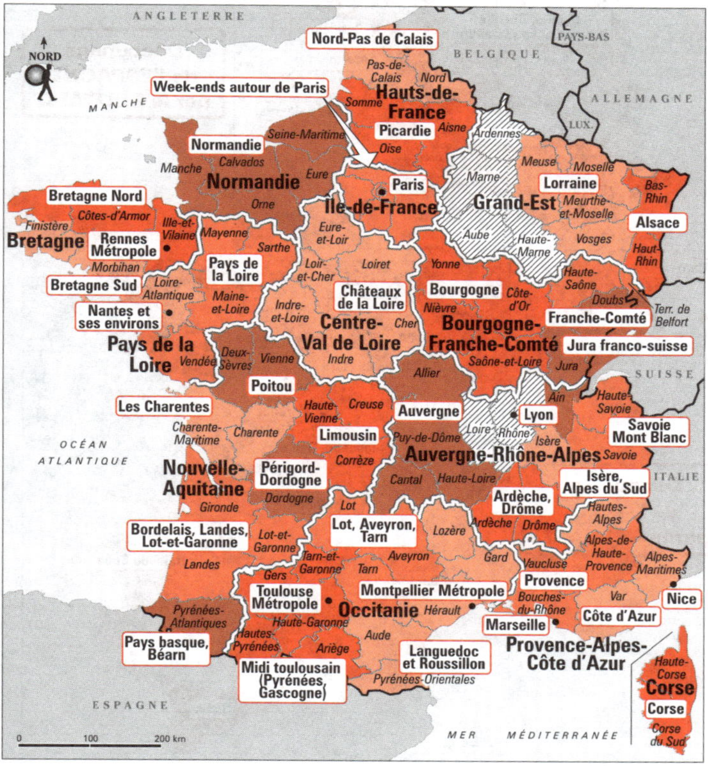

Autres guides nationaux

- Hébergements insolites en France (mars 2017)
- La Loire à Vélo
- La Vélodyssée (Roscoff-Hendaye)
- Nos meilleurs campings en France
- Nos meilleures chambres d'hôtes en France
- Nos meilleurs restos en France
- Les visites d'entreprises

Autres guides sur Paris

- Paris
- Paris balades
- Restos et bistrots de Paris
- Le Routard des amoureux à Paris
- Week-ends autour de Paris

les ROUTARDS sur l'ÉTRANGER 2017-2018

(dates de parution sur • **routard.com** •)

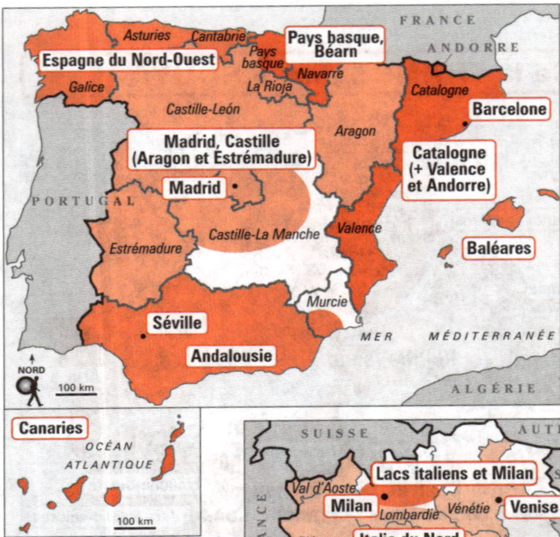

Découpage de l'ESPAGNE par le ROUTARD

Découpage de l'ITALIE par le ROUTARD

Autres pays européens

- Allemagne
- Angleterre, Pays de Galles
- Autriche
- Belgique
- Budapest, Hongrie
- Capitales baltes (avril 2017)
- Crète
- Croatie
- Danemark, Suède
- Écosse
- Finlande
- Grèce continentale
- Îles grecques et Athènes
- Irlande
- Islande
- Madère
- Malte
- Norvège
- Pologne
- Portugal
- République tchèque, Slovaquie
- Roumanie, Bulgarie
- Suisse

Villes européennes

- Amsterdam et ses environs
- Berlin
- Bruxelles
- Copenhague
- Dublin
- Lisbonne
- Londres
- Moscou
- Prague
- Saint-Pétersbourg
- Stockholm
- Vienne

les ROUTARDS sur l'ÉTRANGER 2017-2018

(dates de parution sur • *routard.com* •)

Découpage des ÉTATS-UNIS par le ROUTARD

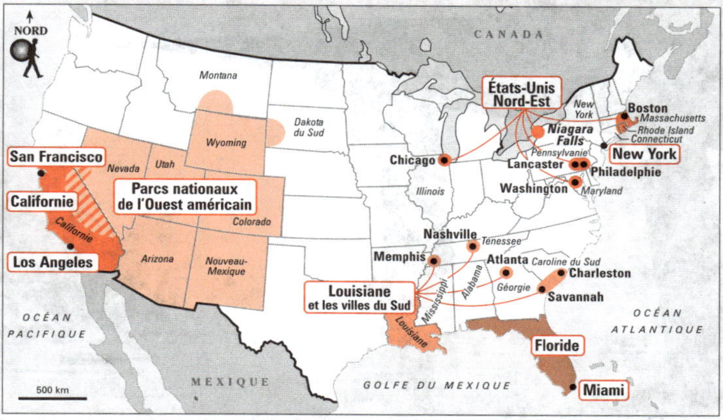

Autres pays d'Amérique

- Argentine
- Brésil
- Canada Ouest
- Chili et île de Pâques
- Costa Rica (nouveauté)
- Équateur et les îles Galápagos
- Guatemala, Yucatán et Chiapas
- Mexique
- Montréal
- Pérou, Bolivie
- Québec, Ontario et Provinces maritimes

Asie et Océanie

- Australie côte est + Red Centre
- Bali, Lombok
- Bangkok
- Birmanie (Myanmar)
- Cambodge, Laos
- Chine
- Hong-Kong, Macao, Canton
- Inde du Nord
- Inde du Sud
- Israël et Palestine
- Istanbul
- Jordanie
- Malaisie, Singapour
- Népal
- Shanghai
- Sri Lanka (Ceylan)
- Thaïlande
- Tokyo, Kyoto et environs
- Turquie
- Vietnam

Afrique

- Afrique du Sud
- Égypte
- Kenya, Tanzanie et Zanzibar
- Maroc
- Marrakech
- Sénégal
- Tunisie

Îles Caraïbes et océan Indien

- Cuba
- Guadeloupe, Saint-Martin, Saint-Barth
- Île Maurice, Rodrigues
- Madagascar
- Martinique
- République dominicaine (Saint-Domingue)
- Réunion

Guides de conversation

- Allemand
- Anglais
- Arabe du Maghreb
- Arabe du Proche-Orient
- Chinois
- Croate
- Espagnol
- Grec
- Italien
- Japonais
- Portugais
- Russe
- G'palémo (conversation par l'image)

Les Routards Express

Amsterdam, Barcelone, Berlin, Bruxelles, Budapest, Dublin, Florence, Istanbul, Lisbonne, Londres, Madrid, Marrakech, New York, Prague, Rome, Venise.

Nos coups de cœur

- Les 50 voyages à faire dans sa vie (nouveauté)
- Nos 52 week-ends dans les plus belles villes d'Europe
- France
- Monde

Espace offert par l'annonceur – Avec le soutien de l'agence EURO RSCG C&O
RÉPARER LES VIES
HANDICAP
INTERNATIONAL

Document à caractère publicitaire

routard assurance COURTE DURÉE

routard assurance

Voyages de moins de 8 semaines

RÉSUMÉ DES GARANTIES*	MONTANT MAXIMUM DES GARANTIES
FRAIS MÉDICAUX (pharmacie, médecin, hôpital)	100 000 € U.E. / 300 000 € Monde entier
Agression (déposer une plainte à la police dans les 24 h)	Inclus dans les frais médicaux
Rééducation / kinésithérapie / chiropractie	Prescrite par un médecin suite à un accident
Frais dentaires d'urgence	75 €
Frais de prothèse dentaire	500 € par dent en cas d'accident caractérisé
Frais d'optique	400 € en cas d'accident caractérisé
RAPATRIEMENT MÉDICAL	Frais illimités
Rapatriement médical et transport du corps	Frais illimités
Visite d'un parent si l'assuré est hospitalisé plus de 5 jours	2 000 €
CAPITAL DÉCÈS	15 000 €
CAPITAL INVALIDITÉ À LA SUITE D'UN ACCIDENT**	
Permanente totale	75 000 €
Permanente partielle (application directe du %)	De 1 % à 99 %
RETOUR ANTICIPÉ	
En cas de décès accidentel ou risque de décès d'un parent proche (conjoint, enfant, père, mère, frère, sœur)	Billet de retour
PRÉJUDICE MORAL ESTHÉTIQUE (inclus dans le capital invalidité)	15 000 €
ASSURANCE RESPONSABILITÉ CIVILE VIE PRIVÉE	
Dommages corporels garantis à 100 % y compris honoraires d'avocats et assistance juridique accidents	750 000 €
Dommages matériels garantis à 100 % y compris honoraires d'avocats et assistance juridique accidents	450 000 €
Dommages aux biens confiés	1 500 €
FRAIS DE RECHERCHE ET DE SAUVETAGE	2 000 €
AVANCE D'ARGENT (en cas de vol de vos moyens de paiement)	1 000 €
CAUTION PÉNALE	7 500 €
ASSURANCE BAGAGES	2 000 € (limite par article de 300 €)***

* Les garanties indiquées sont valables à date d'édition du Guide Le Routard. Par conséquent, nous vous invitons à prendre connaissance préalablement de l'intégralité des Conditions générales mises à jour sur www.avi-international.com ou par téléphone au 01 44 63 51 00 (coût d'un appel local).

** 15 000 euros pour les plus de 60 ans.

*** Les objets de valeur, bijoux, appareils électroniques, photo, ciné, radio, mp3, tablette, ordinateur, instruments de musique, jeux et matériel de sport, embarcations sont assurés ensemble jusqu'à 300 €.

PRINCIPALES EXCLUSIONS* (communes à tous les contrats d'assurance voyage)

- Les conséquences d'événements catastrophiques et d'actes de guerre,
- Les conséquences de faits volontaires d'une personne assurée,
- Les conséquences d'événements antérieurs à l'assurance,
- Les dommages matériels causés par une activité professionnelle,
- Les dommages causés ou subis par les véhicules que vous utilisez,
- Les accidents de travail manuel et de stages en entreprise (sauf avec l'option Sports et Loisirs Plus),
- L'usage d'un véhicule à moteur à deux roues et les sports dangereux : surf, rafting, escalade, plongée sous-marine (sauf avec l'option Sports et Loisirs Plus).

Souscrivez en ligne sur www.avi-international.com ou appelez le 01 44 63 51 00*

AVI Travel insurance and much more

AVI International (SPB Groupe) - S.A.S. de courtage d'assurances au capital de 100 000 euros - Siège social : 40-44, rue Washington (entrée principale au 42-44), 75008 Paris - RCS Paris 323 234 575 - N° ORIAS 07 000 002 (www.orias.fr). Les Assurances Routard Courte Durée et Longue Durée ont été souscrites auprès d'un assureur dont vous trouverez les coordonnées complètes sur le site www.avi-international.com.

Nous tenons à remercier tout particulièrement Loup-Maëlle Besançon, Thierry Bessou, Gérard Bouchu, François Chauvin, Grégory Dalex, Fabrice Doumergue, Cédric Fischer, Carole Fouque, Michelle Georget, David Giason, Claude Hervé-Bazin, Emmanuel Juste, Dimitri Lefèvre, Fabrice de Lestang, Romain Meynier, Éric Milet, Pierre Mitrano, Jean-Sébastien Petitdemange et Thomas Rivallain pour leur collaboration régulière.

Emmanuelle Bauquis
Jean-Jacques Bordier-Chêne
Michèle Boucher
Sophie Cachard
Lucie Colombo
Agnès Debiage
Émilie Debur
Jérôme Denoix
Flora Descamps
Louise Desmoulins
Tovi et Ahmet Diler
Clélie Dudon
Sophie Duval
Alain Fisch
Roman Fossurier
Bérénice Glanger
Adrien et Clément Gloaguen
Marie Gustot
Bernard Hilaire
Sébastien Jauffret
Jacques Lemoine
Amélie Mikaelian
Caroline Ollion
Martine Partrat
Odile Paugam et Didier Jehanno
Émilie Pujol
Prakit Saiporn
Jean-Luc et Antigone Schilling
Caroline Vallano

Direction : Nathalie Bloch-Pujo
Contrôle de gestion : Jérôme Boulingre et Adeline Cazabat Barrere
Secrétariat : Catherine Maîtrepierre
Direction éditoriale : Catherine Julhe
Édition : Matthieu Devaux, Géraldine Péron, Olga Krokhina, Gia-Quy Tran, Julie Dupré, Emmanuelle Michon, Sarah Favaron, Ludmilla Guillet, Coralie Piron, Flora Sallot, Elvire Tandjaoui, Quentin Tenneson, Clémence Toublanc et Sandra Vavdin
Préparation-lecture : Magali Vidal
Cartographie : Frédéric Clémençon et Aurélie Huot
Fabrication : Nathalie Lautout et Audrey Detournay
Relations presse France : COM'PROD, Fred Papet. ☎ 01-70-69-04-69. • *info@comprod.fr* •
Illustration : Anne-Sophie de Précourt
Direction marketing : Adrien de Bizemont, Clémence de Boisfleury et Charlotte Brou
Contacts partenariats : André Magniez (EMD). • *andremagniez@gmail.com* •
Édition des partenariats : Élise Ernest
Informatique éditoriale : Lionel Barth
Couverture : Clément Gloaguen et Seenk
Maquette intérieure : le-bureau-des-affaires-graphiques.com, Thibault Reumaux et npeg.fr
Relations presse : Martine Levens (Belgique) et Maureen Browne (Suisse)
Régie publicitaire : Florence Brunel-Jars

INDEX GÉNÉRAL

INDEX GÉNÉRAL

INDEX GÉNÉRAL

LISTE DES CARTES ET PLANS

Remarque importante aux hôteliers et restaurateurs

Les enquêteurs du *Routard* travaillent dans le plus strict anonymat. Aucune réduction, aucun avantage quelconque, aucune rétribution n'est jamais demandé en contre-partie. Face aux aigrefins, la loi autorise les hôteliers et restaurateurs à porter plainte.

Avis aux lecteurs

Le Routard, ce n'est pas comme le bon vin, il vieillit mal. On ne veut pas pousser à la consommation, mais évitez de partir avec une édition ancienne. Les modifications sont souvent importantes.

Les réductions accordées à nos lecteurs ne sont jamais demandées par nos rédacteurs afin de préserver leur indépendance. Les hôteliers et restaurateurs sont sollicités par une société de mailing, totalement indépendante de la rédaction, qui reste donc libre de ses choix. De même pour les autocollants et plaques émaillées.

Avec routard.com, choisissez, organisez, réservez et partagez vos voyages !

✓ Rejoignez la plus grande communauté francophone de voyageurs : plus de **2 millions** de visiteurs !

✓ Échangez avec les routarnautes : forums, photos, avis d'hôtels.

✓ Retrouvez aussi toutes les informations actualisées pour choisir et préparer vos voyages : plus de 200 fiches pays, une centaine de dossiers pratiques et un magazine en ligne pour découvrir tous les secrets de votre destination.

✓ Enfin, comparez les offres pour organiser et réserver votre voyage au meilleur prix.

Les **Routards** *parlent aux* **Routards**

Faites-nous part de vos expériences, de vos découvertes, de vos tuyaux. Indiquez-nous les renseignements périmés. Aidez-nous à remettre l'ouvrage à jour. Faites profiter les autres de vos adresses nouvelles, combines géniales... On adresse un exemplaire gratuit de la prochaine édition à ceux qui nous envoient les lettres les meilleures, pour la qualité et la pertinence des informations. Quelques conseils cependant :

- Envoyez-nous votre courrier le plus tôt possible afin que l'on puisse insérer vos tuyaux sur la prochaine édition.
- N'oubliez pas de préciser l'ouvrage que vous désirez recevoir, ainsi que votre adresse postale.
- Vérifiez que vos remarques concernent l'édition en cours et notez les pages du guide concernées par vos observations.
- Quand vous indiquez des hôtels ou des restaurants, pensez à signaler leur adresse précise et, pour les grandes villes, les moyens de transport pour y aller. Si vous le pouvez, joignez la carte de visite de l'hôtel ou du resto décrit.
- N'écrivez si possible que d'un côté de la lettre (et non recto verso).
- Bien sûr, on s'arrache moins les yeux sur les lettres dactylographiées ou correctement écrites !

En tout état de cause, merci pour vos nombreuses lettres.

122, rue du Moulin-des-Prés, 75013 Paris

● *guide@routard.com* ● *routard.com* ●

Routard Assurance *2017*

Née du partenariat entre *AVI International* et le *Routard*, *Routard Assurance* est une assurance voyage complète qui offre toutes les prestations d'assistance indispensables à l'étranger : dépenses médicales, pharmacie, frais d'hôpital, rapatriement médical, caution et défense pénale, responsabilité civile vie privée et bagages. Présent dans le monde entier, le plateau d'assistance d'*AVI International* donne accès à un vaste réseau de médecins et d'hôpitaux. Pas besoin d'avancer les frais d'hospitalisation ou de rapatriement. Numéro d'appel gratuit, disponible 24h/24. *AVI International* dispose par ailleurs d'une filiale aux États-Unis qui permet d'intervenir plus rapidement auprès des hôpitaux locaux. À noter, *Routard Assurance Famille* couvre jusqu'à 7 personnes, et *Routard Assurance Longue Durée Marco Polo* couvre les voyages de plus de 2 mois dans le monde entier. *AVI International* est une équipe d'experts qui répondra à toutes vos questions par téléphone : ☎ 01-44-63-51-00 ou par mail ● *routard@avi-international.com* ● Conditions et souscription sur ● *avi-international.com* ●

Édité par Hachette Livre (58, rue Jean-Bleuzen, CS 70007, 92178 Vanves Cedex, France)
Photocomposé par Jouve (45770 Saran, France)
Imprimé par Jouve 2 (Quai n°2, 733, rue Saint-Léonard, BP3, 53101 Mayenne Cedex, France)
Achevé d'imprimer le 16 janvier 2017
Collection n° 13 - Édition n° 01
84/5806/3
I.S.B.N. 978-2-01-279900-4
Dépôt légal : janvier 2017

PAPIER À BASE DE FIBRES CERTIFIÉES